主　编　孟俊娥
副主编　周胜生

专利检索
策略及应用

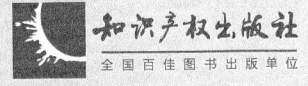

知识产权出版社
全国百佳图书出版单位

图书在版编目（CIP）数据

专利检索策略及应用/孟俊娥主编. —北京：知识产权出版社，2010.10（2012.4 重印）（2014.6 重印）（2018.5 重印）（2023.2 重印）

ISBN 978-7-5130-0151-9

Ⅰ.①专… Ⅱ.①孟… Ⅲ.①专利—情报检索 Ⅳ.①G252.7

中国版本图书馆 CIP 数据核字（2010）第 168074 号

责任编辑：李 琳　黄清明　　　责任校对：董志英
封面设计：张 冀　　　　　　　责任印制：孙婷婷

内容提要

本书从专业检索者的角度，从资源、策略、技巧等多方面系统地介绍了专利文献检索策略及具体应用实例。其中，计算机检索策略和步骤、基本检索要素的选取和表达、完善关键词检索表达的三个层次、利用各种分类体系检索、检索策略与新颖性创造性判断等内容对广大读者非常具备指导性。

本书由国家知识产权局熟悉专利审查标准、精通专利检索的资深专利审查员编写，介绍的许多内容浓缩了编写组乃至国家知识产权局多年积累的检索经验，可作为高校、科研机构等的信息检索专业教材，对于提高广大读者专利文献检索水平大有裨益。

读者对象：专利审查人员、科技研发人员、专利代理人、信息检索人员及其他相关领域社会公众。

专利检索策略及应用

孟俊娥　主编
周胜生　副主编

出版发行：	知识产权出版社有限责任公司	网　　址：	http://www.ipph.cn
社　　址：	北京市海淀区气象路 50 号院	邮　　编：	100081
责编电话：	010-82000887　82000860 转 8116	责编邮箱：	wangruipu@cnipr.com
发行电话：	010-82000860 转 8101/8102	发行传真：	010-82000893/82005070/82000270
印　　刷：	北京九州迅驰传媒文化有限公司	经　　销：	新华书店、各大网上书店及相关专业书店
开　　本：	787mm×1092mm　1/16	印　　张：	16.75
版　　次：	2010 年 10 月第 1 版	印　　次：	2023 年 2 月第 5 次印刷
字　　数：	390 千字	定　　价：	36.00 元

ISBN 978-7-5130-0151-9

出版权专有　侵权必究
如有印装质量问题，本社负责调换。

本书编委会

主　编　孟俊娥

副主编　周胜生

编　委（按姓名拼音排序）

柴德娥　陈俊霞　丁　杰　黄　翀
李　楠　刘　凡　石剑平　孙　平
王大鹏　王扬平　许　敏　杨艳兰
张志聪　赵晓宇　周　宇

前　言

专利文献集技术信息、法律信息和经济信息于一体，在技术研发、专利申请、专利侵权分析和预警等方面具有独特的重要作用。然而，由于专利文献数量庞大，如不具备对专利文献进行充分检索的能力，则难以得到有效、充分的检索结果，从而难以有效利用专利文献。本书从专利文献的检索资源和检索策略出发，旨在提升科研人员、专利代理人和信息检索专业人员的专利文献检索能力。

2006年，国家知识产权局专利局成立了计算机检索培训工作组（以下简称工作组）。截至2009年初，在国家知识产权局专利局人教部的指导和帮助下，工作组先后撰写了两本供专利审查员使用的计算机检索培训教程：《计算机检索高级教程（检索策略和手段分册）》和《计算机检索高级教程（检索策略与专利审查分册）》，并在全局范围内多次组织大规模的计算机检索培训，大大提高了专利审查员的检索水平。本书是工作组的主要同志在上述两本内部教程的基础上，结合外部互联网上专利文献检索资源的特点以及社会公众对专利文献检索的需求特点撰写而成，参与本书撰写的全部人员均为国家知识产权局具有较高检索能力的资深专利审查员。

本书分为资源篇、策略篇和提高篇。资源篇在简要介绍了不同类型检索的概念之后，重点介绍了目前互联网上可检索的主要专利文献资源，主要包括世界上主要专利局或专利组织免费提供的专利文献数据库和商业机构通过互联网提供的免费或收费的专利文献数据库。策略篇在介绍了对不同检索类型的检索对象的理解和专业的文献检索策略和步骤后，详细介绍了日常检索中广泛使用的关键词检索和分类号检索两种手段。提高篇深入地介绍了现有技术的概念、检索策略与新颖性和创造性的判断、特定内容的检索、检索实例以及检索技术的发展趋势。

本书主要撰写人员具体分工如下：

第一章由石剑平、孟俊娥撰写；

第二章由李楠、周宇撰写；

第三章由许敏、柴德娥撰写；

第四章由周胜生、杨艳兰撰写；

第五章由许敏、周胜生撰写；

第六章由孟俊娥、张志聪、柴德娥、陈俊霞、王大鹏、李楠撰写；

第七章由周胜生撰写；

第八章由王大鹏撰写；

第九章由陈俊霞、张志聪、周宇撰写；

第十章由许敏、陈俊霞、孙平、张志聪、黄翀、赵晓宇撰写；

第十一章由周胜生、王扬平撰写。

全书由周胜生统稿，许敏和王扬平协助进行初步统稿，由孟俊娥进行全书审定。

本书在编写过程中,部分内容参考了国家知识产权局专利局计算机检索培训工作组编写的内部培训用计算机检索培训教程,与本书相关内容的原主要编写人有张利、邱绛雯、任淑梅、李明、朱正强、张雷、夏正东、赵静、刘平等人,在此对他们表示感谢!

国家知识产权局专利局人教部张利处长、赵研、傅健在本书的撰写过程中专门组织讨论会并提出许多宝贵意见,在此对他们一并表示感谢!

由于编者水平有限,书中难免有疏漏或错误之处,恳请读者批评指正。

孟俊娥　周胜生

2010 年 7 月

目　录

资　源　篇

第一章　专利文献与检索概述 ··· 3
第一节　专利文献概述 ··· 3
　　一、专利文献的类型 ··· 3
　　二、专利文献的特点 ··· 4
　　三、专利文献的用途 ··· 5
第二节　专利文献检索概述 ··· 6
　　一、法律状态检索 ··· 6
　　二、查新检索 ··· 7
　　三、专利性检索 ··· 7
　　四、侵权检索 ··· 8
　　五、技术贸易检索 ··· 8
　　六、专利战略检索 ··· 8

第二章　常用专利文献检索资源简介 ······································· 9
第一节　主要专利局提供的专利文献数据库 ································· 9
　　一、中国国家知识产权局网站 ··· 9
　　二、美国专利商标局网站 ·· 12
　　三、日本特许厅网站 ·· 17
　　四、欧洲专利局网站 ·· 22
　　五、世界知识产权组织网站 ·· 30
　　六、韩国知识产权局网站 ·· 34
　　七、新加坡知识产权局网站 ·· 35
　　八、德国专利商标局网站 ·· 37
第二节　主要商业机构提供的专利文献数据库 ······························ 40
　　一、中外专利数据库 ·· 40
　　二、台湾专利数据库 ·· 46
　　三、DII 数据库 ·· 49
　　四、LexisNexis 专利数据库 ··· 53
　　五、Google Patents 专利数据库 ··· 55
　　六、PatentCluster 数据库 ·· 57
　　七、freepatentsonline 数据库 ·· 59

八、PatentLens 数据库 ……………………………………………………… 60
　　九、Patentics 数据库 ………………………………………………………… 62
　　十、Soopat 数据库 …………………………………………………………… 64
第三节　现有主要专利文献检索资源适用性比较 ……………………………… 66
　　一、文献范围 …………………………………………………………………… 66
　　二、分类号检索 ………………………………………………………………… 68
　　三、关键词检索 ………………………………………………………………… 69
　　四、其他辅助功能 ……………………………………………………………… 70

策　略　篇

第三章　检索对象与检索范围 …………………………………………………… 75
第一节　主要检索类型的检索对象和检索范围 ………………………………… 75
　　一、查新检索 …………………………………………………………………… 75
　　二、专利性检索 ………………………………………………………………… 76
　　三、侵权检索 …………………………………………………………………… 77
　　四、技术贸易检索 ……………………………………………………………… 80
　　五、专利战略检索 ……………………………………………………………… 80
第二节　权利要求的理解 ………………………………………………………… 81
　　一、一般权利要求的理解 ……………………………………………………… 81
　　二、具有特定内容的权利要求的理解 ………………………………………… 83

第四章　计算机检索步骤和字段介绍 …………………………………………… 88
第一节　计算机检索步骤 ………………………………………………………… 88
　　一、检索前的准备 ……………………………………………………………… 88
　　二、实施检索 …………………………………………………………………… 89
　　三、对比分析判断 ……………………………………………………………… 94
　　四、调整检索策略再次检索 …………………………………………………… 94
　　五、中止检索 …………………………………………………………………… 95
第二节　常用检索字段介绍 ……………………………………………………… 96
　　一、关键词和分类号检索 ……………………………………………………… 96
　　二、申请人和发明人追踪检索 ………………………………………………… 98
　　三、引文追踪检索 ……………………………………………………………… 103
　　四、专利族检索 ………………………………………………………………… 105

第五章　关键词检索 ……………………………………………………………… 108
第一节　专利文献撰写特点 ……………………………………………………… 108
　　一、标题和摘要信息完整 ……………………………………………………… 108
　　二、技术内容多角度公开 ……………………………………………………… 108
　　三、技术内容分层次公开 ……………………………………………………… 108

四、术语多样化 ··· 109
 第二节 关键词检索概述 ·· 109
  一、关键词表达方式 ··· 110
  二、关键词的查找途径 ··· 111
  三、关键词检索中应注意的问题 ··································· 112
 第三节 完善关键词检索的途径 ······································ 113
  一、形式上准确和完整 ··· 113
  二、意义上准确和完整 ··· 115
  三、角度上准确和完整 ··· 117

第六章 分类号检索 ·· 120
 第一节 分类号检索概述 ·· 120
 第二节 国际专利分类 IPC ·· 121
  一、分类体系简介 ··· 121
  二、分类号获取方式及应用实例 ··································· 125
 第三节 欧洲专利分类 ECLA ·· 130
  一、分类体系简介 ··· 131
  二、分类号获取方式及应用实例 ··································· 132
 第四节 德温特分类体系 DC/MC ····································· 134
  一、分类体系简介 ··· 135
  二、分类号获取方式及应用实例 ··································· 141
 第五节 美国专利分类 UC ·· 145
  一、分类体系简介 ··· 145
  二、分类号获取方式及应用实例 ··································· 154
 第六节 日本专利分类 FI/FT ·· 158
  一、分类体系简介 ··· 158
  二、分类号获取方式及应用实例 ··································· 165
 第七节 各分类体系的综合应用 ······································ 169
  一、分类体系选择的一般要求 ····································· 169
  二、综合应用实例 ··· 170

提 高 篇

第七章 现有技术 ·· 181
 第一节 现有技术概述 ·· 181
  一、现有技术的种类 ··· 181
  二、现有技术的作用 ··· 182
 第二节 现有技术的认定 ·· 183
  一、一般现有技术的认定 ··· 183

二、公知常识的认定 ··· 185
第八章　检索策略与新颖性/创造性的判断 ·· 187
　第一节　新颖性和创造性的概念及其判断 ··· 187
　　一、中国 ··· 187
　　二、美国 ··· 189
　　三、欧洲 ··· 190
　　四、日本 ··· 191
　第二节　检索策略的制定 ·· 192
　　一、检索策略制定的一般方法 ··· 192
　　二、关于技术启示的考虑 ·· 194
第九章　特殊领域的检索 ·· 196
　第一节　化合物的检索 ··· 196
　　一、名称简单的化合物 ··· 196
　　二、名称复杂的化合物 ··· 199
　　三、通式化合物 ··· 204
　第二节　生物序列的检索 ·· 206
　　一、NCBI 网站 ·· 206
　　二、EBI 网站 ·· 209
　　三、其他检索资源 ·· 212
　第三节　需要保密内容的检索 ·· 212
第十章　检索案例 ·· 215
　案例一　坐便器水箱 ·· 215
　　一、案例介绍 ·· 215
　　二、案例检索 ·· 215
　案例二　乙偶姻氧化制丁二酮的方法 ·· 218
　　一、案例介绍 ·· 218
　　二、案例检索 ·· 218
　案例三　防白烟型冷却塔 ··· 220
　　一、案例介绍 ·· 221
　　二、案例检索 ·· 222
　案例四　治疗鼻炎的药物组合物 ·· 227
　　一、案例介绍 ·· 227
　　二、案例检索 ·· 227
　案例五　检测器 ·· 230
　　一、案例介绍 ·· 230
　　二、案例检索 ·· 231
　案例六　服装产品 ··· 233
　　一、案例介绍 ·· 233

  二、案例检索……………………………………………………………………233
第十一章 专利文献计算机检索技术的发展趋势介绍……………………………239
  一、多语言混合检索………………………………………………………………239
  二、分类检索………………………………………………………………………240
  三、语义检索………………………………………………………………………240
  四、图像检索………………………………………………………………………243
  五、网络检索技术…………………………………………………………………246
  六、文献自动处理技术……………………………………………………………247
参考文献……………………………………………………………………………………249

资源篇

第一章 专利文献与检索概述

第一节 专利文献概述

专利制度自产生至今已有几百年历史，它在社会生活中以法律和经济的手段保护着人类的知识产权，推动社会原创力的进步。在此制度下所产生的专利文献为人类提供了一个巨大的文献资源。

世界知识产权组织（WIPO）1988年编写的《知识产权法教程》将专利文献定义为："专利文献是包含已经申请或被确认为的发现、发明、实用新型和工业品外观设计的研究、设计、开发和试验成果的有关资料，以及保护发明人、专利所有人及工业品外观设计和实用新型注册证书持有人权利的有关资料的已出版或未出版的文件（或其摘要）的总称。"根据以上定义可知，专利文献主要是指实行专利制度的国家及国际专利组织在审批专利过程中产生的官方文件及其出版物的总称，一般包括发明、实用新型和外观设计专利的各种说明书、专利公报、专利文摘、专利索引以及专利或外观设计分类表。由于本书主要针对涉及技术方案的专利文献检索，因此如无专门说明，本书所称"专利文献"是指在发明或实用新型专利审批过程中产生各种文献，不包含与外观设计相关的各种文献。

下面分别从专利文献的类型、特点和作用3个方面作进一步介绍。

一、专利文献的类型

1. 一次专利文献

一次专利文献是指各工业产权局、知识产权局、专利局及国际（地区）性专利组织出版的各种专利或专利申请说明书。一次专利文献统称为专利说明书。

一次专利文献是专利文献的主体，有出版发行和内部查阅两种形式。在出版发行专利文献的国家（组织）中，中国、日本、美国、英国、德国、法国、加拿大、澳大利亚、俄罗斯（前苏联）、欧洲专利局（EPO）、世界知识产权组织（WIPO）出版量位居前列，约占世界每年专利文献出版量的80%。还有许多国家的专利说明书只根据公众的请求，在本局范围内提供阅览和复印，如南非、阿根廷、智利等。

2. 二次专利文献

二次专利文献是指各专利组织出版的专利公报、专利文摘出版物和专利索引。

专利公报是主要报道有关专利申请的审批状况及相关法律法规信息的定期出版物。专利公报通常以著录项目、著录项目与文摘或著录项目与权利要求的形式报道新的发明创造，包括题录型、文摘型、权利要求型3种类型专利公报。

专利文摘出版物通常为题录型专利公报的补充性出版物，用于报道最新专利申请或授权专利的技术文摘，它与题录型专利公报同步出版。

专利索引是各国（地区）专利局以专利文献的著录项目为条目编制的检索工具。例如：号码索引、人名索引、分类索引等。

二次专利文献的主要作用在于帮助用户快速、有针对性地从一次专利文献中寻找、选择所需要的文献。比较著名的二次专利文献有德温特世界专利索引（DWPI）、美国《化学文摘》（CA），它们为各国科技工作者、专利使用者提供了大量有用的专利信息。

3. 专利分类资料

专利分类资料是按发明技术主题对专利申请进行分类和对专利文献进行检索的工具。专利分类资料包括：专利分类表、分类表索引等。

专类分类信息是专利文献相对于其他文献所特有的，专利分类是专利文献检索的重要入口，因此专利分类资料是进行检索时的重要工具。

二、专利文献的特点

1. 数量巨大、科技信息全面、公开时间早

专利文献涵盖了绝大多数技术领域，如果按单一种类统计，专利文献是世界上数量最大的信息源之一。2009年全世界有超过200万份新的专利说明书产生（含中国、日本、德国等国家出版的实用新型专利文献）。据世界知识产权组织统计，世界上每年发明创造成果的90%～95%可以在专利文献中查到。20世纪70年代以来，由于大多数国家实行了专利申请早期公开的制度，专利申请的公开时间大大提前，加快了技术信息向社会的传播。

2. 集技术、法律、经济信息于一体

由于专利申请必须具有新颖性、创造性及工业实用性，因此专利说明书一般都对发明创造的技术方案进行完整而详尽的描述，通常会比照现有技术介绍发明点，说明具体实施方式并给出有益效果。由此，本领域技术人员通过背景技术中对该技术领域已有技术的简要介绍，可以在较短时间内对该技术领域的发展历史及最新进展有概括性的了解，并通过实施例的介绍了解该技术的优选方式。

专利文件是法律文件。权利要求书清楚地表述了请求保护的范围，是判断是否侵权的法律依据。专利文献还可以及时地反映专利的有效性、地域性，例如申请的驳回、视为撤回、专利权的恢复等信息。

专利文献与经济活动结合紧密。通过对专利文献信息的分析研究，可以在经济贸易中规避侵权、掌握主动，还可以了解竞争对手在市场上所占的份额、核心技术、技术发展方向等信息。

3. 格式统一、形式规范、电子化发展

各国出版的专利说明书文件格式一致，其扉页的著录项目，有统一的编排体例，并采用统一的专利文献著录项目表示代码（INID代码），这在一定程度上排除了阅读著录项目时的语言障碍。扉页上的上述著录项目信息，如申请日、公开日、申请号等，为检索该专利文献提供了不同的手段。

目前各国（地区）专利局对专利文献体例均有严格要求，例如一份专利申请一般

均需要包括权利要求书和说明书,而说明书中一般都包括技术领域、背景技术、发明概述、附图描述、具体实施例等内容。权利要求书以及说明书中各个部分的内容之间要求相互呼应和支撑,且技术内容公开层级化,这为发明的理解和文献检索提供了便利。

专利文献的载体类型随着科技的进步而发展,已由最初的印刷型载体,发展到光盘、网络电子文档等多种类型。目前世界上主要专利国家、地区或组织均建立有自己的专利文献电子数据库,并且通过其官方网站可查阅。建立专利文献电子数据库,是各国专利文献发展的趋势。

4. 一项发明一件申请

出于经济上和便于文献检索的考虑,各国(地区)专利局一般都要求一项发明一件申请。我国《专利法》第31条明确规定:"一件发明或者实用新型专利申请应当限于一项发明或者实用新型。属于一个总的发明构思的两项以上的发明或者实用新型,可以作为一件申请提出。"即通常所说的一件专利申请中请求保护的不同技术方案之间必须具备单一性。这样,一份专利文献中描述的各个技术方案都必须围绕某一共同的改进点,在这一改进点上可能再派生出一些进一步的改进方案。对于一个完整的系统来说,由于不同部件的改进通常不可能集中在某一点或基于某一总的构思,因此需要分解成许多项专利以分别进行保护,例如一台小小的打印机可能涉及几百甚至上千项专利。

5. 术语多样化

由于专利文献技术内容广泛,不同国家、不同年代、不同社会层次的人员都可能从事一些发明创造,虽然专利局一般都要求在同一份专利申请中代表同一特征的技术术语应该一致,并且应该尽可能使用统一的科技术语,但不同的专利文献中表达相同概念的用语可能大相径庭,而且仍然可能存在大量的非正规表达方式。

6. 经过专门分类

目前世界各国、地区或专利组织出版的专利文献一般都经过专业人员依照特定的分类体系进行分类,所出版的专利文献上都带有一种或多种专利分类号。国际专利分类(IPC)自1971年开始实施以来,目前世界上主要专利机构都统一使用该分类法对专利文献进行分类。虽然每篇专利文献可能采用不同的语言撰写,但都采用统一的 IPC 分类体系号。此外,美国专利商标局(USPTO)、欧洲专利局(EPO)和日本特许厅(JPO)还通过它们特有的专利分类体系对专利文献进行分类。分类体系的应用非常有利于专利文献的检索。

三、专利文献的用途

专利文献中蕴含着多种信息,包括技术信息、法律信息和经济信息。因此,专利文献的用途很广。

1. 获取技术信息,促进科技进步

利用专利文献可以帮助科技工作者在制订科研计划以及确定科研课题时,去伪存真,明确研究方向,提高技术创新活动的起点,避免盲目性和重复性研究。通过查阅专利文献,科技工作者可以开阔思路,站在巨人的肩膀上作出新的发明创造。

2. 获取法律信息，保护自身权益

专利文献与其他文献不同的特点之一，在于它除了具有科技信息外，还具有法律信息。在进行贸易中，进行专利文献检索，可以知道哪些专利申请已被授予了专利权，哪些还没有被授予专利权，帮助我们在国际贸易中确定产品贸易或技术贸易的目的地，避免专利侵权纠纷，以便保护自身权益；或者在技术引进过程中，正确选择、准确评估所引进的专利技术，避免造成不必要的经济损失。

3. 获取经济信息，分析经济发展方向

通过专利文献的战略研究，企业或行业乃至政府机构可以制订宏观经济、科技发展计划，进行重大战略决策以及各层面知识产权战略的制定与实施，为企业或行业的经济技术发展方向提供依据。这种经济情报，在当前知识经济迅猛发展的现状下是不可或缺的。目前小到企业大到政府机构在制定知识产权战略时，都主要以这种专利信息检索分析为基础展开。

除此之外，由于专利文献记载技术信息全面、公开及时，因此它还被大量引用在各国专利局、专利组织的专利审查过程中，以判断一项申请是否符合被授予专利权的条件。

第二节 专利文献检索概述

根据专利文献检索的用途，专利文献检索可以分为法律状态检索、查新检索、专利性检索、侵权检索、技术贸易检索和专利战略检索，下面分别介绍。

一、法律状态检索

专利法律状态检索属于比较简单和客观的检索，可分为专利有效性检索和专利地域性检索。专利有效性检索是指对一项专利或专利申请当前所处的法律状态进行的检索，其目的是了解该项专利申请是否被授权，授权专利是否有效，例如是否尚在有效期内。专利地域性检索是指对一项发明创造都在哪些国家和地区申请了专利所进行的检索，其目的是确定该项专利申请的地域范围。可检索的其他专利法律状态信息还包括：专利或专利申请的著录事项、变更信息、专利申请、审查或复审过程中的信息、授权后的专利权转移、许可、异议等法律活动信息等。

对专利地域性检索的有效方式之一是进行专利族检索。专利族检索是指对一项专利或专利申请在其他国家申请专利并被公布等有关情况进行的检索。该检索的目的是找出该专利或专利申请在其他国家公布的文献号。专利族检索的主要手段是从一个专利文献号码入手查找该发明在哪些国家申请了专利并被公布，在哪些国家被授予了专利权。专利族检索除了可以了解专利地域性外，另外还有以下重要目的：（1）解决语言障碍问题；（2）解决馆藏的局限性问题；（3）得到其他检索机构对同族专利文献的检索报告。

常见的各国专利局互联网网站均能完成专利法律状态检索。但检索人员应注意，由于专利信息数据库发布、更新的时间可能会有延迟性，检索时所得到的某些著录项目信息会与实际情况有一些偏差。如果要得到可作为确凿证据的著录项目信息，应以国家专利行政部门的法律簿为准,例如我国的专利登记簿。

二、查新检索

根据科技部 2000 年 12 月颁布的《科技查新机构管理办法》和《科技查新规范》,查新是"科技查新"的简称,是指查新机构根据查新委托人提供的需要查找其新颖性的科学技术内容,按照《科技查新规范》操作,并作出结论。查新为科研立项提供客观依据,为科技人员进行研究开发提供可靠而丰富的信息,为科技成果的鉴定、评估、验收、转化、奖励等提供客观依据。由于查新是以检出文献的客观事实来对项目的新颖性作出结论,因此查新有较严格的年限、范围和程序的规定,要求给出明确的结论。查新结论具有客观性和鉴证性,但其不同于全面的成果评审结论。

科技查新一般可分为立项查新、成果查新、专利查新 3 种,其中专利查新类似于下文的"专利性检索"。

三、专利性检索

一项发明必须具备新颖性、创造性和实用性才可被授予专利权,其中,新颖性、创造性和实用性即为通常所称的"专利性"。专利性检索是以被检索的专利或者专利申请为对象,对包括专利文献在内的各种科技信息进行检索,从中获得评价该对象专利性的对比文件。一件专利申请从申请、专利局审批乃至授权之后的整个专利生命周期内,申请人、专利审查员和社会公众都可能进行不同目的的专利性检索。

1. 申请专利前的检索

专利申请之前,申请人或其代理人应针对所要申请专利的主题对专利文献和专业期刊及其他相关信息资源进行充分检索,以便更清楚地了解所申请专利主题的可专利性,从而对是否进行专利申请、如何撰写专利申请文件以及如何尽可能扩大权利要求的保护范围作出正确决策,使申请人的自身利益最大化。专利申请前的检索类似于上文介绍的查新检索。

专利申请在公开前应处于保密状态,因此申请人或其代理人如果到互联网上进行检索,需要采取安全的检索策略。安全的检索策略请参见本书的相关章节。

2. 审批过程中的检索

在专利审批过程中,专利审查员需要针对申请人请求保护的技术方案进行详尽的检索,以判断申请人请求保护的技术方案是否具备新颖性和创造性。若存在新颖性或创造性的问题,审查员需要列举证据(专利文献或非专利文献)并撰写审查意见。此时申请人针对审查员的审查意见也可进行有针对性的检索,以便提出更具有说服性的理由或对申请文件的修改更具有针对性。申请人检索通常为其答复提供事实基础,例如发明因克服了技术偏见而具备创造性的证据、说明书公开充分的证据、某技术术语的正确解释的证据等。

3. 专利授权后的检索

专利授权后的检索通常是社会公众认为被授予的专利权可能不符合专利性条件而进行的检索,例如无效检索。无效检索的主要目的是检索出能够破坏被授权的专利的新颖性或创造性的现有技术文件。

四、侵权检索

侵权检索是为作出专利权是否被侵权的结论而进行的检索,一般是指为确定所生产的产品或者所使用的工艺等是否纳入已授权的专利权的保护范围以内而进行的检索,属于一种与专利技术的应用有关的检索种类。侵权检索首先需要确定所检索专利的专利权是否有效(包括时间和地域),在专利权有效的时间和地区再来确定是否侵权以及侵权的范围。

根据侵权方、被侵权方与检索者的关系,侵权检索包括防止侵权检索和被控侵权检索。

防止侵权检索是指为避免发生侵权纠纷而主动针对某一新技术新产品进行的专利文献检索,其目的是要找出可能侵犯了专利权保护范围的专利。例如,企业向国外出口新产品时,应当检索专利文献,判断是否会侵犯出口所在国的专利权。因为只有有效专利才会被侵权,所以为防止侵权所进行的专利信息检索的范围为有效专利。检索人员应根据出口国或地区的法律规定,查阅有效专利的保护期限(该期限依各国或地区的法律规定而有所不同)。侵权判定的主要依据为权利要求书,检索人员检索后如果查找到较相关的对比文件,应依据权利要求书进行比对。

被控侵权检索是指在被别人指控侵权时为进行自我防卫而进行的专利检索,其目的在于找出请求宣告被控侵犯的专利权无效或不侵权的证据。例如,某企业生产的产品被控侵犯另一同类型企业的发明专利权,该企业通过对现有技术进行检索,检索到一件与该专利权利要求的技术方案完全相同的在该专利申请日前公开的美国专利,该企业以此美国专利为依据请求宣告该专利权无效。

五、技术贸易检索

在进行技术贸易过程中,尤其是在引进国外先进技术时,技术贸易检索极为重要。通过专利文献检索了解有关技术的发展程度,是否申请了专利,专利权是否有效等信息,以便切实掌握实际情况。例如在引进外商技术前应对这项技术中是否包含专利技术进行检索,从而避免在后期实施技术时被专利技术束缚。

从总体上看,技术贸易检索一方面要查找专利的有效性、专利的地域效力等法律信息,另一方面还要了解所引进的技术的技术水平及实施的可能性等技术信息。因此,技术贸易检索可以被看做是一种法律信息与技术信息的综合检索。

六、专利战略检索

专利文献积累了各个技术领域中发明创造的详尽信息,包括技术内容、申请人情况、申请国家及法律状况等。如果能对某一技术领域的专利文献进行系统的检索并把有用的信息收集起来,经过系统的统计分析,可以判断某一技术的发展现状和趋势,了解竞争对手或同行研究情况,从而使企业合理地选择研究开发目标,以最佳方案、最少的投资,谋求最大的发展和成果。

这种通过对相关领域的专利文献进行检索和分析,揭示技术发展点,进而制定自身技术研发方向以及专利布局战略的检索,即是专利战略检索。

第二章 常用专利文献检索资源简介

本章主要介绍互联网上典型的专利文献检索资源,旨在帮助读者了解和有效利用专利文献,获知进行专利检索的多种资源和多种途径,掌握互联网上主要的专利文献检索方式。

目前,根据提供商不同,互联网上常见的专利文献检索资源可分为各国(地区)专利局通过其网站提供的专利数据库和商业机构提供的专利数据库两大类。

本章先分别简要介绍这两类主要的专利文献检索数据库,之后对它们进行简要比较,以便读者能够更好地掌握各专利文献资源的特点。

第一节 主要专利局提供的专利文献数据库

各国(地区)专利局网站上一般都会提供本局自己出版的专利文献,而且通常更新非常及时。此外,各国(地区)专利局网站上还会提供一些具有地区特色的专利检索方式,例如 USPTO 提供美国专利分类(UC)的检索,JPO 提供有日本专利分类(FI/FT)的检索,EPO 网站上提供有欧洲专利分类(ECLA)的检索等。

本节介绍一些主要专利局网站上提供的专利文献数据库。

一、中国国家知识产权局网站

(一) 概况

中国国家知识产权局(SIPO)网站(www.sipo.gov.cn)是政府性官方网站。该网站包括中文和英文两个版本,都提供对中国专利信息的检索服务。在中文版面中,页面右侧可看到"专利检索"项,可以选择相应检索入口,直接输入相应检索式进行检索(图 2-1-1)。

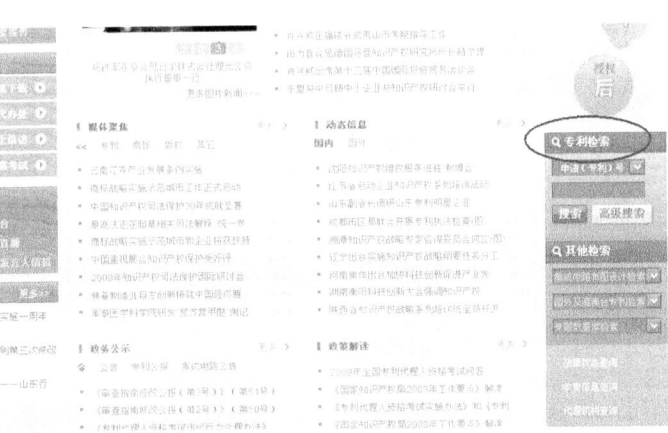

图 2-1-1 中国国家知识产权局网站

中国国家知识产权局网站的数据库收录了自1985年9月10日以来公布的全部中国专利信息,包括发明、实用新型和外观设计3种专利的著录项目及摘要,并可浏览到各种说明书全文及外观设计图形,且提供专利全文说明书的下载,该网站数据库每周更新一次。

(二) 检索方法

中国国家知识产权局网站提供"一般专利检索"和"高级检索"。

"一般专利检索"可以实现直接在网页上进行申请号、申请日、公开号、公开日、申请人、发明人、名称、摘要或者主分类号的检索。

页面右侧"专利检索"项下方设有"高级检索"的按钮,点击后可进入"专利检索"界面(图2-1-2)。在"专利检索"界面上方有"发明专利"、"实用新型专利"、"外观设计专利"3个选项,用户据此选择检索的范围。"专利检索"界面提供"申请(专利)号"、"名称"、"摘要"、"分类号"等16个字段的检索入口,用户可以选择一个或多个字段进行检索。各字段间可以进行复杂的逻辑运算,并且部分字段支持模糊检索,例如,字符"?"代表1个字符,字符"%"代表0~n个字符。

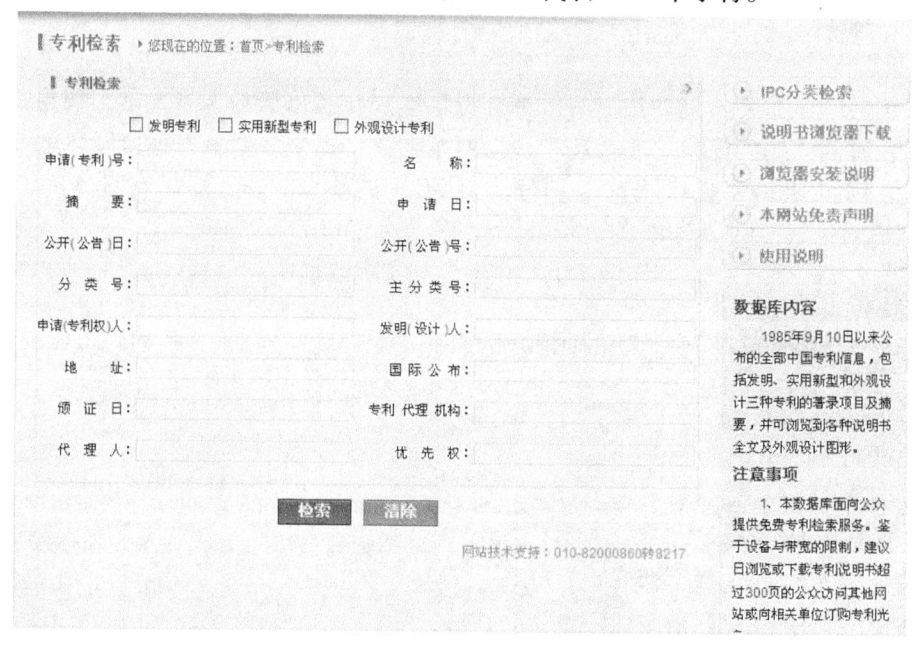

图2-1-2 中国国家知识产权局网站"专利检索"界面

以上字段的具体输入格式如下:

1. 申请(专利)号

该字段可对申请号和专利号进行检索。申请号和专利号由8位或12位数字组成,小数点后的数字或字母为校验码。

申请(专利)号可实行模糊检索。模糊部分位于申请号(或专利号)起首或中间时应使用模糊字符"?"或"%",位于申请号(或专利号)末尾时模糊字符可省略。

2. 申请日

申请日由年、月、日3个部分组成，各部分之间用圆点隔开；"年"为4位数字，"月"和"日"为1或2位数字。

3. 公开（告）号

公开（告）号由7位或8位数字组成。

公开（告）号可实行模糊检索。模糊部分位于公开号起首或中间时应使用模糊字符"?"或"%"，位于公开（告）号末尾时模糊字符可省略。

4. 公开（告）日

公开（告）日由年、月、日3个部分组成，各部分之间用圆点隔开；"年"为4位数字，"月"和"日"为1或2位数字。

5. 申请（专利权）人

申请（专利权）人可为个人或团体，键入字符数不限。

申请人可实行模糊检索，模糊部分位于字符串中间时应使用模糊字符"?"或"%"，位于字符串起首或末尾时模糊字符可省略。

6. 发明（设计）人

发明（设计）人可为个人或团体，键入字符数不限。

发明人可实行模糊检索，模糊部分位于字符串中间时应使用模糊字符"?"或"%"，位于字符串起首或末尾时模糊字符可省略。

7. 地址

地址的键入字符数不限。

地址可实行模糊检索，模糊部分位于字符串中间时应使用模糊字符"?"或"%"，位于字符串起首或末尾时模糊字符可省略。

8. 名称

专利名称的键入字符数不限。

专利名称可实行模糊检索，模糊检索时应尽量选用关键字，以免检索出过多无关文献。模糊部分位于字符串中间时应使用模糊字符"?"或"%"，位于字符串起首或末尾时模糊字符可省略。字段内各检索词之间可进行and、or、not的逻辑运算。

9. 摘要

专利摘要的键入字符数不限。

专利摘要可实行模糊检索，模糊检索时应尽量选用关键字，以免检索出过多无关文献。模糊部分位于字符串中间时应使用模糊字符"?"或"%"，位于字符串起首或末尾时模糊字符可省略。字段内各检索词之间可进行and、or、not的逻辑运算。

10. 分类号

专利申请的分类号可由《国际专利分类表》查得，键入字符数不限（字母大小写通用）。

分类号可实行模糊检索，模糊部分位于分类号起首或中间时应使用模糊字符"?"或"%"，位于分类号末尾时模糊字符可省略。

11. 主分类号

同一专利申请中具有若干个分类号时,其中第一个称为主分类号。

主分类号的键入字符数不限(字母大小写通用)。

主分类号可实行模糊检索,模糊部分位于主分类号起首或中间时应使用模糊字符"?"或"%",位于主分类号末尾时模糊字符可省略。

12. 颁证日

颁证日由年、月、日3个部分组成,各部分之间用圆点隔开;"年"为4位数字,"月"和"日"为1或2位数字。

13. 专利代理机构

专利代理机构的键入字符数不限。

专利代理机构可实行模糊检索,模糊部分位于字符串中间时应使用模糊字符"?"或"%",位于字符串起首或末尾时模糊字符可省略。

14. 代理人

专利代理人通常为个人。

专利代理人可实行模糊检索,模糊部分位于字符串中间时应使用模糊字符"?"或"%",位于字符串起首或末尾时模糊字符可省略。

15. 优先权

优先权信息中包含表示优先权日、国别的字母和优先权号。

优先权可实行模糊检索,模糊部分位于字符串中间时应使用模糊字符"?"或"%",位于字符串起首或末尾时模糊字符可省略。

16. 国际公布

国际公布信息中包括国际公布号、公布的语种和公布的日期。

二、美国专利商标局网站

(一)概况

美国专利商标局(USPTO)网站(www.uspto.gov)是政府性官方网,该网站中的"专利电子商务中心"为用户提供美国授权专利和美国专利申请公布的检索,US专利分类查询、美国专利权转移查询以及美国专利法律状态查询等多项服务。

用户可以通过浏览器访问网址 http://www.uspto.gov/ebc/index.html 进入"专利电子商务中心",点击链接"Search Patents and Published Applications"进入到"Patent Full - Text and Full - Page Image Databases"界面,其中左侧为美国授权专利(Issued Patents)检索界面,右侧为美国专利申请公布(Patent Applications)检索界面(图2-1-3)。

图 2 - 1 - 3　USPTO 专利电子商务中心检索界面

美国授权专利数据库中收录了自 1790 年至今的各种美国授权专利，其中 1790 年至 1975 年的数据只有全文图像页（full - image），可通过专利号和 UC 分类号进行检索；1976 年 1 月以后的数据除了全文图像页以外，还涵盖了可检索的授权专利的基本著录项目、摘要和专利全文数据页（full - text），用户可以通过多个检索入口进行检索。美国专利申请公布数据库中收录了自 2001 年 3 月 15 日以来公布的美国专利申请公布文献，其中包括美国专利申请公布的基本著录项目、摘要和专利全文数据页，以及公开的美国专利申请说明书的图像页，用户可以通过多个检索入口进行检索。

（二）检索方法

美国授权专利检索界面提供 3 种检索方式，分别为快速检索（Quick Search）、高级检索（Advanced Search）和专利号检索（Patent Number Search）；美国专利申请公布检索界面也同样分为 3 种检索方式，分别为快速检索、高级检索和专利申请公开号检索。美国授权专利数据库和美国专利申请数据库二者的检索页面以及检索方式大致相同，只是收录范围和少数字段格式有所不同。

此外，USPTO 网站还提供美国专利法律状态检索。

1. 快速检索（Quick Search）

快速检索是一种简单快捷的检索方式（图 2 - 1 - 4）。用户可根据检索需求选择相应的检索字段选项 "Field1" 和 "Field2"，以及两个检索字段之间的布尔逻辑运算符（AND 运算符、OR 运算符、NOT 运算符），之后填写检索字段 "Term1" 和 "Term2"，并选择年代（Select years），从而构造完整的检索式。

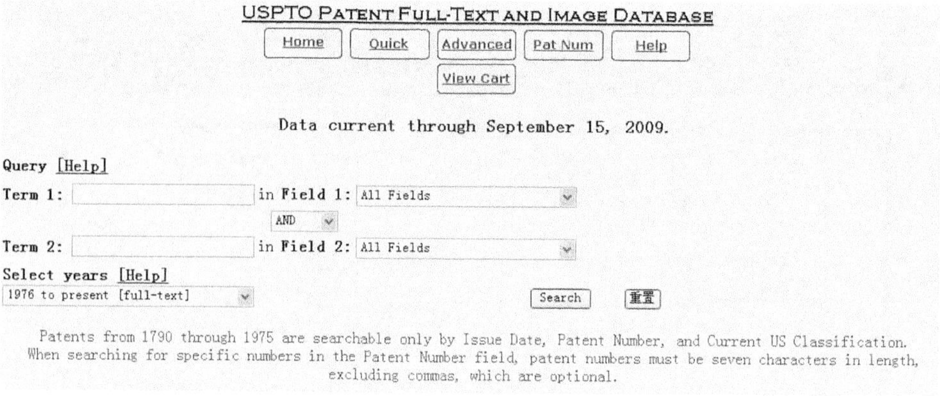

图 2-1-4 快速检索

2. 高级检索（Advanced Search）

高级检索允许用户使用命令行检索，并可输入两个以上的检索项，其检索方式更为灵活，检索效率更高（图 2-1-5）。

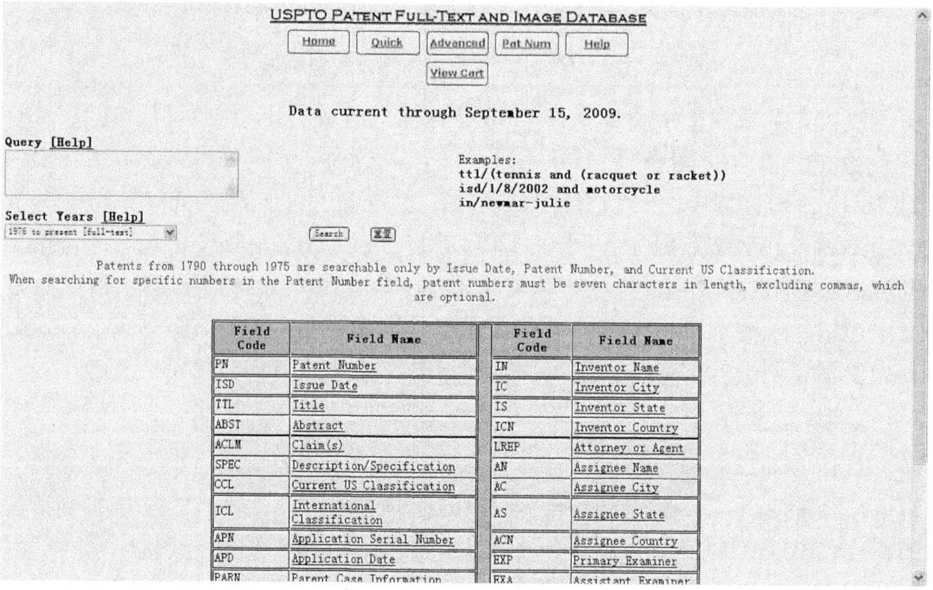

图 2-1-5 高级检索

用户首先应当在"Select Years"下拉菜单中选取检索的年代范围；之后在标记"Query"的文本框中输入检索表达式；点击"Search"按钮即可查询。其中，"Query"的句法为：检索字段代码/检索项表达。例如：TTL/motorcycle AND ISD/20020108，即检索专利名称中包含"motorcycle"且其授权公布日为 2002 年 1 月 8 日的所有专利。

如表 2-1-1 所示是美国授权专利数据库中高级检索的检索字段代码表。

表 2-1-1 美国授权专利库检索字段代码表

检索字段代码	字段名称	检索字段代码	字段名称
PN	专利号 Patent Number	IN	发明人姓名 Inventor Name
ISD	公布日期 Issue Date	IC	发明人所在城市 Inventor City
TTL	发明名称 Title	IS	发明人所在州 Inventor State
ABST	摘要 Abstract	ICN	发明人国籍 Inventor Country
ACLM	权利要求 Claim(s)	LREP	律师或代理人 Attorney or Agent
SPEC	说明书 Description/Specification	AN	受让人姓名 Assignee Name
CCL	当前美国分类号 Current US Classification	AC	受让人所在城市 Assignee City
ICL	国际专利分类 International Classification	AS	受让人所在州 Assignee State
APN	申请号 Application Serial Number	ACN	受让人国籍 Assignee Country
APD	申请日期 Application Date	EXP	主审查员 Primary Examiner
PARN	母案信息 Parent Case Information	EXA	助理审查员 Assistant Examiner
RLAP	相关国内申请 Related US App. Data	REF	US 参考文献 Referenced By
REIS	再版数据 Reissue Data	FREF	外国参考文献 Foreign References
PRIR	国外优先权 Foreign Priority	OREF	其他参考文献 Other References
PCT	PCT 信息 PCT Information	GOVT	政府利益 Government Interest
APT	申请类型 Application Type		

美国专利申请公布检索与上述美国授权专利检索的检索页面及检索方式大致相同，只有以下 3 个检索字段代码及字段名称不同，如表 2-1-2 所示。

表 2-1-2 不同字段代码及名称

检索字段代码	字段名称
PD	公布日期 Publication Date
PN	申请公布号 Published Application Number
KD	文献种类代码 Kind Code

3. 专利号及专利申请公开号检索（Patent/Publication Number Search）

专利号检索界面上只设有一个专利号检索输入框"Query"，用户可将已知的专利号输入后直接进行检索。专利号检索方式也允许用户同时对多个专利号进行检索，当输入多个专利号时，专利号之间需使用空格或使用 OR 逻辑运算符，专利号中间的逗号存在或缺省均可。例如：

（1）5146634 D339456 RE35312

（2）5146634 OR D339456 OR RE35312

(3) 5,146,634 OR D339,456 OR PP8,901

另外,专利号输入是也可采用右截断进行检索,如514664$,其检索结果为514664及5146640~5146649共11项专利。

专利申请公布号检索与专利号检索相似,用户只需将已知的专利申请公布号输入"Query"输入框后,即可直接检索。

4. 法律状态检索

在"Patent Application Information Retrieval"检索界面上输入需要查询法律状态的申请号或专利号,即可获得该号码的专利记录结果(图2-1-6)。选择"Fees"一项,可查询该美国专利维持费的缴费情况。

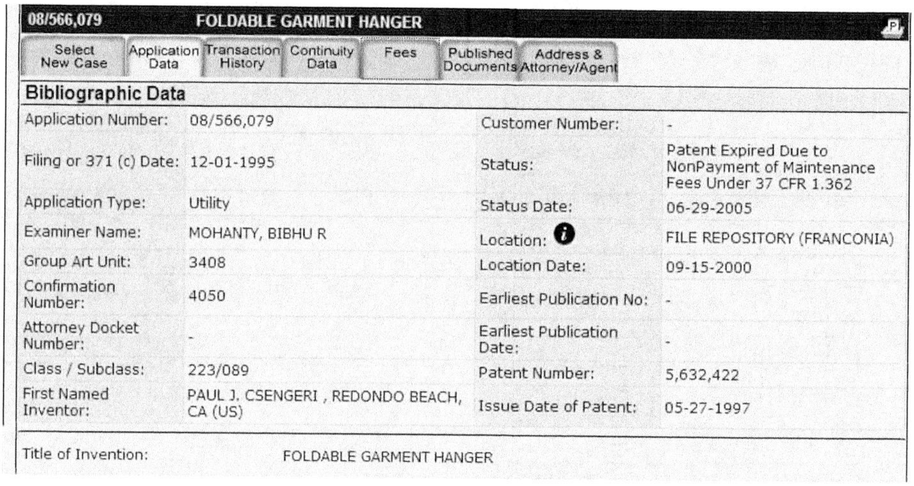

图2-1-6 法律状态查询

进入"Withdrawn Patent Number"网页,可见该页面中列出了所有被撤回的专利。利用"查找"功能搜索被检索的专利号,即可得知该专利是否已被撤回。

(三)浏览方式

USPTO网站提供3种结果显示方式:列表显示、文本型全文显示、图像型专利文献全文显示。

在检索结果列表中,每条检索记录按照公布日期顺序排列,每页一次最多显示50条记录。此外,点击页面中"Search Summary"可以得到检索结果详细信息,包括每个检索项在文献中出现的词频,使用逻辑运算符的中间结果,检索所需的时间等。

在检索结果页面中,点击所需的专利号,可直接进入该专利号的全文文本显示页面,系统提供该专利的著录项目、摘要、权利要求、说明书。通过点击页面中的"Referenced By"可以检索到当前专利文献被哪些文献引用过。

在文本型全文显示页面中,点击"Image",可获得图像型专利文献全文。

三、日本特许厅网站

(一) 概况

日本特许厅（JPO）政府网站（http：//www.jpo.go.jp/）提供了工业产权数字图书馆（Industrial Property Digital Library）。工业产权数字图书馆分英文版和日文版。英文版面工业产权数字图书馆网页上提供专利与实用新型公报数据库、专利与实用新型对照索引、FI/F-term分类检索、日本专利英文摘要、FI/F-term分类表以及外观设计公报数据库。日文版面工业产权数字图书馆网页上提供初学者检索、专利与实用新型检索、法律状态信息检索、商标检索、外观设计检索和复审信息检索等。

用户可以通过访问JPO网站，点击页面左侧中部的按钮"IPDL"，进入英文版工业产权数字图书馆（图2-1-7）。

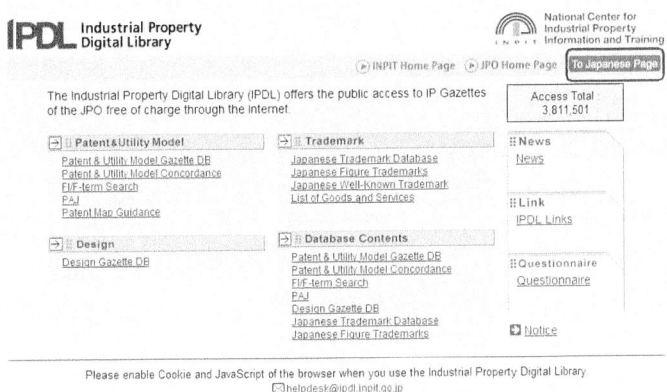

图2-1-7 英文版工业产权数字图书馆

进入英文版工业产权数字图书馆后，点击页面右侧上方的"To Japanese Page"后即可进入日文版工业产权数字图书馆（图2-1-8）。

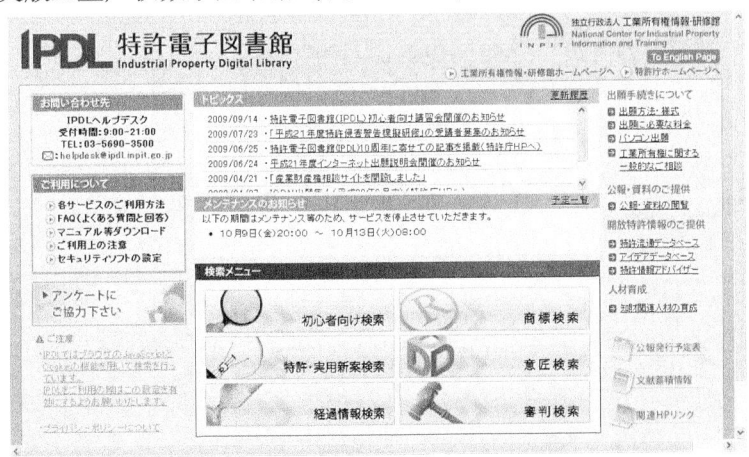

图2-1-8 日文版工业产权数字图书馆

日本工业产权数字图书馆中收录了自1885年以来公布的所有日本专利、实用新型和外观设计文献。

（二）检索方法

以下以英文版为例介绍日本专利和实用新型的检索方法。

1. 专利与实用新型公报数据库

进入英文版工业产权数字图书馆界面后，可以点击"Patent & Utility Model Gazette DB"链接可以进入"专利与实用新型公报数据库"检索界面（图2-1-9）。该界面上设有12组检索式输入窗口，每组输入窗口分别由"Kind code"（专利文件种类代码）和"Number"（号码）窗口组成；各组输入窗口之间的逻辑关系为"或"，因此可以通过输入文献号同时检索多达12篇专利文献。

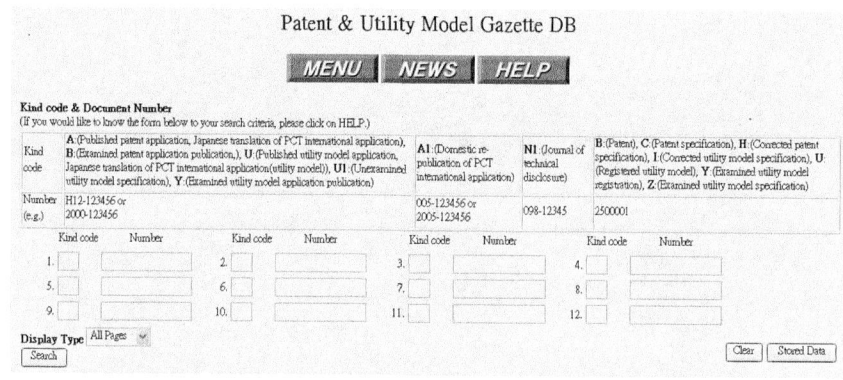

图2-1-9　"专利与实用新型公报数据库"检索界面

2. 专利与实用新型对照索引

在英文版工业产权数字图书馆界面点击"Patent & Utility Model Concordance"链接可以进入"专利与实用新型对照索引"检索界面（图2-1-10）。该界面上有5组检索式输入窗口，每组输入窗口分别由"Kind code"选择菜单和"Number"窗口组成。"Kind code"选择菜单提供"Application"、"Unexamined"、"Examined"和"Registration"4个选项。各组输入窗口之间的逻辑关系为"或"。

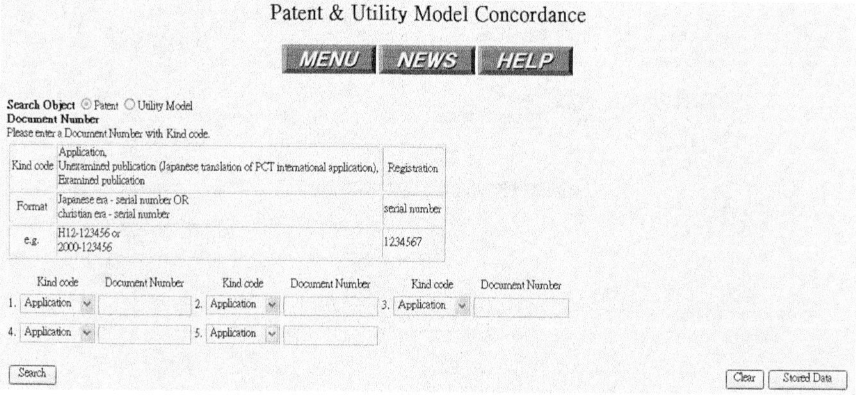

图2-1-10　"专利与实用新型对照索引"检索界面

3. 日本专利分类号检索

在英文版工业产权数字图书馆界面点击"FI/F – term Search"链接可以进入"日本专利分类号"检索界面（图2－1－11）。该界面中有4组检索式选择窗口和输入窗口："Data Type"（数据类型）、"Theme"（主题）、"Publication Year"（公布年代）和"FI/F – term/facet"（FI/F – term 分类号）。其中，"Data Type"为多项复选框，用于选择检索的范围，其中包括"Patent"（专利）、"Examined utility model registration"（经审查的实用新型注册）、"Patent specification"（专利说明书）和"Examined utility model specification"（经审查的实用新型说明书）。"Theme"为输入窗口，检索时在该窗口输入 F – term 分类号。"Publication Year"为检索的年代范围，检索在"From"窗口输入一个起始年，在"To"窗口输入一个终止年，即可把检索的范围限定到输入的年代范围中。"FI/F – term/facet"输入窗口用于通过 FI 分类号和/或 F – term 分类号进行检索，检索时可以输入完整的 FI/F – term 分类号，也可以与"Theme"窗口连用。

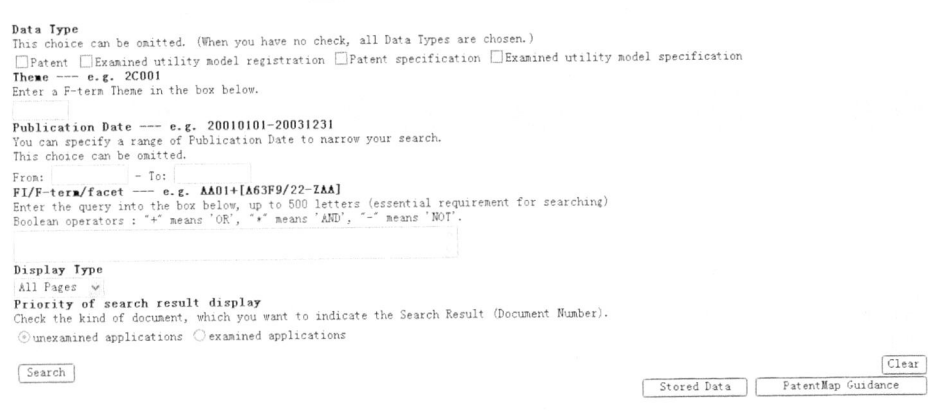

图2－1－11 "日本专利分类号"检索界面

4. 日本专利英文摘要检索

在英文版工业产权数字图书馆界面点击"PAJ"链接可以进入"日本专利英文摘要"检索界面（图2－1－12）。该界面有"Text Search"（文本检索）以及"Number Search"（号码检索）两种检索模式。

在"Text Search"检索模式下，有3组检索式选择窗口和输入窗口："Applicant, Title of Invention, Abstract"（申请人、发明名称、摘要）、"Data of Publication of Application"（申请公布日期）和"IPC"（国际专利分类号）。"Applicant, Title of Invention, Abstract"由3组检索式输入窗口组成，各组之间可以选择"或"、"与"、"非"3种逻辑关系。"Data of Publication of Application"可输入起始和终止日期，以缩小检索范围。"IPC"输入窗口可输入国际专利分类号进行检索。

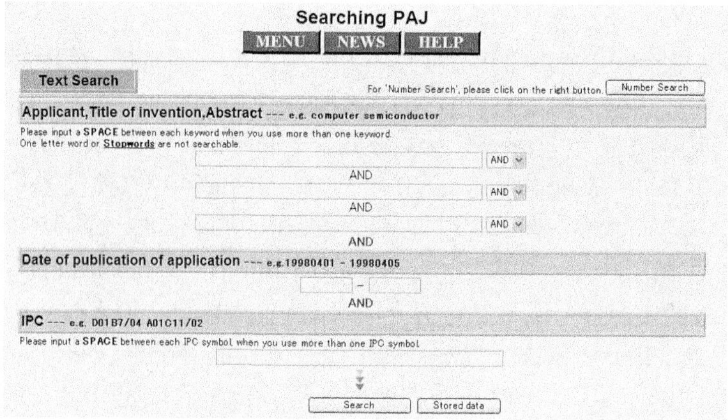

图 2-1-12 "日本专利英文摘要"检索界面——"Text Search"检索模式

在"Text Search"检索模式下,点击页面右侧的"Number Search"按钮即可进入"Number Search"检索模式(图 2-1-13)。在该界面中可以选择"Application number"(申请号)、"Publication Number"(公开号)、"Patent Number"(专利号)和"Appeal/trial number"(诉讼/审判号码)这4个选项之一,限定检索范围。

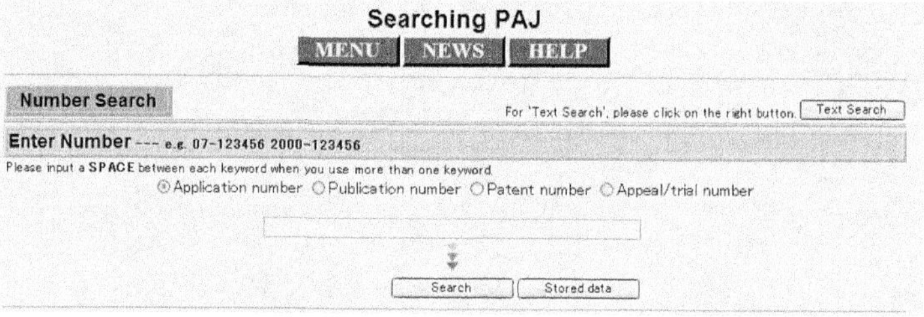

图 2-1-13 "日本专利英文摘要"检索界面——"Number Search"检索模式

5. 法律状态检索

日文版的工业产权数字图书馆提供法律状态检索功能,用户点击页面上的"経過情報檢索"即可进入法律状态检索页面(图 2-1-14)。

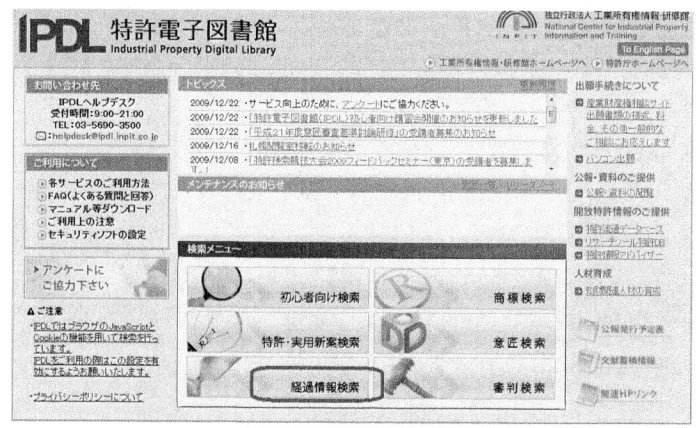

图 2-1-14 日本法律状态检索进入界面

"經過情報檢索"中提供3种检索模式：号码检索（番号照会）、范围指定检索（範囲指定検索）、最终处理对照索引（最終処分照会）。

（1）号码检索（番号照会）

在号码检索界面中通过输入专利号码即可检索日本发明、实用新型、外观设计及商标的法律状态。

（2）范围指定检索（範囲指定検索）

范围指定检索中可在下拉菜单中选择需要查看的法律状态项目，然后输入时间范围，即可查看指定的时间范围内处于选定法律状态的文献列表。

（3）最终处理对照索引（最終処分照会）

最终处理对照索引中记录了案卷作出各种决定的时间。用户在该界面的下拉菜单中选择文献类型，在其后的输入框中输入相应的文献号，即可检索到该文献各个阶段及相关日期。

（三）浏览方式

"专利与实用新型公报数据库"以及"专利与实用新型对照索引"的检索结果输出方式相同，点击选中文献号后，即可进入英文摘要及摘要附图显示状态（图2-1-15）。

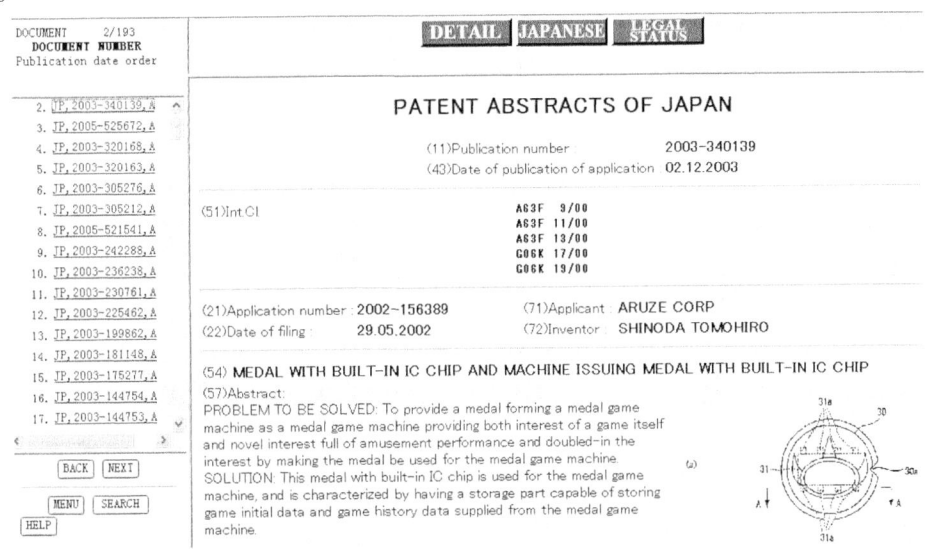

图 2-1-15　日本网站检索结果英文摘要及摘要附图显示

英文摘要及摘要附图显示界面中显示所选文献的著录项目、摘要以及摘要附图。

若点击检索结果屏幕上方的"DETAIL"键，可进入全文显示状态。全文显示状态中包括"CLAIMS"、"DETAILED DESCRIPTION"等选项，对应专利文献各部分的计算机翻译英文译文。

若点击检索结果屏幕上方的"JAPANESE"键，可进入日文原文显示状态，系统将显示日本专利或实用新型的说明书扫描图形，提供放大、缩小、翻转、翻页等功能，便于用户浏览。

若点击检索结果屏幕上方的"LEGAL STATUS"键,可以查看该文献的法律状态。

四、欧洲专利局网站

(一) 概况

欧洲专利局(EPO)网站(www.epo.org)提供了esp@cenet和epoline两种系统。

用户可以通过浏览器访问网址http://www.espacenet.com/index.en.htm/进入esp@cenet系统。esp@cenet系统的首页提供多种进入检索界面的途径:(1)通过EPO http://ep.espacenet.com/进入(支持英文、法文和德文);(2)通过欧洲委员会http://ec.espacenet.com/进入(支持英文、法文和德文);(3)EPO还为不同成员国以及其他地区组织开发了检索网站,点击"Access esp@cenet"中相应的链接即可进入不同界面语言的检索界面,但检索功能一样。以下介绍英文界面的esp@cenet检索界面(图2-1-16)。

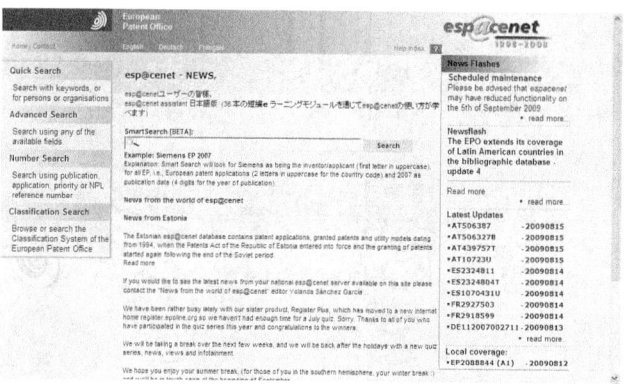

图2-1-16 esp@cenet检索界面

用户可以通过浏览器访问网址http://www.epoline.org/portal/public/进入epoline系统。导航栏中可以看到"Register Plus"链接,选择后可进入Register Plus检索界面(图2-1-17),可以查询EPO授权程序以及授权后进入各指定国阶段的法律状态信息。

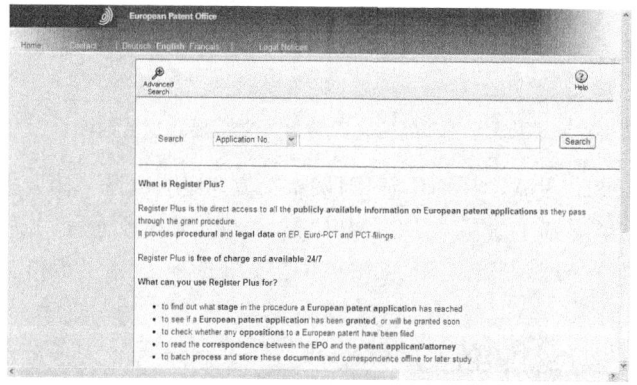

图2-1-17 epoline系统中的Register Plus检索界面

esp@cenet系统为满足一般公众的检索需求而设计,其中包括3个数据库:EP数据库、WIPO数据库和Worldwide数据库。EP数据库仅收录最近24个月内EPO公开的专利申请的著录项目数据,该数据库只能通过著录项目进行检索,不能通过摘要字段以及ECLA字段进行检索。WIPO数据库仅收录最近24个月内WIPO公布的国际申请的著录项目数据,与EP数据库相同只能进行著录项目检索。Worldwide数据库是esp@cenet中收录最全的一个数据库,收录了全球90个国家和地区的专利申请公开文献,可以满足大部分检索需求,同时该数据库中还记录了ECLA分类和引证文献,可供用户检索。一般情况下,EP数据库和WIPO数据库每周进行更新,数据收录后不久会加入到Worldwide数据库中。

epoline系统为专利申请人、代理人和其他用户提供递交申请、接收专利局信件、检索和浏览专利文献、监控审批过程以及网上付费等服务。该系统提供1978年以来公开的欧洲专利申请或指定欧洲的PCT专利申请的审批数据信息,并可以检索专利申请的著录项目、法律状态、同族专利等信息。

(二)检索方法

1. esp@cenet系统检索方法

esp@cenet检索界面提供3种专利检索方式,分别为快速检索(Quick Search)、高级检索(Advanced Search)和号码检索(Number Search)。此外,esp@cenet检索界面目前还提供一种试用检索方式——智能检索(Smart Search)。另外,该检索界面还提供了欧洲专利分类检索(Classification Search)。上述各种检索方式的入口均可以从图2-1-16所示的检索界面中进入。

(1)快速检索(Quick Search)

快速检索界面(图2-1-18)中有3个区域,分别为:①数据库(Database),可以选择EP数据库、WIPO数据库或Worldwide数据库;②检索类型(Type of search),可以确定检索的范围是发明名称或摘要,还是申请人或发明人;③检索项输入区(Search terms),用于输入检索字段。

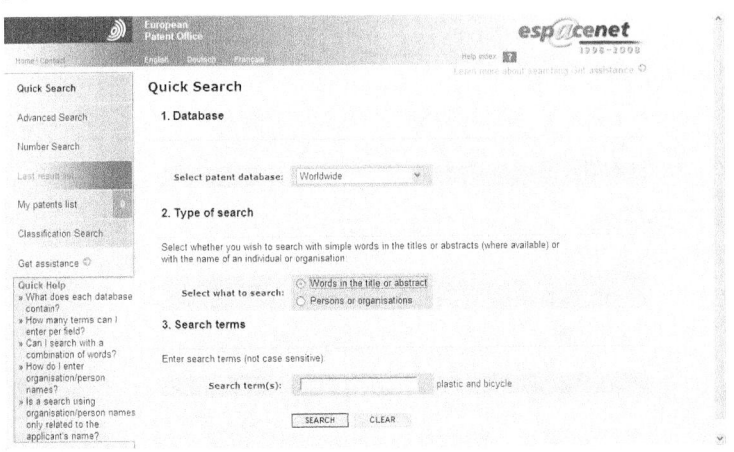

图2-1-18 esp@cenet的快速检索界面

(2) 高级检索 (Advanced Search)

高级检索界面（图 2-1-19）中有两个区域，分别为：①数据库（Database）；②检索项输入区（Search terms），用于输入检索字段。系统提供了关键词、公开号、发明人等 10 个检索字段，每个字段最多可输入 4 项内容，输入字母时不区分大小写。在检索字段中截词符"*"代表任意长度的字符，"?"代表 0 或 1 个字符，"#"分别代表 1 个字符；其中，"?"和"#"分别最多只能使用 3 次，前面至少需要输入 1 个字符，"*"前面至少需要输入 3 个字符。

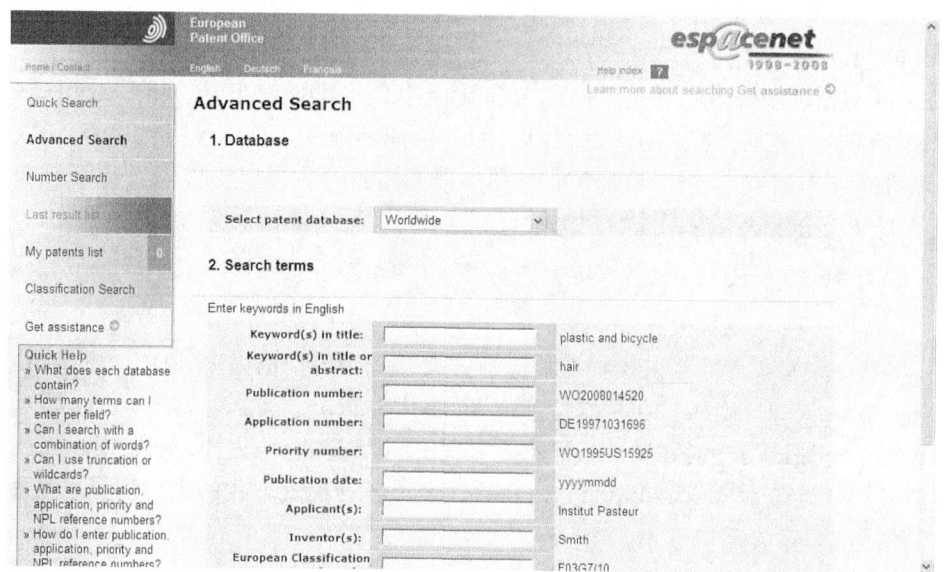

图 2-1-19　esp@cenet 的高级检索界面

(3) 号码检索 (Number Search)

号码检索界面中有两个区域，分别为：①数据库（Database）；②号码输入区（Enter Number）。选择数据库后输入号码即可。

(4) 智能检索 (Smart Search)

目前 esp@cenet 的主页上还提供一种"智能检索"的检索方式（图 2-1-20）。该检索模式可以自动识别输入的检索项内容。例如，输入检索式"Siemens EP 2007"，系统将自动寻找申请人为 Siemens、2007 年公开的欧洲专利申请。

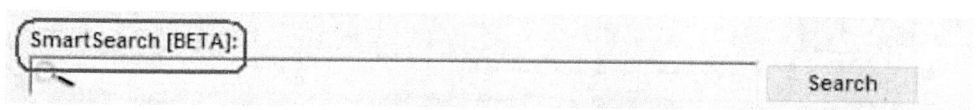

图 2-1-20　esp@cenet 的智能检索界面

智能检索时用户不需输入"字段标识"（例如 pd，num，ia 等），只需输入检索项具体内容（例如 Siemens，EP，2007 等）。但是智能检索对检索式的格式有一定要求，需要遵照系统规定输入格式，具体要求如表 2-1-3 所示。

表 2-1-3　智能检索输入格式

输入格式	字段标识	说　　明
· yyyymmdd · "dd/mm/yyyy"	pd	若按照该格式输入，则按照日期检索
· H01M5/12 · a · B03	cl	若输入符合分类号模式，则按照分类号检索
· EP · FR3 · MXPA01007454 · EP10000000A1 · FI63764B	num	若输入由 2~4 个字母构成，其后跟随数字序列，再其后跟随 1 个字母和/或数字，则按照号码检索
· Apple · Microsoft · IBM	ia	若输入由 1 个大写字母开头，其余字母小写，则按照申请人和发明人字段检索
· moter · engine	txt	不符合以上格式的字段，按照文本字段检索

若用引号（""）将多个词语包围，则智能系统按照词组进行检索。此外，用户需要根据需要对特定字段进行检索时，也需要用引号（""）标识检索内容。例如：

ti = "electric moter"

ti any "motorengine"

ti all "paint brush hair"

智能检索中各个字段的定义及示例如表 2-1-4 所示。

表 2-1-4　智能检索个字段定义及示例

字段标识	说　　明	示　　例
in	发明人	in = siemens
pa	申请人	pa = smith
ti	题目	ti = "mouse trap"
ab	摘要	ab = "mouse trap"
pr	优先权号	pr = ep20050104792
pn	公开号	pn = ep1000000
ap	申请号	ap = jp19890234567
pd	公开日	pd = 20080107 OR pd = "07/01/2008" OR pd = 07/01/2008
ct	引证文献	ct = ep1000000

续表

字段标识	说 明	示 例
ec	欧洲分类	ec = "A61K31/13"
ic	国际分类	ic = A63B49/08
ci	IPC 基本版发明信息	ci = A63B49/02
cn	IPC 基本版附加信息	cn = A63B49/02
ai	IPC 高级版发明信息	ai = A63B49/08
an	IPC 高级版附加信息	an = A63B49/08
ia	申请人和发明人	ia = Apple OR ia = "Ries klaus"
ta	题目和摘要	ta = "laser printer"
txt	题目，摘要，申请人和发明人	txt = microscope lens
num	申请号，公开号，优先权号	num = ep1000000
c	IPC 基本版，即 ci 和 cn	c = A63B49/02
a	IPC 高级版，即 ai 和 an	a = A63B49/08
ipc	ic 和 c 和 a	ipc = A63B49/08
cl	ipc 和 ec	cl = C10J3

智能检索系统还支持逻辑运算、邻近算符多种运算符。

➢ 逻辑算符：AND，OR，NOT。其中，AND 为默认算符，按照左侧有限原则进行排序。

➢ 邻近算符，例如：

mouse prox/distance <3 trap，系统将根据 txt 字段检索包括 mouse 和 trap，且二者相隔不超过 3 个词语的专利文献。

mouse prox/unit = sentence trap，系统将根据 txt 字段检索包括 mouse 和 trap，且二者是在同一个句子中的专利文献。

mouse prox/ unit = paragraph trap，系统将检索 txt 字段检索包括 mouse 和 trap，且二者是在同一个段落中的专利文献。

ia = Apple prox/ordered ia = Corp，系统将在 ia 字段检索包括"Apple Corp"而不是"Corp Apple"的专利文献。

➢ 关系算符，例如：

算符"="，为系统缺省关系字符，查询与检索项内容完全匹配的专利文献。例如，pa = siemens。

算符"all"，查找包含所有检索项内容的专利文献，且不要求各个内容之间按照输入的顺序。例如，ti all "paint brush hair"，检索包含"paint"，"brush"和"hair"的文献，且不要求三者按照顺序出现。

算符"any"，查找包含任一项检索内容的专利文献。例如，ti any "moter engine"，检索包含"moter"或者"engine"的专利文献。

➤ 仅在公开日字段有效的算符：

算符"within"，表示两个时间之间，例如 pd within "2005 2006"或者 pd within "2005，2006"，即公开日介于2005和2006年的文献。

算符"> ="，表示晚于或等于，例如 pd > =2005，即公开日晚于或等于2005年的文献。

算符"< ="，表示早于或等于，例如 pd > =2005，即公开日早于或等于2005年的文献。

同时，智能检索对输入格式也有诸多限制。智能检索式中最多支持4种著录项目检索，最多21个检索词；最多支持5组括号；不支持左侧截词符、省略号、连词符；斜线"/"仅在日期格式中支持（例如，dd/mm/yyyy）；引号用于检索一个区域；不支持全文检索（权利要求和说明书）。

(5) 欧洲专利分类检索（Classification Search）

欧洲专利分类检索页面提供了欧洲专利分类（ECLA）的检索，如图2-1-21所示。可以通过输入关键词或者分类号进行检索，获得对应的分类号定义，也可直接点选分类定义，通过多级超链接的方式直接进入特定的分类号定义。

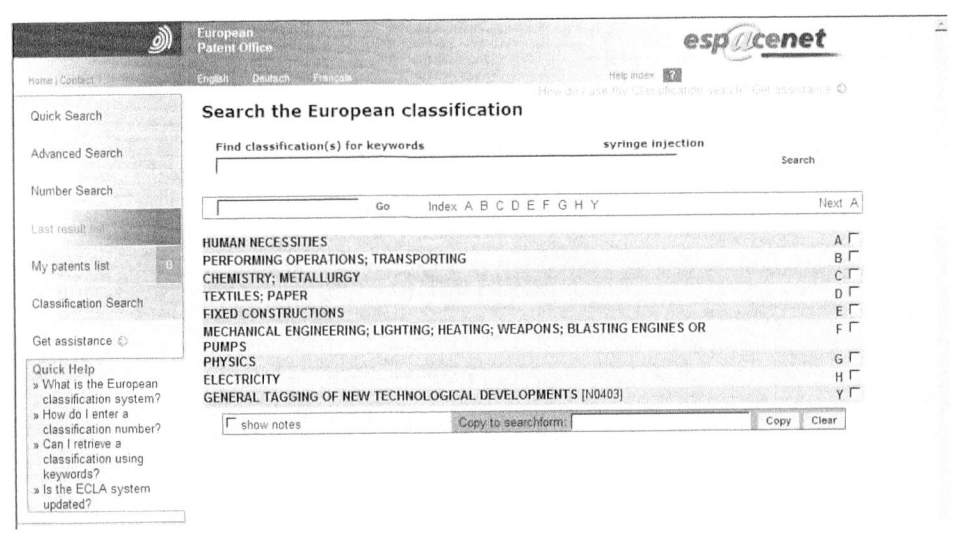

图2-1-21　esp@cenet 的 EC 检索界面

同时，通过勾选各个分类号右侧的复选框，可以将分类号复制到"Copy to searchform"一栏，点选"Copy"按钮即可跳转到前述高级检索界面，并将所选中的分类号粘贴到分类号（"European Classification"）一栏，从而实现从分类定义检索到专利文献检索截面的快捷链接。

如图2-1-22所示，即为利用关键词"air condition"在 ECLA 分类定义检索得到的结果，此时，通过点选各分类号右侧的复选框，可以同时将这些分类号复制到高级检索界面中进行进一步的专利文献检索。

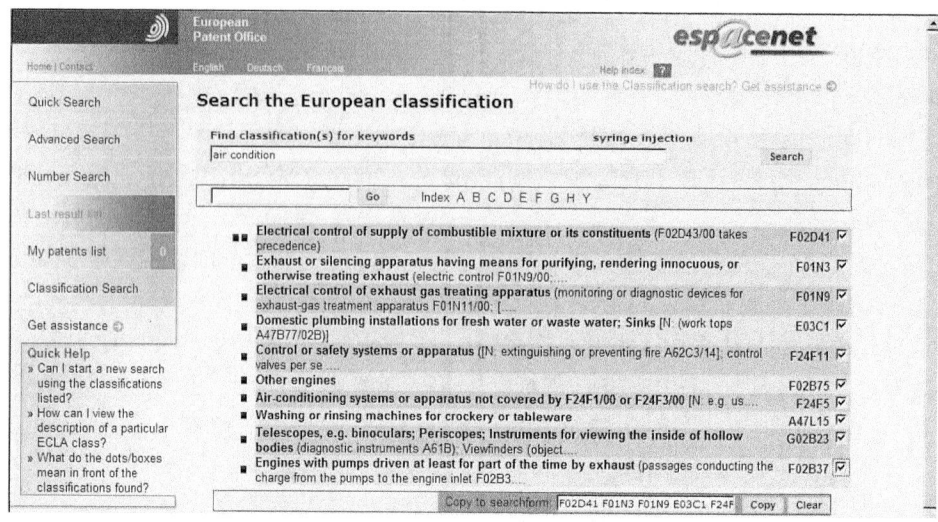

图 2-1-22　esp@cenet 的 ECLA 检索实例

2. epoline 系统检索方法

epoline 检索界面提供两种检索方式，分别为快速检索和高级检索。

快速检索界面中有 1 个下拉菜单可供选择，提供 11 个检索字段选项；1 个检索输入框。用户应首先选择下拉菜单中的检索入口，之后在检索输入框中填写检索式，即可检索。

点击页面上方的链接"Advanced Search"即可进入高级检索界面。高级检索可以进行 3 个字段的组合检索，其检索方式与快速检索相似。

3. 法律状态检索

在 esp@cenet 检索系统中，每个检索结果中的"INPADOC legal status"标签（图 2-1-23），其中提供国际专利文献中心（International Patent Documentation Center）提供的法律状态信息。该系统提供的法律状态依赖于各国提供的信息，由于各国数据不一定完全，因此其实时性和准确性相对较低。

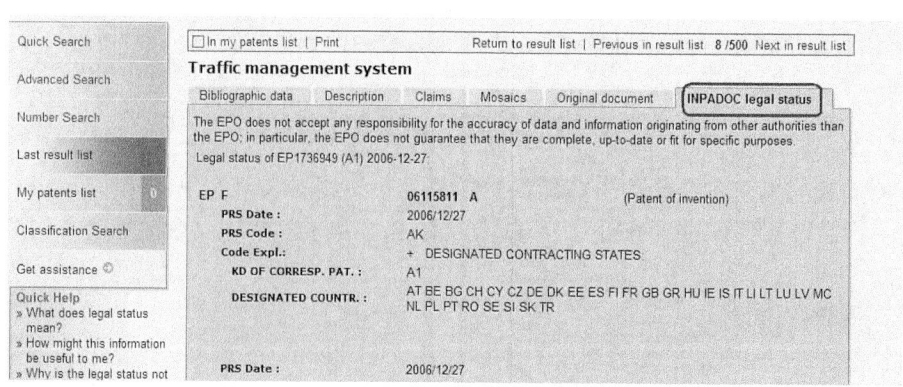

图 2-1-23　esp@cenet 中的法律状态查询

在 epoline 检索系统中，检索结果的左侧菜单有"About this file"和"Legal status"两项（图 2-1-24）。在"About this file"界面中的"Status"一项显示简要的法律状态信息。"Legal status"界面中显示更为具体和全面的法律状态信息。

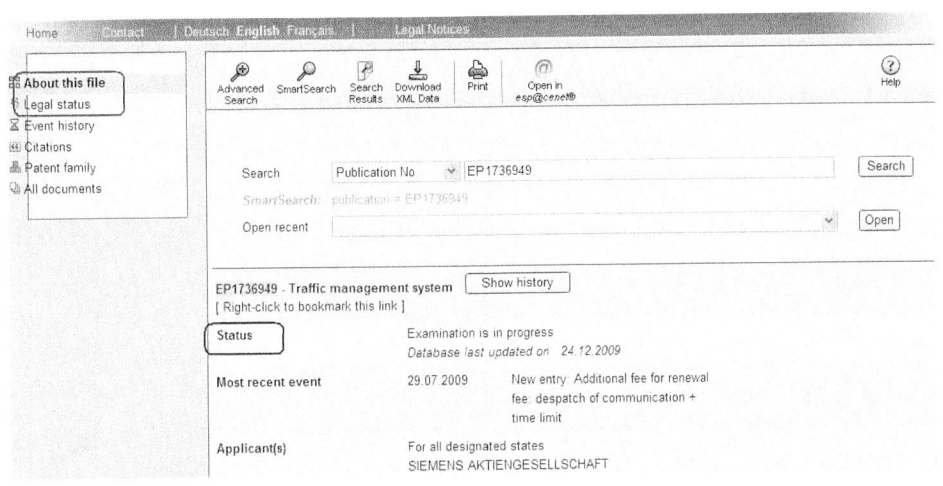

图 2-1-24　epoline 中的法律状态查询

相对于 esp@cenet 系统中的法律状态，epoline 中的信息是对审查、异议以及上诉等各种法律状态进行加工整理后的信息，更为直观，方便用户查阅；不足的是 epoline 系统只包含欧洲、指定欧洲的 PCT 专利申请的数据，无法查找其他国家和地区专利申请的法律状态信息。

（三）浏览方式

EPO 网站中检索结果首先以列表的形式显示，点击其中的一项，可进入如图 2-1-25 所示页面查看每一件专利文献的详细信息。

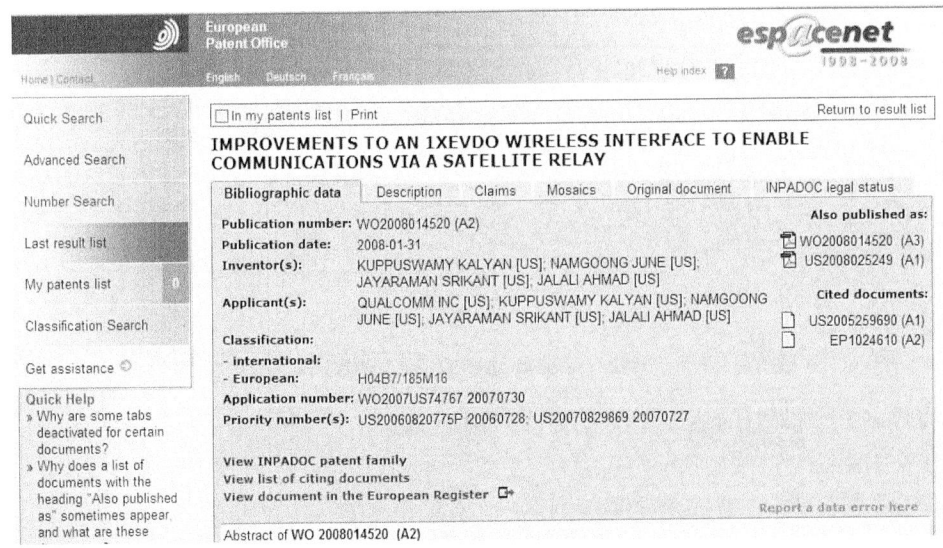

图 2-1-25　esp@cenet 中检索结果的浏览方式

该详细信息页面共包含5个标签：

"Bibliographic data"标签：界面右侧的"Also published as"中列出的文献是所选专利的同族（图2-1-25），可以通过 PDF 格式浏览；要查看所有类型的同组专利，可点击"View INPADOC patent family"，系统将以列表形式显示所有同组专利。界面右侧的"Cited documents"显示该专利申请的检索报告中的引用文献。点击页面下方的"View list of documents"显示引用该专利文献的所有文献。此外，用户也可点击"View document in the European Register"转入"Register Plus"系统，查看该专利的审查过程。

"Description"和"Claim"标签：显示文本格式的专利文献说明书和权利要求，这两个标签的页面中还提供了"Translate this text"按钮，可以将法文、德文等非英文的内容机器翻译成英文。

"Mocaics"标签：将所有附图以矩阵排列的缩略图形式显示在一个页面中，从而可以方便地在一个页面中浏览全部附图。

"Original Document"标签：显示扫描件形式的图像全文，还提供了 PDF 全文下载。此外，如前文所述"INPADOC legal status"标签显示了该专利的法律状态信息。

五、世界知识产权组织网站

（一）概况

世界知识产权组织（WIPO）的官方网站（http：//www. wipo. int）提供知识产权数字图书馆。通过该网站可以免费检索 PCT 专利申请的相关信息。该网站中收录了自 1978 年以来公开的国际专利申请，可进行全文检索。

在 WIPO 的官方网站上点击页面左侧的"Patent"后，进入 PATENTSCOPE 系统（图2-1-26）；点击该系统中的"PATENTSCOPE® Search Service"链接即可进入专利检索界面。

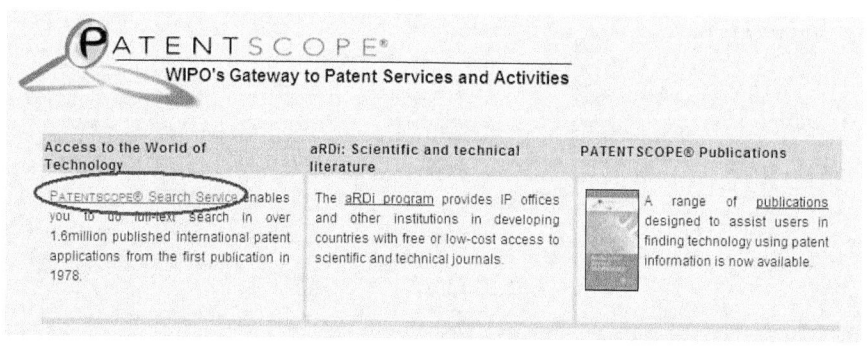

图 2-1-26 WIPO 官方网站中的"PATENTSCOPE"系统

或者在 IE 浏览器的地址栏中直接输入网址 http：//www. wipo. int/pctdb/en/，也可进入该检索系统。

PATENTSCOPE 系统收录文献范围如表2-1-5所示。

表 2-1-5 PATENTSCOPE 系统收录文献范围

文献类型	收录范围
著录项目数据	1978 年至今
图形格式的 PCT 国际申请公开	1978 年至今
英文、法文、德文或西班牙文的申请公开的说明书和权利要求书	1978 年至今
日文的申请公开的说明书和权利要求书	2008 年 6 月至今
优先权文件	2001 年 1 月至今
国际初审报告 国际初审报告的英文译文	2002 年 1 月至 2003 年 12 月
有关可专利性的国际初审报告	2004 年 1 月至今
国际检索报告的英文译文	2004 年 1 月至今

(二) 检索方法

在 PATENTSCOPE 检索系统中，可以通过 4 种检索模式进行检索："简单检索"(Simple Search)、"高级检索"(Advanced Search)、"结构化检索"(Structured Search)、"浏览每周公布"(Browse by Week)。打开上述网址后，默认进入结构化检索页面，可以通过系统界面中的 "options" 选择菜单，选定其他 3 种检索模式之一（图 2-1-27）。

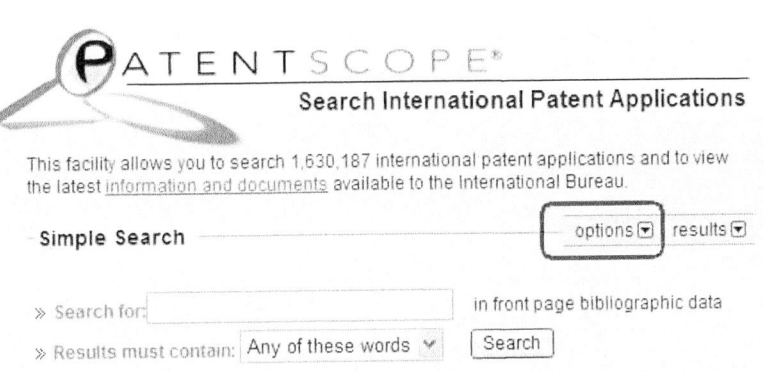

图 2-1-27 PATENTSCOPE 系统中的 "简单检索" 界面

1. 简单检索 (Simple Search)

在系统界面的 "options" 选择菜单中选择 "Simple Search" 即可进入简单检索界面。该界面中提供一个检索输入框和一个下拉菜单。用户可以将检索词输入检索输入框，如果需要输入多个检索词，在各检索词之间以空格间隔。下拉菜单用于选择所输入的检索词之间的关系，其中有 3 个可选项："All of these words"，该选项要求检索的文献包括全部所输入的检索词；"Any of these words"，该选项要求检索出的文献只需包括任何一个检索词即可；"This exact phrase"，该选项要求检索出的文献包括多个检索词所构成的短语。

2. 高级检索（Advanced Search）

在系统界面的"options"选择菜单中选择"Advanced Search"即可进入高级检索界面（图 2-1-28）。该界面中有两个输入选择项："Date"（日期）和"Search"（检索范围），以及一个检索输入框。通过输入选择项"Date"可以选择包括所有数据"All"，或者某一特定周的数据"Week of"；通过输入选择项"Search"可以选择检索的范围，"Front Page"仅检索扉页的著录项目字段数据，"Full Text"检索著录项目、权利要求和说明书中的内容。高级检索界面中的检索输入框允许输入复杂的检索式，其基本输入格式为"字段代码/字段内容"，字段代码可以参考页面中"Field Code"中的相关说明。并且，在检索输入框中可以使用逻辑运算符、短语检索、邻近检索以及截词检索。

图 2-1-28　PATENTSCOPE 系统中的"高级检索"界面

3. 结构化检索（Structured Search）

在系统界面的"options"选择菜单中选择"Structured Search"即可进入结构化检索界面（图 2-1-29）。在该检索界面中，可以根据需要在检索输入框中填写检索字段，而无需使用字段代码；同时在下拉菜单中选择各个检索字段之间的逻辑关系。在结构化检索中同样支持短语检索、邻近检索、截词检索以及逻辑表达式。

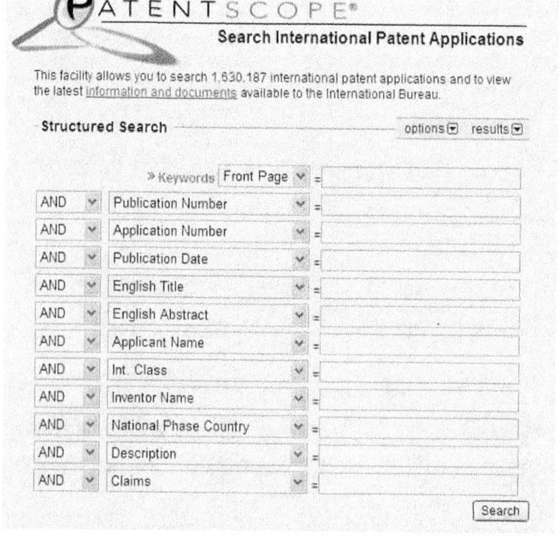

图 2-1-29　PATENTSCOPE 系统中的"结构化检索"界面

4. 浏览每周公布（Browse by Week）

在系统界面的"options"选择菜单中选择"Browse by Week"，可以浏览选定的某一周内公布的PCT专利申请（图2-1-30）。

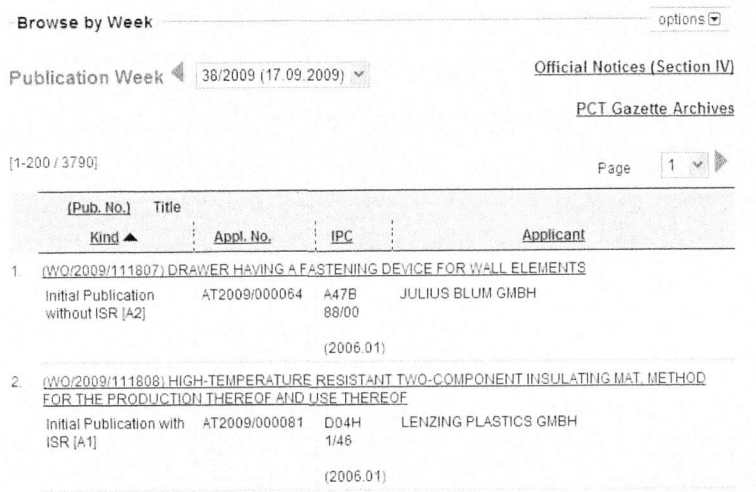

图2-1-30　PATENTSCOPE系统中的"浏览每周公布"界面

（三）浏览方式

对以上检索结果系统以列表形式显示。用户点击显示列表中的文献号码和标题，即可进入文献详细信息显示界面（图2-1-31）。

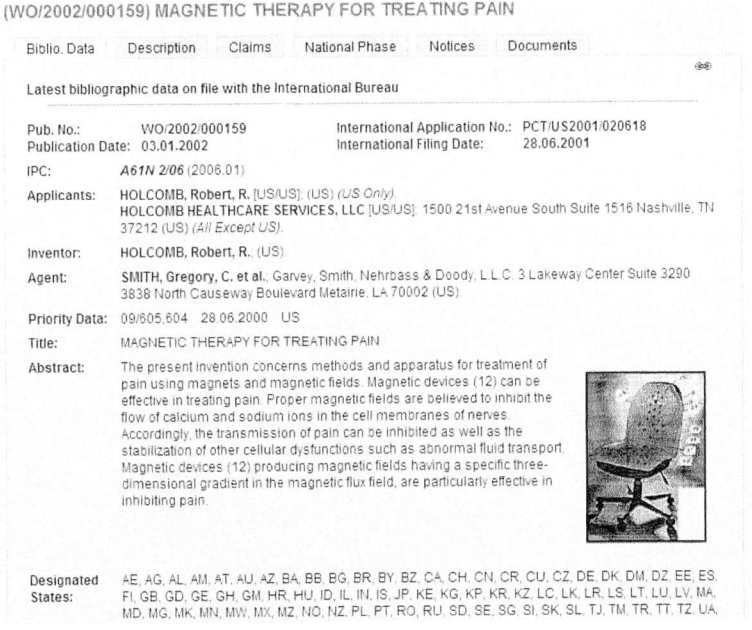

图2-1-31　PATENTSCOPE系统中的文献详细信息显示界面

在该界面下,依次显示著录项目、说明书、权利要求书、进入国家阶段的状况、相关通报、国际初审报告以及国际检索报告等文件。用户可直接在该页面下载其国际初审报告和国际检索报告。

六、韩国知识产权局网站

(一)概况

韩国知识产权局(KIPO)通过其下属的知识产权信息中心提供专利文献检索、项目评估、商标检索等服务(图 2-1-32)。

用户在浏览器的地址栏中输入网址 http://www.kipris.or.kr 即可登录该网站。点击页面右上方导航栏中"English"链接进入英文主页。在英文主页的导航栏中点击"Patent Search"可对专利文献进行检索。

图 2-1-32 韩国知识产权信息中心网站

韩国知识产权信息中心网站中收录了 1948 年至今的韩国授权发明和实用新型,以及 1983 年至今公开的发明、实用新型申请。数据库每天更新一次。

(二)检索方法

在韩国知识产权信息中心网站的专利数据库中提供"一般检索(General Search)"和"高级检索(Advanced Search)"两种查询模式。

进入检索界面默认的"一般检索"查询模式(图 2-1-33)。在该查询模式下,用户可以根据关键词和专利号码进行检索。用户根据具体检索需求,选择性地输入相应内容即可。

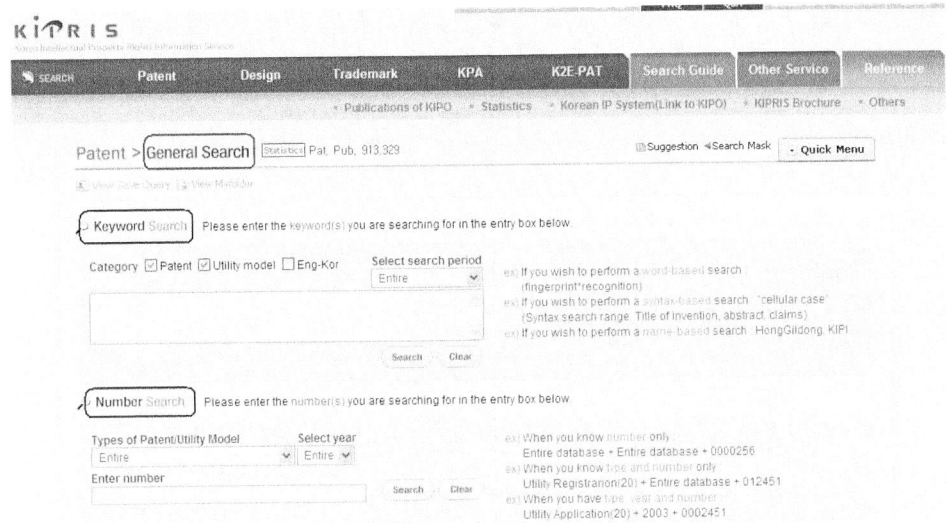

图 2-1-33　韩国知识产权信息中心网站的一般检索

点击"Advanced Search",进入高级检索模式(图 2-1-34)。高级检索模式为菜单式检索,设有文献 23 个检索字段,用户按照相应格式要求即可进行检索。

在高级检索中还设有一个"Free Search(Full Text)"输入框,该输入框除可输入任意关键词在全文范围内进行检索外,还可输入字段代码,编辑高级检索式。例如:TL=[(tv+computer)*LCD]*AP=[samsung]。

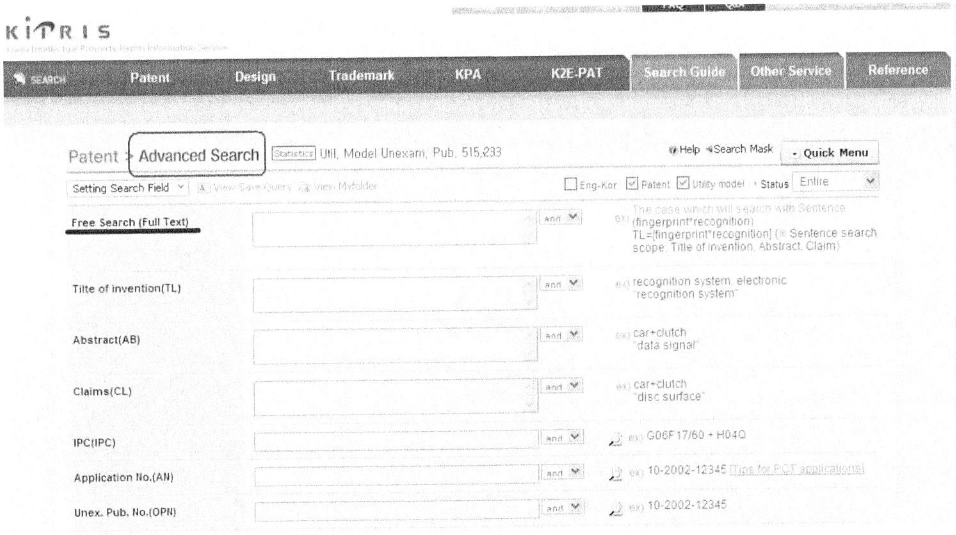

图 2-1-34　韩国知识产权信息中心网站的高级检索界面

七、新加坡知识产权局网站

(一)概况

新加坡 SURFIP 网站(http://www.surfip.gov.sg)是新加坡知识产权局的官方网

站。该网站中收录了美国、欧洲、日本、WIPO 国际申请、中国、新加坡、中国台湾地区、英国、韩国、加拿大以及泰国的专利信息。

通过浏览器 Internet Explorer 访问网址 http://www.surfip.gov.sg 即可进入新加坡 SURFIP 网站。点击页面中的"Patents"选项,可以进入专利信息检索界面(图 2-1-35)。

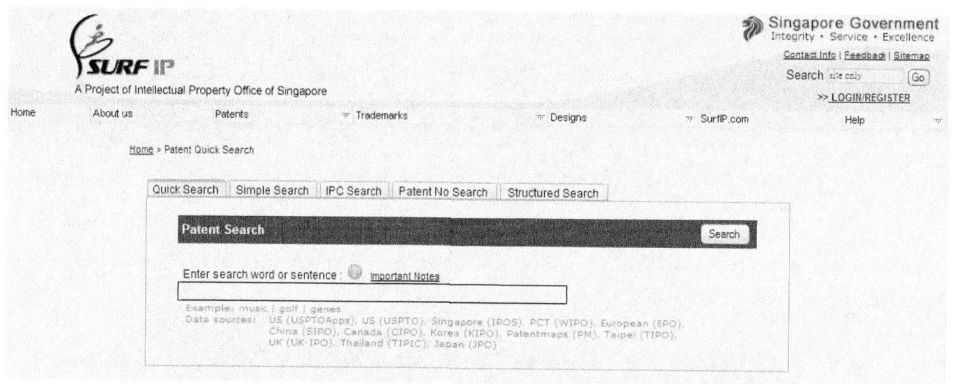

图 2-1-35　新加坡知识产权局 SURFIP 专利信息检索界面

(二) 检索方法

新加坡 SURFIP 网站提供快速检索(Quick Search)、简单检索(Simple Search)、结构化检索(Structured Search)、专利号检索(Patent Number Search)以及国际分类号检索(IPC Search)5 个检索模式。

其中,快速检索和简单检索功能相似,所不同的是快速检索基于所有可获得的数据库,而简单检索中用户可根据自身需求选择一个或多个专利数据资源。在各个数据库中,SURFIP 所支持的字段具体如表 2-1-6 所示。

表 2-1-6　SURFIP 支持的字段

数据源	题目	摘要	权利要求	说明书	申请人	发明人
USPTOApps	√	√	√	√	√	√
USPTO	√	√	√	√	√	√
WIPO	√	√	√	√	√	√
EPO	√				√	√
IPOS	√	√				
SIPO	√	√			√	
CIPO	√		√		√	√
TIPO	√				√	√
UK-IPO	√				√	√
KIPO	√	√				
TIPIC	√	√	√		√	√

SURFIP 网站的特色在于，快速检索模式对检索结果按照不同数据库进行统计，并分别在检索结果中用数字标识（图 2-1-36），用户可以通过该结果直接看出被检索的技术的地域性划分。

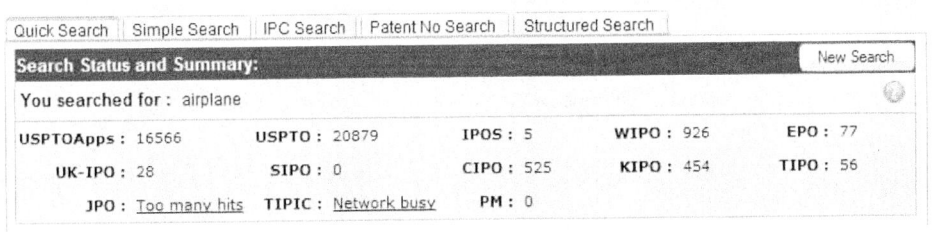

图 2-1-36　新加坡知识产权局 SURFIP 检索结果界面

在结构化检索模式中，提供 4 组检索输入项。用户可以根据自身需求在检索字段中选择各个字段所检索的范围，并在字段后的文本框中输入相应的检索词，即可按照逻辑关系"AND"进行检索（图 2-1-37）。

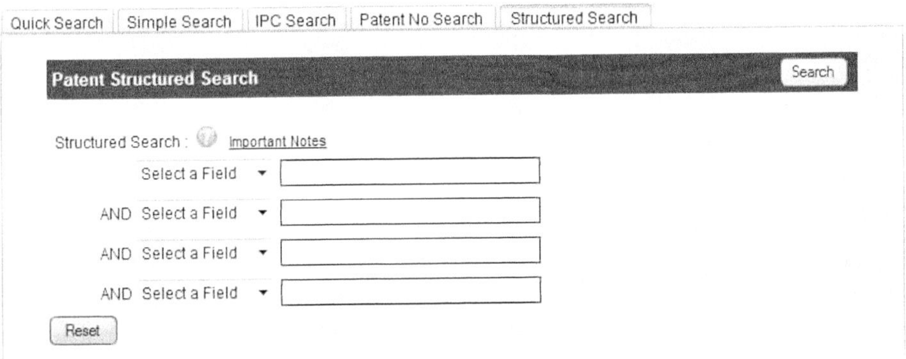

图 2-1-37　新加坡知识产权局 SURFIP 的结构化检索界面

八、德国专利商标局网站

（一）概况

德国专利商标局（DPMA）网站（http：//depatisnet.dpma.de/）是政府性官方网站。该网站包括德文和英文两个版本，提供包括德国在内多个国家和组织公开的专利文献检索。

通过浏览器 Internet Explorer 访问网址 http：//depatisnet.dpma.de/即可进入德国专利商标局网站。点击页面中的"English User Interface"可进入英文版网站界面（图 2-1-38）。

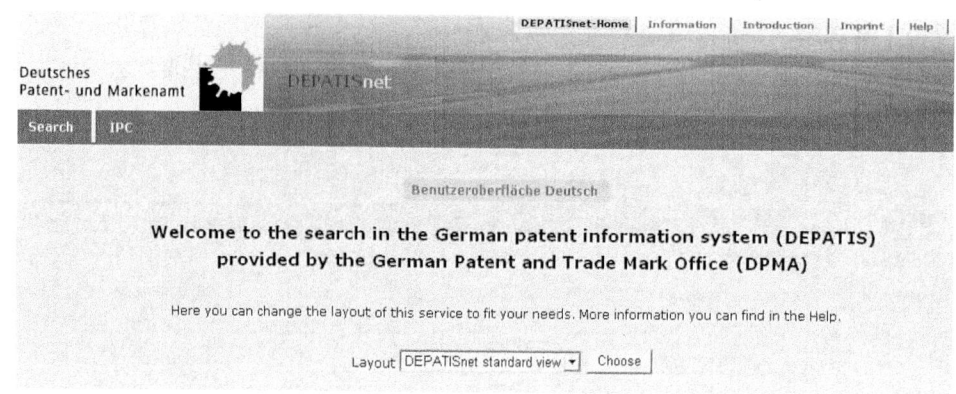

图 2-1-38　德国专利商标局网站

（二）检索方法

德国专利商标局网站提供"初级检索"（Beginner）、"专家检索"（Expert）、"IKO-FAX 检索"（IKOFAX）、"同族检索"（Family）和"辅助检索"（Assisted），并提供 IPC 分类检索。打开上述网址后，点击左上角的链接"Search"即可选择以上检索模式之一。

1. 初级检索（Beginner）

在检索界面中选择"Beginner"即可进入初级检索界面。该界面中提供了公开号、发明名称、申请人、发明人等 10 个检索字段，用户可以选择一个或多个字段进行检索。用户也可根据自身需要在"Configure result lists"中对检索结果的显示方式进行限定（图 2-1-39）。

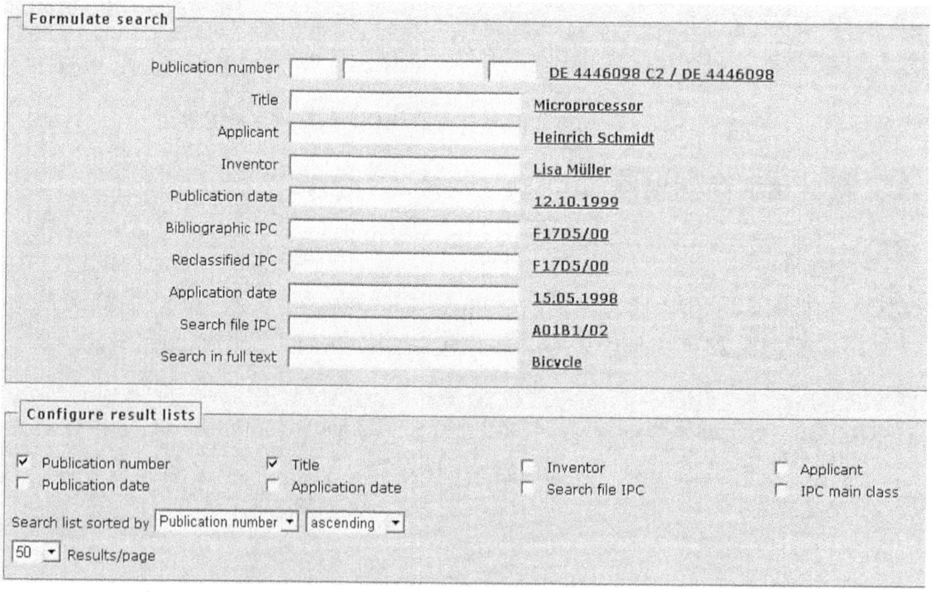

图 2-1-39　德国专利商标局网站"初级检索"界面

2. 专家检索（Expert）

专家检索允许用户使用命令行检索，并可输入两个以上的检索项，其检索方式更为灵活，检索效率更高（图2-1-40）。

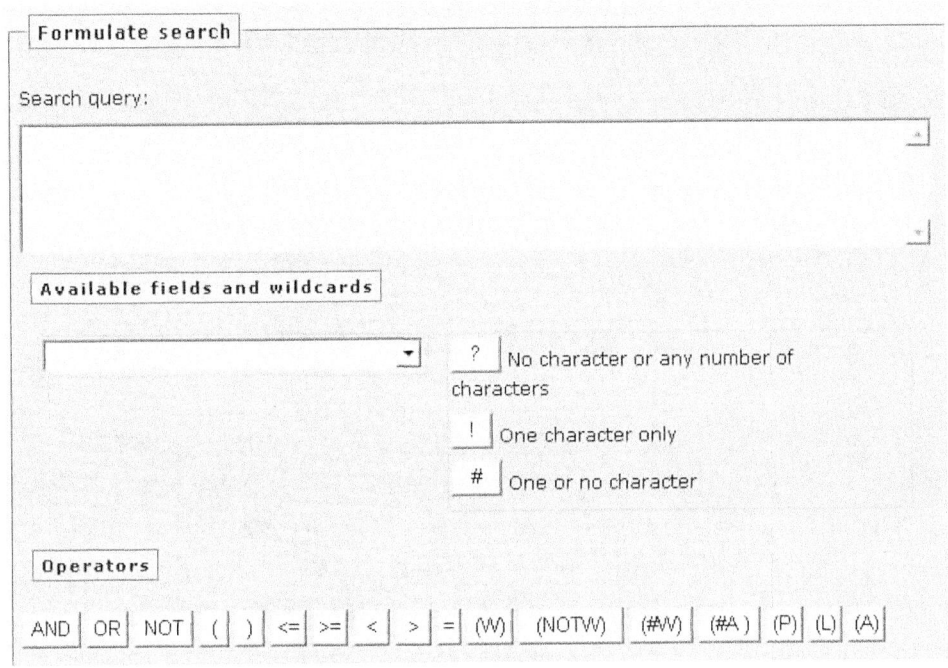

图2-1-40　德国专利商标局网站"专家检索"界面

专家检索中，用户可以选择页面中间的下拉菜单，该下拉菜单中列有支持的各个字段。专家检索还支持多种算符，例如：

➢ 用户可选择 AND，OR，NOT 逻辑算法连接检索表达式，也可采用（），< =，> =，<，>，= 等比较算符连接检索词。

➢ 系统支持多种通配符，其中"?"表示任意个字符；"!"表示一个字符，"#"表示一个或零个字符。

➢ 系统支持多种邻近算符。其中，（W）表示无间隔按序检索；（NOTW）表示有间隔按序检索；（#W）中"#"表示间隔字符数，系统将按照间隔数进行按序检索；（A）表示无序检索，（#A）表示系统将按照间隔数进行无序检索，其中#可以为零；（P）表示段内检索；（L）表示在同一区域内检索。

3. IKOFAX 检索（IKOFAX）

IKOFAX 检索界面采用德国专利信息系统"DEPATIS"专用的检索语言——IKOFAX 信息查询语言，可访问 DOCIDX 数据库。IKOFAX 检索界面除同样支持专家检索中的通配符、逻辑算符、比较算符、邻近算符之外，还适合熟悉 DEPATIS 的普通用户使用。

4. 同族检索（Family）

同族检索界面（图2-1-41）中可根据公开号进行检索，用户只需在检索输入框中输入待检索文献公开号，即可获知其同族信息。

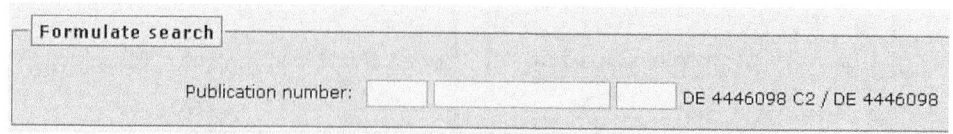

图 2-1-41 德国专利商标局网站"同族检索"界面

5. 辅助检索（Assistant）

对于没有任何检索经验的用户，德国专利商标局网站还提供辅助检索功能。用户可采用一般性语言描述其待检索内容，并在下拉菜单中选择德国专利信息中心，同时输入用户的 E-mail 或传真联系方式，检索专家将提供专业化的检索结果。

第二节 主要商业机构提供的专利文献数据库

商业机构提供的专利文献数据库分为收费和免费两类。收费的数据库往往提供功能强大的检索手段。例如，德温特公司的 DII 数据库可以实现引证文献检索、化学结构式检索，并能对检索结果进行初步统计分析。免费的数据库的检索手段往往功能不如收费数据库强大，但有些数据库却提供独特的检索服务，例如，Google Patents 提供了全部美国专利文献的检索，PatentCluster 能够将检索结果按照专利族树进行显示；freepatentsonline 数据库可以提供美国、欧洲、WIPO 专利文献的跨库全文检索；Patentics 数据库可以提供中英文双语互检、概念检索以及新颖性/侵权分析等服务。

本节介绍一些主要商业机构提供的专利文献数据库。

一、中外专利数据库

（一）概况

中外专利数据库由国家知识产权局知识产权出版社提供，用户可通过登录网址 http://www.cnipr.com 或 http://zhuanli.eol.cn/cnipr 进入中外专利数据库。该专利数据库的检索界面如图 2-2-1 所示。

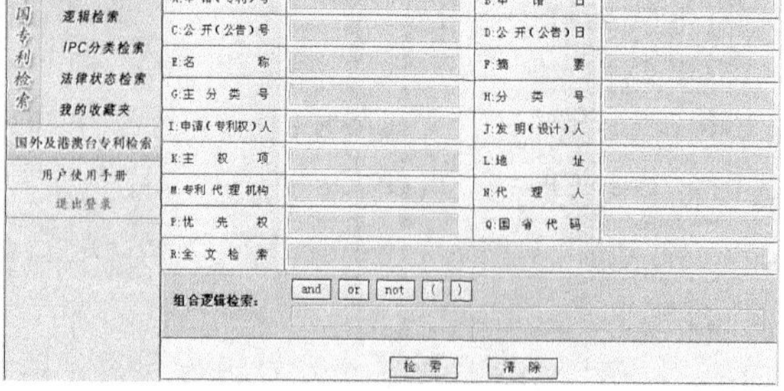

图 2-2-1 中外专利数据库检索界面

中外专利数据库收录了自1985年起的中国专利文献和自1978年起的美国、日本、英国、德国、法国、瑞士、EPO、WIPO的专利数据,以及部分我国港、澳、台,韩国,俄国,东盟和阿拉伯数据。对于中国专利文献,该数据库中提供专利著录项目、摘要、主权利要求、法律状态以及说明书全文;对于其他专利文献,该数据库提供专利著录项目、摘要和摘要附图。

(二) 检索方法

中外专利数据库检索系统提供"表格检索"、"逻辑检索"、"IPC分类检索"以及"法律状态检索"多种检索模式,并能够在已有检索结果的基础上实现二次检索、过滤检索等辅助检索方式,提供检索表达式和检索结果的保存功能。

1. 数据库的选择

中外专利数据库提供"中国专利数据库"和"国外及港澳台专利数据库",用户可在以上两个数据库中任选其一进行检索,但是该系统并不支持同时对这两个数据库进行跨库检索。

进入系统时默认的检索数据库为"中国专利数据库"。点击系统页面左侧的链接"国外及港澳台专利检索"(图2-2-2),即可切换到国外以及港澳台专利数据库下检索。

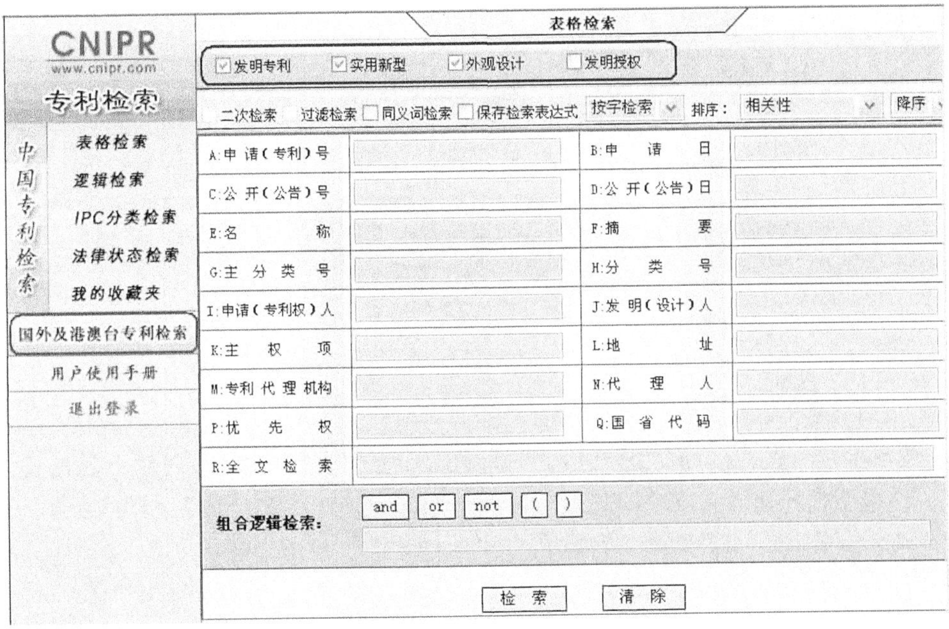

图2-2-2 中外专利数据库的检索界面

在"中国专利数据库"下,页面上方提供复选框"发明专利"、"实用新型"、"外观设计"以及"发明授权",以便用户根据需要选择其检索的中国专利类型。

在"国外及港澳台专利数据库"下,页面上方提供复选框"美国"、"日本"、"欧洲"、"WIPO"等,以便用户根据需要选择其检索的地区范围。

2. 表格检索

图 2-2-3 即为"表格检索"界面，可以实现在主页上直接进行检索。中国专利数据库具有"申请号"、"摘要"、"全文"等 17 个检索入口，国外及港澳台专利数据库具有 13 个检索入口。

输入检索式时，系统支持模糊检索。检索中使用通配符"?"代替单个字符，通配符"%"代表多个字符。字段内各检索词之间可进行"and"，"or"以及"not"逻辑运算。对于申请日、公告日等日期字段，按照"年-月-日"的顺序填写，其中模糊部分可直接略去，例如，申请日为 2002 年某月 01 日，可输入"2002..01"。

为方便用户了解字段输入规则，系统还在每个表格位置设置了输入帮助，当鼠标点击到表格中的字段时，系统会自动弹出该字段的输入帮助，如图 2-2-3 所示。

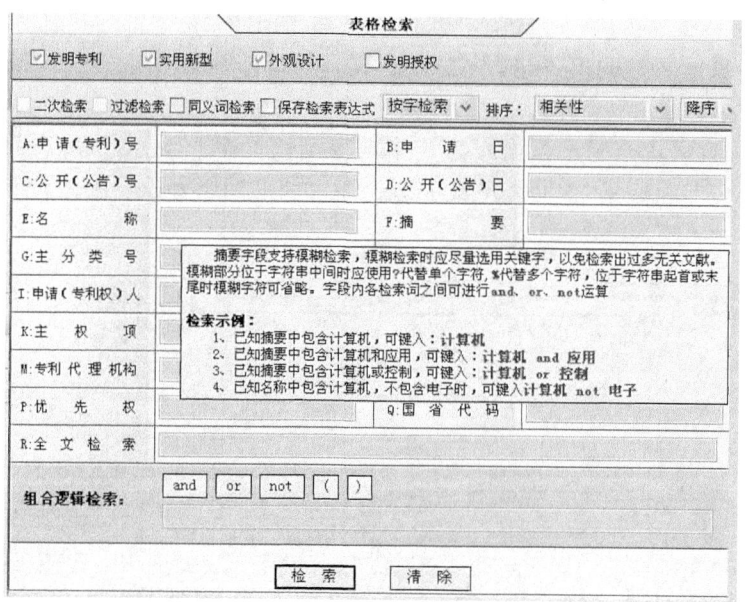

图 2-2-3 中外专利数据库的表格检索

3. 逻辑检索

"逻辑检索"模式（图 2-2-4）下可以输入通过各种逻辑运算符组合后的检索表达式。该检索模式除了支持"and"、"or"和"not"这 3 个基本逻辑运算符之外，还支持以下逻辑运算符，如表 2-2-1 所示。

表 2-2-1 逻辑运算符及说明

运算符	说明
xor	逻辑异或
adj	两者邻接，次序有关
equ/n	两者相隔 n 字符，次序有关（默认相隔 10 个字）
xor/n	两者在 n 个字之间内不能同时出现（默认相隔 10 个字）
pre/n	两者相隔至多 n 个字，次序有关（默认相隔 10 个字）

逻辑检索模式下可以保存历史表达式，方便以后再次检索，系统最多可保存 50 条检索记录。用户也可直接利用历史表达式的编号或者点击历史表达式进行组合检索。对于每个历史表达式，系统提供了"查看"、"锁定"、"重命名"和"删除"功能键。用户可以通过"查看"浏览表达式的内容；"锁定"功能键，当保存的表达式超过 50 条时，系统先删除未锁定的表达式，再删除锁定的表达式；"重命名"功能键用于修改表达式的名称；"删除"功能键用于删除保存的表达式。

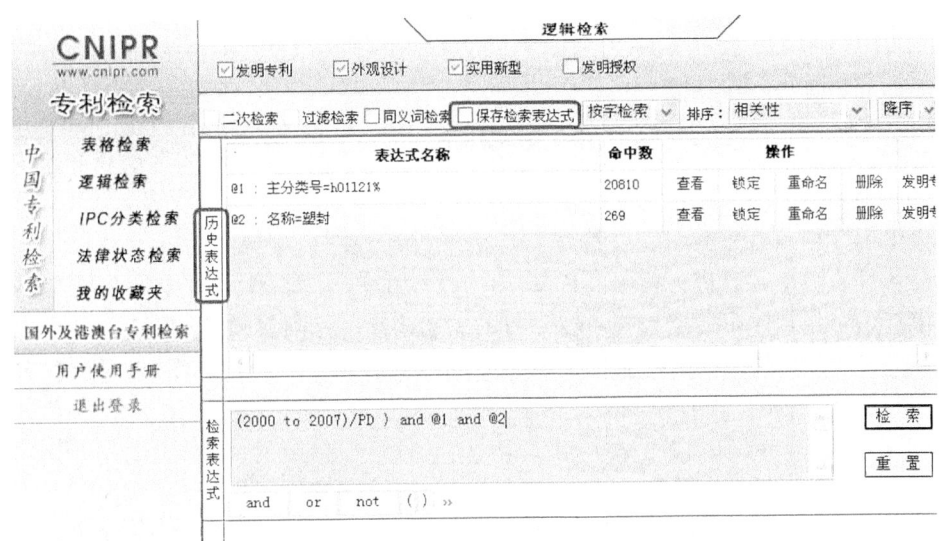

图 2-2-4　中外专利数据库的逻辑检索

4. IPC 检索

IPC 检索是根据国际专利分类号（IPC）进行导航检索。当用户点击左侧的分类栏时，系统会在右侧的表格检索的"主分类号"一栏自动填入相应的分类位置（图 2-2-5）。

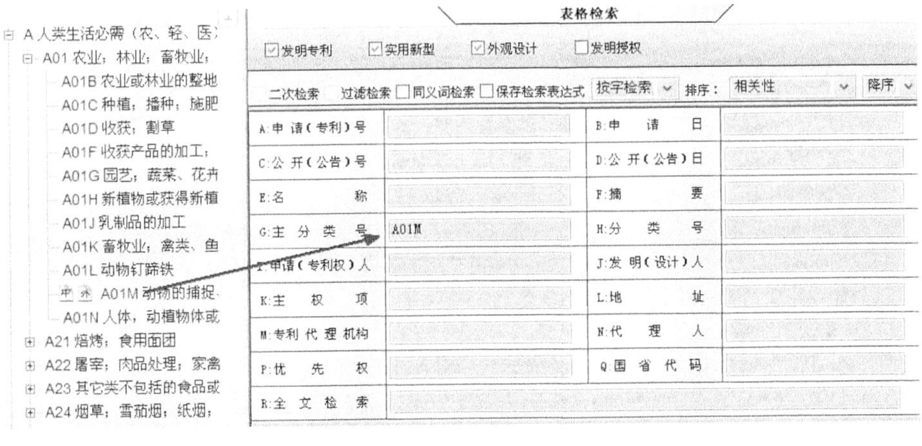

图 2-2-5　中外专利数据库的 IPC 检索自动填充

点击左侧分类栏中分类号前的图标，右侧将直接显示分类号内包含的所有专利文献（图 2-2-6）。

图2-2-6 中外专利数据库的IPC检索文献列表

5. 法律状态检索

仅中国专利检索数据库支持法律状态检索模式。用户可从申请（专利）号、法律状态公告日、法律状态进行检索（图2-2-7）。其中，"法律状态"项目主要有公开、实质审查请求生效、审定、授权、专利权的主动放弃、专利权的自动放弃、专利权的视为放弃、专利权的终止、专利权的无效、专利权的撤销、专利权的恢复、权利的恢复、保护期延长、专利申请的驳回、专利申请的撤回、专利权的继承或转让、变更、更正等。

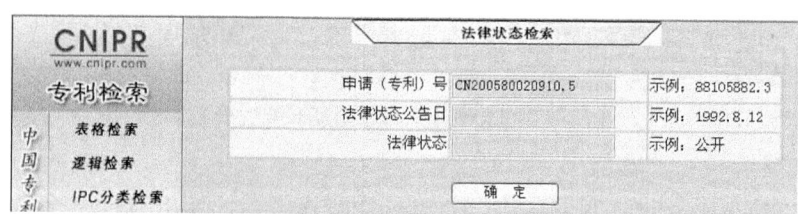

图2-2-7 中国专利数据库的法律状态检索

6. 扩展功能

（1）"二次检索"和"过滤检索"

当得到初次检索结果后，用户可根据需要选择进行"二次检索"或"过滤检索"，如图2-2-8所示。

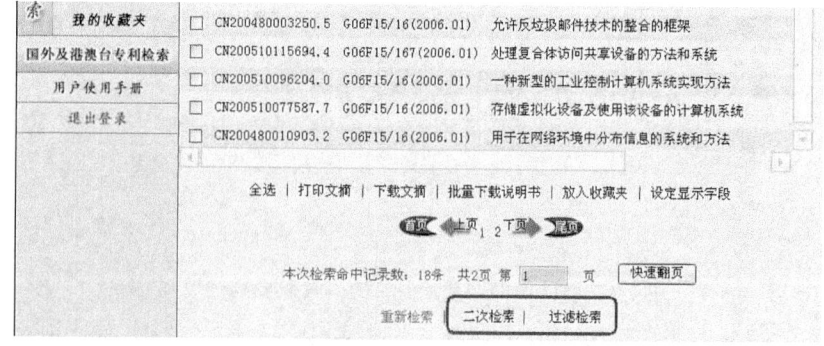

图2-2-8 中外专利数据库的二次检索和过滤检索

其中,"二次检索"是在前次检索结果的基础上再次进行逻辑与操作,以达到进一步缩小检索范围,实现递进检索。"过滤检索"是在进行第二次检索时过滤掉第一次检索时命中的记录,避免重复浏览相同的记录。二次检索和过滤检索不能同时使用。

(2) 结果排序

对检索得到的结果,用户可根据需要选择其排序方式。系统提供了根据"申请日"、"公开日"、"相关性"以及"主分类号"等多种排序方式(图2-2-9)。

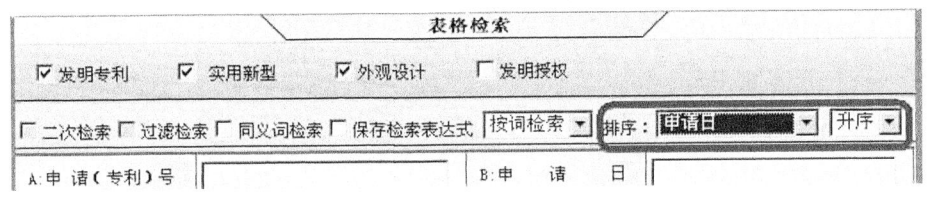

图2-2-9 中外专利数据库的结果排序方式选择

(3) 按字/按词检索

对于中国专利检索,可以选择是按字检索还是按词检索。其中,名称、摘要、主权项支持字词混合检索;由于按字检索速度慢,在全文检索中速度会更慢,因此全文只支持按词检索;申请人、发明人、地址、专利代理机构、代理人只支持按字检索。

(三) 浏览方式

对于检索结果,系统概览页提供每页10条显示。用户可以通过点击检索结果下方的"设定显示字段"功能键,自由选择设置显示字段(图2-2-10)。

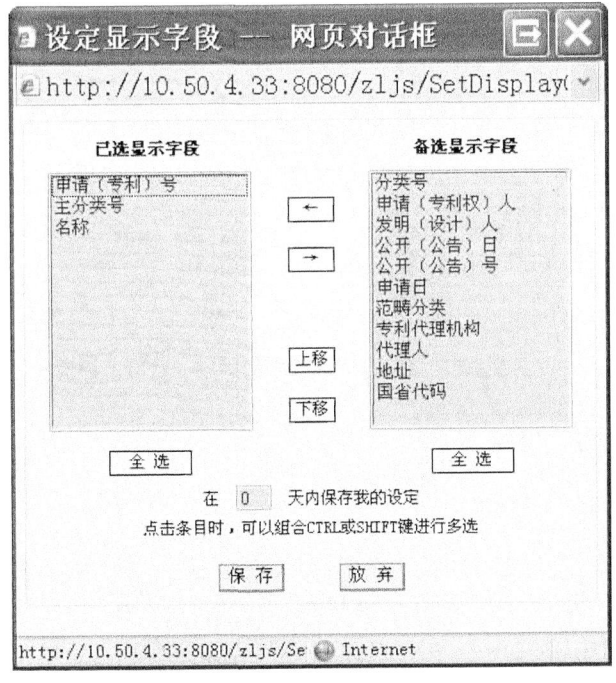

图2-2-10 中外专利数据库的设定显示字段

点击检索结果中的申请（专利）号，可以进入被选中专利的细览页（图2－2－11）。在细览页中，系统提供当前专利著录项目、法律状态快捷链接、公开/授权专利TIFF/XML格式说明书全文、摘要附图显示，并提供当前著录项目信息的下载和打印。

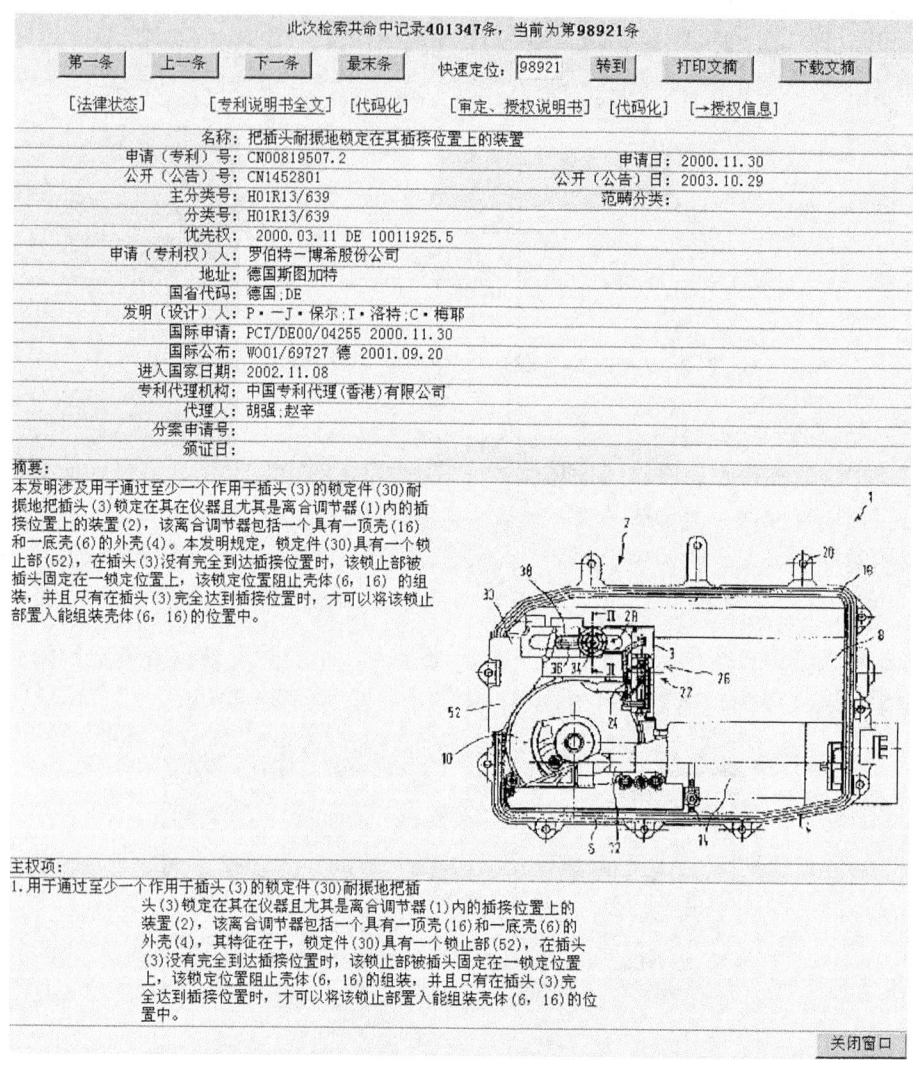

图2－2－11 中外专利数据库的详细浏览页面样例

二、台湾专利数据库

（一）概况

台湾财团法人亚太智慧财产权发展基金会（APIPA）的网站（http：//www.apipa.org.tw）提供台湾专利公报资料库。

进入APIPA网站后，在页面左侧选择"專利公報資料庫"（图2－2－12），申请试用账号或者使用试用账号登录，即可检索台湾专利相关信息。

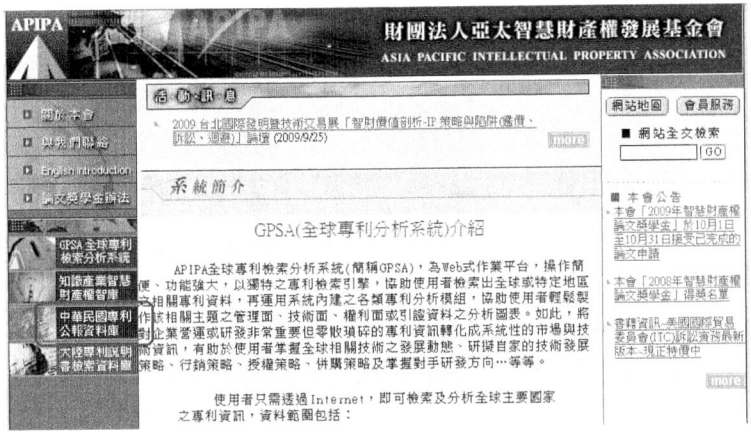

图 2-2-12　APIPA 网站首页

或者在 IE 浏览器的地址栏中直接输入网址 http：//twp.apipa.org.tw/，也可进入该检索系统。

APIPA 网站中收录了自 1950 年至今的台湾专利公报以及 2003 年 5 月至今的台湾专利发明公开公报。

（二）检索方法

该网站的检索界面中提供"栏位式查询"、"指令式查询"、"一般式查询"3 种查询模式。使用试用账号登录只能显示 10 篇专利的相关资料，获得正式账号的用户不受任何检索和显示的限制，但二者的基本功能相同。

进入检索界面默认的"栏位式检索"查询模式（图 2-2-13）。在该检索模式下，用户可根据其具体检索需求，选择性地填入各个检索输入框，进行相应的检索。

图 2-2-13　栏位式检索

选择页面上侧的"指令式查询"按钮，可以实现检索模式的切换。在"指令式查询"检索界面中（图 2-2-14）有一个"查询指令"输入窗口，用户可在该窗口中写入复杂的检索式，检索式中可以包含逻辑运算符。

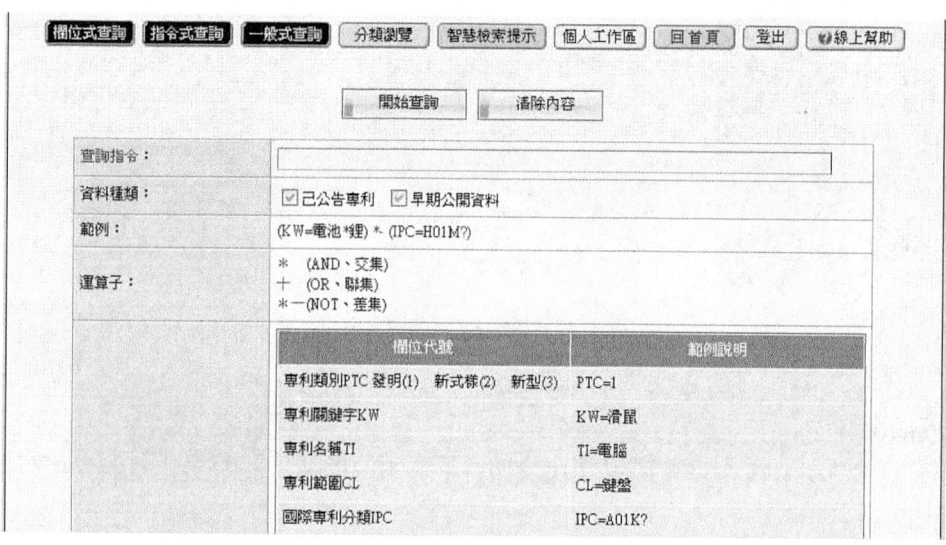

图 2-2-14　指令式检索

选择页面上侧的"一般式查询"按钮，可以切换至一般式检索模式。在"一般式查询"检索模式（图 2-2-15）下提供一个不限栏位查询的窗口，用户可自由输入公告公开号、关键词、申请人或发明人等检索字段。"资料种类"选择框可以选择检索范围为"已公告专利"和/或"早期公开资料"。此外，还有 3 组检索输入项，用户可自由选择相应的检索字段，填入检索词，并选择 3 组检索输入之间的逻辑关系。最后，用户可以通过"公告日期"以及"申请日期"限定检索的时间范围。

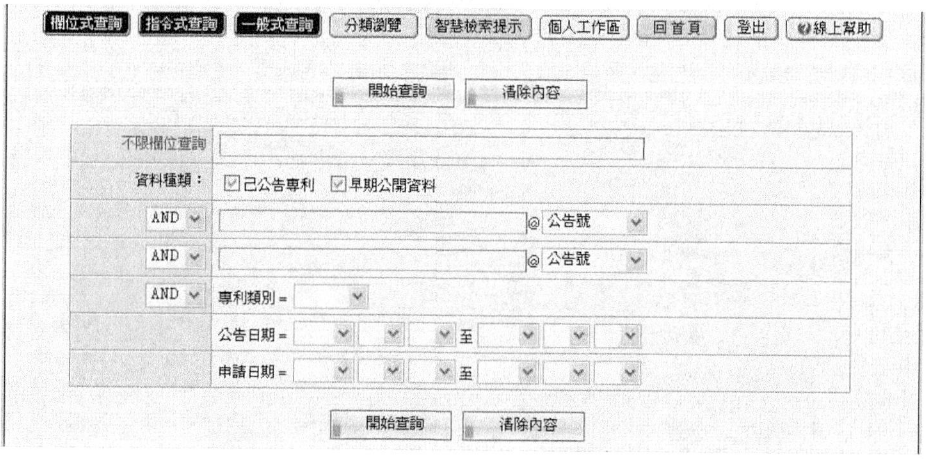

图 2-2-15　一般式检索

三、DII 数据库

(一) DII 数据库简介

DII [Derwent Innovations Index（德温特创新索引）] 数据库是 Thomson Scientfic 公司基于 ISI Web of Knowledge 网络检索平台推出的专利信息检索产品，该数据库将 DWPI [Derwent World Patents Index（德温特世界专利索引）] 与 PCI [Patents Citation Index（专利引文索引）] 有机地整合在一起。用户不仅可以通过 DII 数据库检索专利文献以及专利引用情况，还可以使用 Derwent Chemistry Resources（德温特化学资源数据库）进行化学结构式检索。

DII 数据库包括美国、日本、欧洲、中国、韩国等 40 多个专利机构出版的专利信息，技术内容涉及化学、电子与电气以及工程技术领域的综合全面的发明信息，其中专利文献索引自 1963 年起至今，专利引文索引自 1973 年起至今。

通过网址 http://isiknowledge.com 可访问 ISI Web of Knowledge 网络检索平台（图 2-2-16），点击链接"选择一个数据库"后可以看到所有数据库。从中选择"Derwent Innovations Index"数据库即可。

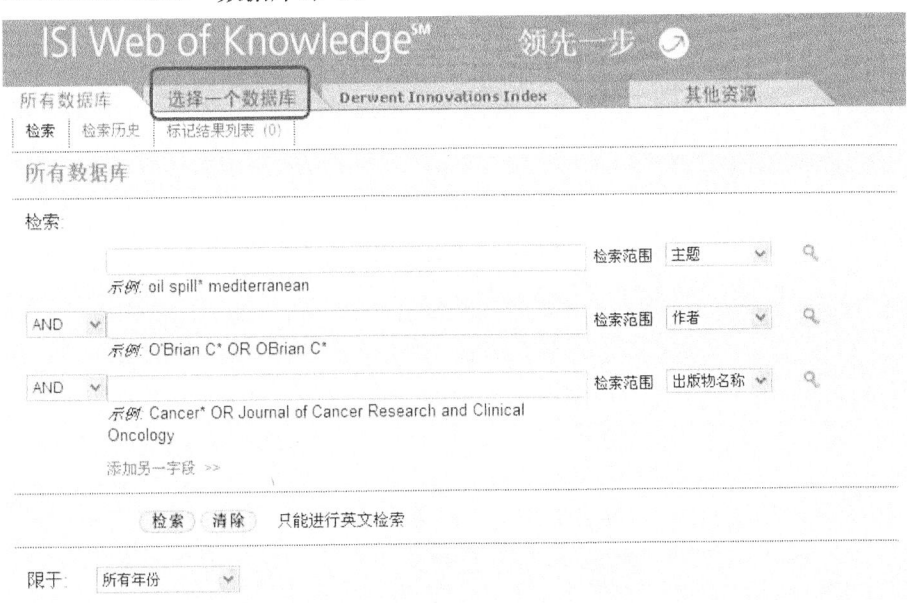

图 2-2-16 ISI Web of Knowledge 网络检索平台

DII 数据库可实现多种检索模式：一般检索（Search）、引文专利检索（Cited Patent Search）、化合物检索（Compound Search）、高级检索（Advanced Search）、全数据库检索（All Database）。

(二) 一般检索（Search）

在 DII 数据库界面中点击链接"检索（Search）"，即可进入一般检索界面（图 2-2-17）。在一般检索界面中，首先选择检索输入框对应的检索范围，例如"主题"、

"作者"、"专利号"等,之后在检索输入框中按照 ISI Web of Knowledge 检索平台的常用检索规则输入检索式,点击按钮"检索"即可实现专利检索。同时,一般检索界面下方还提供限制条件选项,用户可以选择检索文献的入库时间,以及引文数据库。引文数据库包括化学、电气与电子、工程 3 个子库。当检索输入框不够时,也可以点击"添加另一字段"链接,实现更多字段检索。

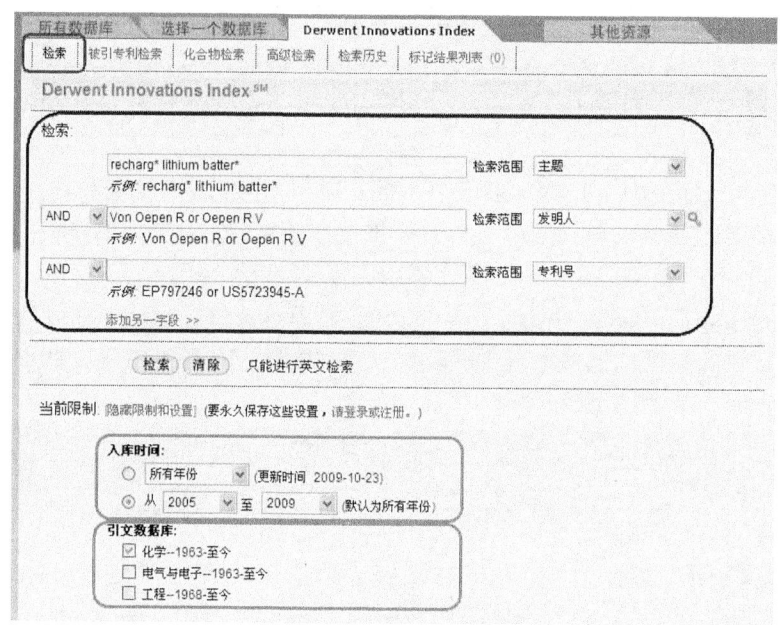

图 2 – 2 – 17 DII 数据库一般检索模式界面

ISI Web of Knowledge 检索平台的常用检索规则如下:

➢ 大小写格式:检索式中不区分大消息,可以适用大写、小写或大小写混合,均不影响检索结果。

➢ 逻辑算符:"AND"、"OR"、"NOT"、"SAME"可以用于组配检索词。其中,"SAME"可以查找被该运算符分开的检索词出现在一个句子中的记录,在该系统中"句子"被定义为文献题目、摘要中的句子或者单个地址。当一个检索式中出现多个算符时,按照"SAME > NOT > AND > OR"的顺序进行检索,也可利用圆括号( )提前运算优先级。

➢ 通配符:所有可以适用单词或短语的检索字段均可以适用通配符进行检索。通配符可位于检索词的中间或结尾,但不能位于开头;进行"主题"或"标题"检索时,星号、问号或美元符号之间必须至少有 3 个字符;不能在通配符后面使用特殊字符(/@#)和标点符号(.,:;!);不能在出版年检索中使用通配符,例如,可以使用 2007,但不能使用 200*。

星号(*)表示任何字符组,包括空字符;

问号(?)表示 1 个字符;

美元符号($)表示 0 或 1 个字符。

> 短语检索：若要精确查找短语，可用为短语加双引号，但该功能只适用于"主题"和"标题"检索。例如"energy conservation"。

> 带连字号的词语：输入带连词号的词语可以检索用连词号连接的单词和词语。例如，speech-impairment 可以查找包括 speech-impairement 和 speech impairment 的记录。

> 撇号：撇号（'）是不可检索字符。

除此之外，DII 数据库还提供多个专利检索专用字段：专利权人、发明人、专利号、IPC 分类号、德温特分类代码、德温特手工代码、德温特入藏登记号、环系索引号、德温特化合物号、德温特注册号、德温特化学资源编号。

同时，DII 数据库还提供了友好的检索结果查看界面（图 2-2-18）。用户可以在页面左侧"精炼检索结果"一栏进一步通过主题（标题、文摘、关键词和词组）在检索结果中进行二次检索，从而生成一个新的集合。用户也可以选择页面右侧"排序方式"，按照需求显示检索结果。在每个检索结果中，系统都显示了施引专利次数；并且若专利包含组合物，文献序号下方会显示一个彩色小图标。

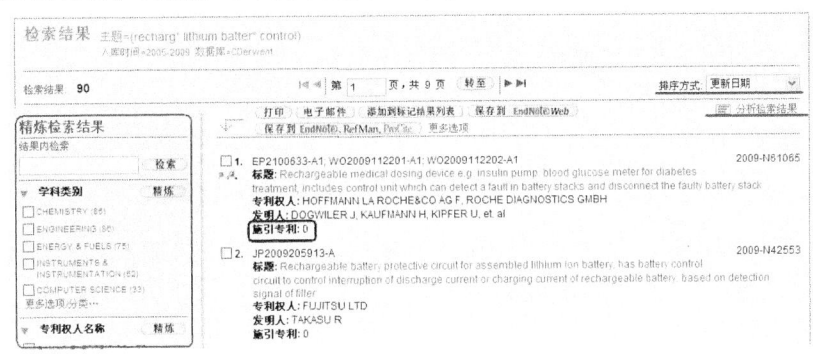

图 2-2-18　DII 数据库检索结果显示

点击页面右侧"分析检索结果"按钮可以对检索结果进一步统计分析（图 2-2-19）。例如，统计检索结果的 IPC 分类、德温特分类代码、德温特手工代码、申请人/发明人信息等。

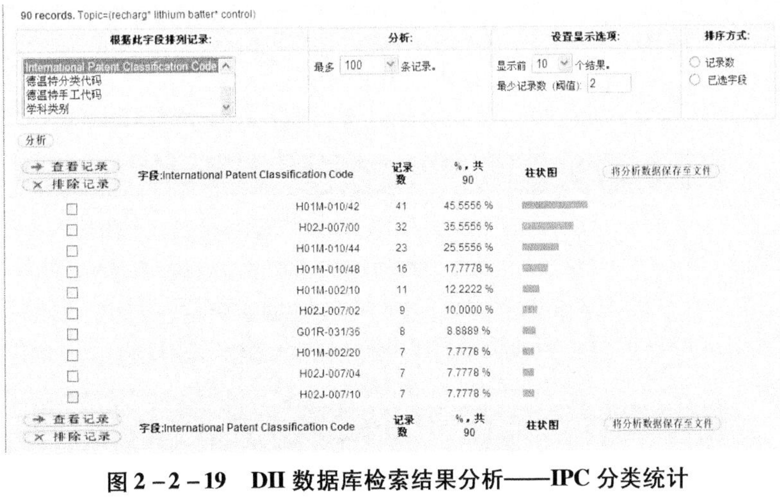

图 2-2-19　DII 数据库检索结果分析——IPC 分类统计

(三) 引文专利检索 (Cited Patent Search)

在 DII 数据库界面中点击链接"引文专利检索 (Cited Patent Search)",即可进行引证专利检索 (图 2-2-20),即检索哪些专利文献引用了该专利文献。

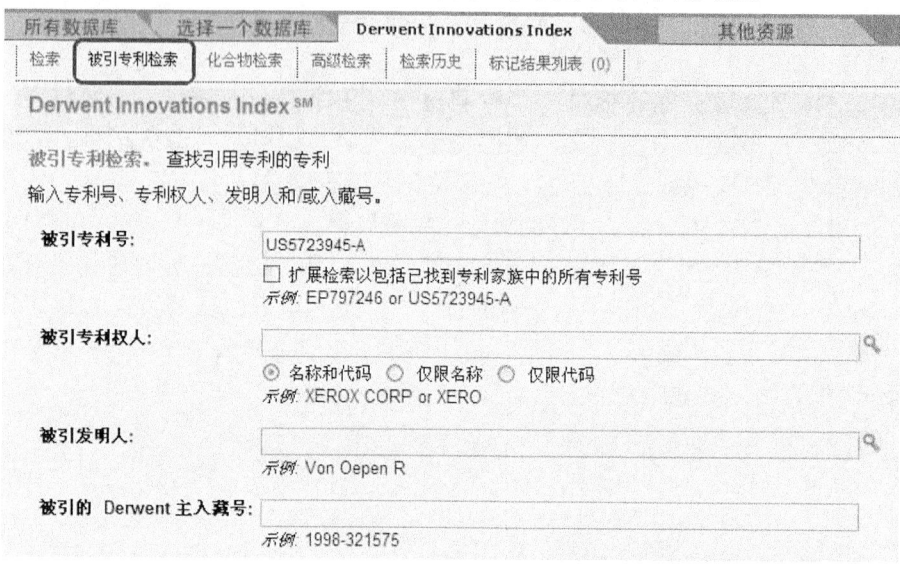

图 2-2-20　DII 数据库引文专利检索模式界面

通过引文专利检索可以确定某专利是否曾被引用、与本专利相关的其他专利有哪些、存在哪些竞争伙伴以及该领域又有哪些新的发展,等等。引文专利检索可供检索的字段如表 2-2-2 所示。

表 2-2-2　引文专利检索可供检索的字段

字段标识	说　　明
被引专利号	当需要把被引专利号扩展为整个专利族时,应输入唯一的专利号。该字段不支持通配符输入
被引专利权人	1992 年前专利权人名称被限定为最多 4 个人,每个名称最多 24 个字符;1992 年后的记录对专利权人的名称不再有人数限制,每个名称最多 40 字符。若名称过长,则会被缩短或使用缩写以符合规定。例如,INT 代表 International
被引发明人	检索姓名缩写时,利用通配符 (*) 非常重要,否则只能做到精确检索
被引德温特入藏号	利用德温特入藏号进行检索时,应输入 4 位数的年份,一个连字符,随后是 6 位数字的序列号

(四) 化合物检索 (Compound Search)

在 DII 数据库界面中点击链接"化合物检索 (Compound Search)",即可在 Derwent Chemistry Resource 数据库中查找化合物的专利信息 (图 2-2-21)。

图 2-2-21　DII 数据库化合物检索模式界面

该界面提供"文本检索"、"结构检索"、"文本和结构组合检索"。如果要检索和浏览化合物结构,需要下载和安装 MDL Chime 插件,该插件可通过 MDL 主页免费获得(网址:http://www.mdli.com)。文本检索模式下,提供了"化合物名称"、"物质说明"、"结构说明"、"标准分子式"、"分子式"、"分子量"以及"德温特化学资源号"等字段。

(五)高级检索(Advanced Search)

在 DII 数据库界面中点击链接"高级检索(Advanced Search)",可以使用两个字母构成的字段标识符、逻辑算符、括号来创建复杂的检索式,进行高级检索(图2-2-22)。

图 2-2-22 DII 数据库高级检索模式界面

高级检索中可用的字段标识和逻辑算符,如表2-2-3所示。

表 2-2-3 高级检索中可用的字段标识和逻辑算符

逻辑算符:AND OR NOT SAME			
字段标识			
TS(主题)	DC(德温特分类代码)	CP(被引专利号)	RIN(环系索引号)
TI(标题)	MC(德温特手工代码)	CA(被引专利权人)	DCN(德温特化合物号)
AU(发明人)	AN(专利人名称)	CN(被引专利权名称)	DRN(德温特注册号)
PN(专利号)	AC(专利人代码)	CC(被引专利权号码)	DCR(DCR 编号)
IP(IPC 代码)		CI(被引发明人)	
AE(专利人名称和代码)		CX(被引专利+专利族)	

(六)全数据库检索(All Database)

除以上 4 种检索模式外,DII 数据库还可以基于 ISI Web of Knowledge 检索平台实现专利数据和非专利数据的混同检索(图2-2-23)。在 ISI Web of Knowledge 检索平台,选择"所有数据库"。采用该检索模式不仅可以检索到相关专利文献,同时还可以检索到 ISI 系统中收录的非专利文献,并且可以利用"WebPlus"插件分主题查看相关研究的互联网内容。

图 2-2-23 DII 数据库全数据库检索

四、LexisNexis 专利数据库

LexisNexis 专利数据库是美国 Lexis-Nexis 公司出版的,面向大学法学院、律师、

法律专业人员的法律专业数据库（图 2 - 2 - 24）。收录了美国联邦律法、各州法规、美国高级法院、地方法院的案例、判决书、法律评论、欧洲联邦律法、英联邦国家法律法规和案例等律法主题，及新闻、杂志、学术期刊等信息。该系统功能强大，专利检索仅是该数据库中的一部分。

通过网址 http：//www.lexisnexis.com/ap/auth/可访问该数据库，选择 "U. S. Patents, European Patents, Patent Abstracts of Japan, PCT Patents, and U. K." 子数据库，即可对专利文献进行检索。

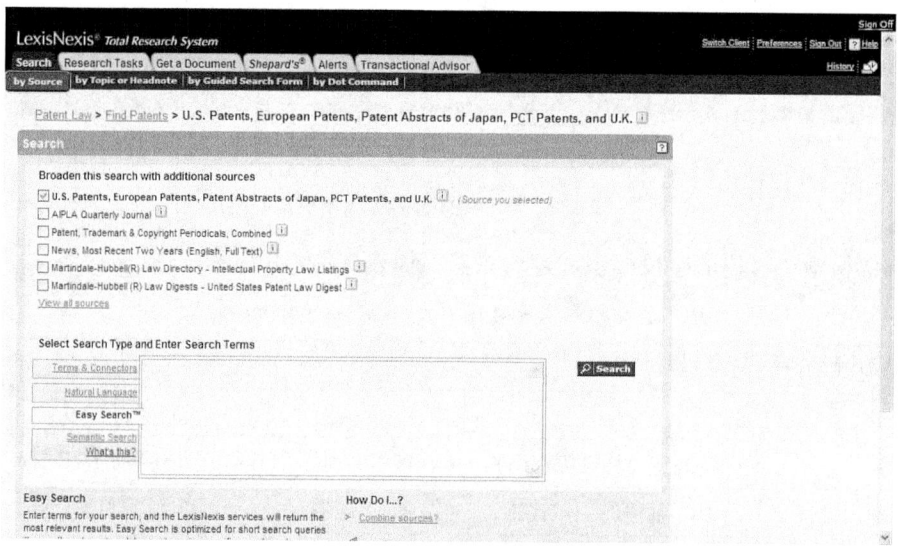

图 2 - 2 - 24　LexisNexis 专利检索界面

LexisNexis 专利数据库中收录了 1790 年至今年的美国专利、欧洲专利申请、日本专利摘要以及 PCT 专利申请。与其他免费专利全文数据库相比，LexisNexis 具有丰富的检索字段、算符，便于用户进行全文检索。LexisNexis 专利数据库中除了布尔逻辑运算符（如 "AND"、"OR"、"NOT"）以外，还提供邻近运算符、同在算符、通配符以及限定检索词在文中出现次数等其他算符。例如：

➢ 邻近算符：

"A w/n B" 表示检索词 A 和 B 之间有 0 ~ n 个词或短语，词序可变化；

"A NOT w/n B" 表示 A 出现，若 B 与 A 同时出现，B 和 A 之间不得有 0 ~ n 个词或短语，词序可变化；

"A PRE/n B" 表示 A 和 B 之间有 0 ~ n 个词或短语，词序不能变化；

"A NOT PRE/n" 表示 A 出现，若 B 与 A 同时出现，B 和 A 之间不得有 0 ~ n 个词或短语，词序不能变化。

➢ 同在算符：

"A w/p B" 表示 A 和 B 出现在同一个段落里；

"A w/seg B" 表示 A 和 B 出现在同一个字段里；

"A w/s B" 表示 A 和 B 出现在同一个句子里。

> 通配符：

星号（*）取代单字中的一个或多个字母，用以搜索不确定拼写、但字母数及位置确定的关键词；

感叹号（!）取代同一字根后无限的字母，用以搜索字首拼法相同的所有关键词。

> 其他连接符：

ATLEAST10（abc）表示括号中的词 abc 在文中至少出现 10 次；

ALLCAPS（abc）表示括号中的词 abc 必须全部为大写 ABC；

CAPS（abc）表示括号中的词 abc 至少一个字母为大写，如 ABC，aBc，abC；

PLURAL（abc）表示括号中的词 abc 必须为复数形式 abcs；

SINGULAR（abc）表示括号中的词 abc 必须为单数形式。

五、Google Patents 专利数据库

（一）概况

Google Patents 是 Google 公司推出的美国专利文献全文检索系统，其网址为 http://www.google.com/patents。该系统的专利数据由美国专利商标局（USPTO）提供，较完整地收录了自 18 世纪 90 年代以来的专利申请以及公开出版的专利。据其介绍已收录了约 700 万条专利信息，以及超过 100 万条专利申请信息，但实际上目前的文献收录数量早已超过上述数字。并且，该系统界面简洁明了，浏览方便，是美国专利文献全文检索的方便工具。需要说明的是，由于 Google 需要对 USPTO 所提供的专利公开文本进行数据加工，因此其未收录最近的专利文献，据测试，美国专利文献公开约半年后可被 Google Patents 所收录。

（二）检索方法

1. 检索模式

在 Google Patents 的操作系统中，能够直接输入关键词进行简单检索，即简单检索模式（图 2-2-25）。

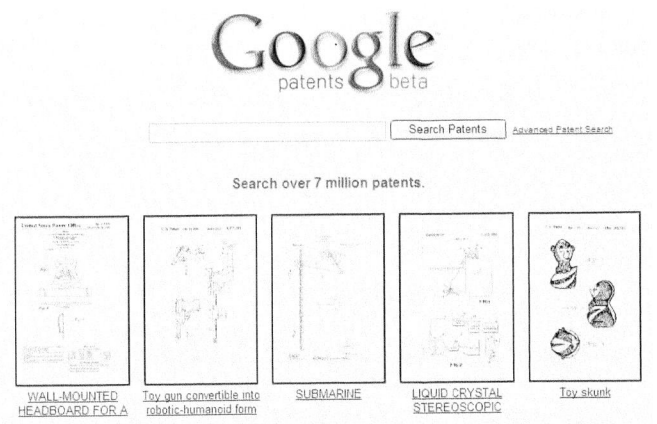

图 2-2-25 Google Patents 检索界面

用户也可以点击页面中的"Advanced Patent Search"链接,进入"高级专利检索"检索界面(图2-2-26)。该界面中可以根据专利号、发明名称、申请人/发明人、US分类号、国际分类号、文献状态、专利类型,以及相关日期等检索入口进行检索。同时,各关键词之间可以利用一些运算符加以限制,实现较精准的检索式表达,例如:双引号("")表示一个完整的词组。

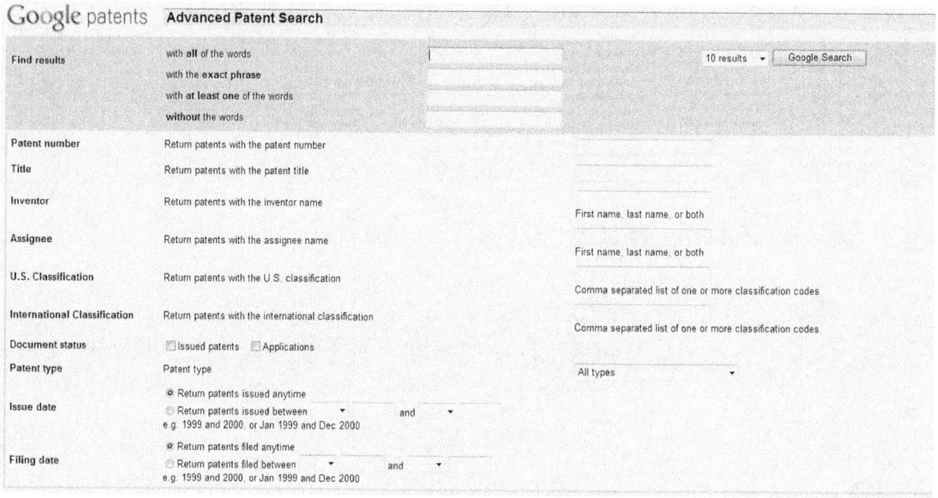

图2-2-26 Google Patents 高级检索界面

在检索得到相关文献后,用户可选择根据文献相关度排序显示,或者根据日期排序显示。对每个检索到的专利文献,系统可显示其著录项目、权利要求以及说明书附图,并可进一步在线浏览或下载全文进行查看。该系统还通过超级链接的形式显示文献引用以及被引用的美国专利文献,用户可以借助这一功能快速地对相关文献进行追踪。

2. Google 专利族检索

目前互联网上存在的专利资源是分散的,直接利用 Google 检索会掺杂大量非专利信息。针对这一问题,可以利用 Google 搜索引擎检索某一(类)特定网站的专利文献。具体使用方式是,在 Google 的检索输入框内输入检索词,并在其后输入"site:网址域名"字段表示所限定的范围;如果需要排除某些网站或域名范围内的页面,可以输入"-网址/域名"。例如,如果希望使用 Google 检索 WIPO 提供的专利文献数据,可在检索词后输入"site: wipo. int/pctdb/en",如图2-2-27所示。

图2-2-27 利用 Google 在 WIPO 的专利数据库中检索"CDMA"和"chipset"

若需要利用 Google 同时对多个不同专利数据库进行检索,可以通过"OR"来建立 Google 专利族。例如,如果只希望同时检索 WIPO 网站提供的专利数据库和 Google Patents 提供的美国专利文献数据库,可以在检索词后输入"site：wipo. int/pctdb/en OR site：google. com/patents",从而将检索结果限定在 WIPO 网站提供的专利数据库和 Google Patents 专利数据库内。

六、PatentCluster 数据库

PatentCluster 是一个免费检索网站,其特点是提供专利族检索。目前,该数据库仅收录了部分美国专利文献,可对其进行全文检索。不久的将来,该数据库将实现对 1974 年至今的美国专利和申请的全文检索,并计划收录欧洲、日本和其他国家的专利文献。该数据库的网址为 http：//www. patentcluster. com。

PatentCluster 具有"快速检索"(Quick Search)和"高级检索"(Advanced Search)两种检索模式。在快速检索模式(图 2-2-28)中,用户可直接输入检索词进行检索。

图 2-2-28　PatentCluster 检索界面

PatentCluster 高级检索模式(图 2-2-29)中,系统为用户提供了多个专利检索专用字段,如表 2-2-4 所示,用户可以根据需要进行选择性检索。其中比较有特色的包括区分独立权利要求和从属权利要求的检索以及美国分类号的检索。

表 2-2-4　专利检索专用字段

字段标识			
inabstract(摘要)	depclaims(从属权利要求)	infilingdate(申请日)	invref(发明人参考)
intitle(标题)	inpatnum(专利号)	inissuedate(授权日/公开日)	uspclass(美国分类号)
indesc(说明书)	docstatus(专利状态)	inassignee(申请人)	usmainclass(美国主分类号)
inclaims(所有权利要求)	inapplnum(申请号)	assigneecount(申请人个数)	intlclass(国际分类号)
inclaim1(权利要求1)	inattorney(代理)	ininventor(发明人)	
indepclaims(独立权利要求)	inexaminer(审查员)	inventorcount(发明人个数)	

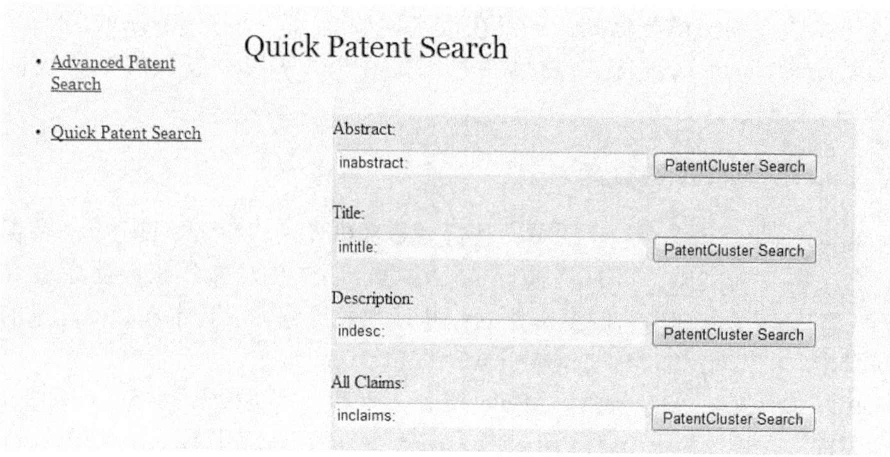

图 2-2-29 PatentCluster 高级检索界面

此外，PatentCluster 也支持通配符检索、模糊检索、邻近算符检索、词频检索和范围检索等。

> 通配符检索

问号（?）代表一个字符；星号（*）代表多个字符。

> 模糊检索

模糊检索基于"莱文史特间距"（Levenshtein Distance）或者"编辑间距算法"进行运算，查询与检索词相近的词语。检索时将波浪线（~）置于单个词尾。例如，要检索"print"相近的的词语时，可表示为 print~。

模糊检索还有一个可选参数——相似度。相似度的值介于 0 和 1 之间，该值越接近 1，其检索到的词相似度越高。例如 print~0.8。相似度的缺省值为 0.5。

> 邻近算符检索

邻近算符检索支持查找间隔特定距离的词语。检索时将波浪线（~）和间隔词数置于一个词组之后。例如，"software program~10"，表示查找 software 和 program 两词语之间间隔 10 个词语的专利文献。

> 词频检索

词频检索支持基于词语在专利文献中出现频率的检索。检索时将插入符号（^）和词频因子置于检索词之后。例如，software^4 program，表示查找在专利中出现 software 比 program 频率更高的文献；词频检索也可以用于一个词组，如"software program"^4。词频因子必须为正数，也可以小于 1，如 0.2；系统默认的词频因子为 1。

> 范围检索

范围检索可以在字段内查找介于上下限值之内的文献。方括号［］表示包括端点的区间，花括号｛｝表示不包括端点的区间。例如，filing：［19900931 TO 19911031］，表示查找 1990 年 9 月 31 日至 1991 年 10 月 31 日申请的专利，包括端点。

PatentCluster 的主要特色在于，系统将每个检索结果中相关内容的专利收录于一个专利族中，并为检索结果生成一个专利族树状图和饼状图（图 2-2-30）。用户可以借助专利族分主题进行浏览,极大地提高了浏览效率。

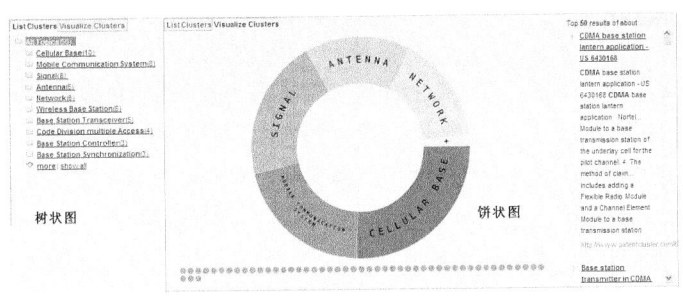

图 2-2-30　PatentCluster 为检索结果生成的树状图和饼状图

七、freepatentsonline 数据库

freepatentsonline 是一个免费专利检索网站(图 2-2-31),提供美国专利和专利申请、欧洲专利、WIPO 专利的全文检索,以及日本专利的摘要检索。用户可以通过 freepatentsonline 系统实现多国文献的跨库检索。

目前该系统收录的主要文献内容如下:
美国专利(US Patents):3920271 to 7607177
美国再颁布专利(US Reissue Patents):RE28671 to RE40942
美国设计专利(US Design Patents):D242583 to D602675
美国植物专利(US Plant Patents):PP3987 to PP20437
美国防御性公开(US Defensive Publications):T953001 to T999003
美国专利申请(US Applications):20010000001 to 20090265825
欧洲专利(European Patents):EP0000001 to EP2111093
日本专利文献(Patent Documents of Japan):JP2500001 to JP3980100
日本专利文摘(Patent Abstracts of Japan):JP51111002 to JP2009142150
WIPO(PCT):WO/1978/000001 to WO/2009/129550
freepatentsonline 网址为 http://www.freepatentsonline.com。

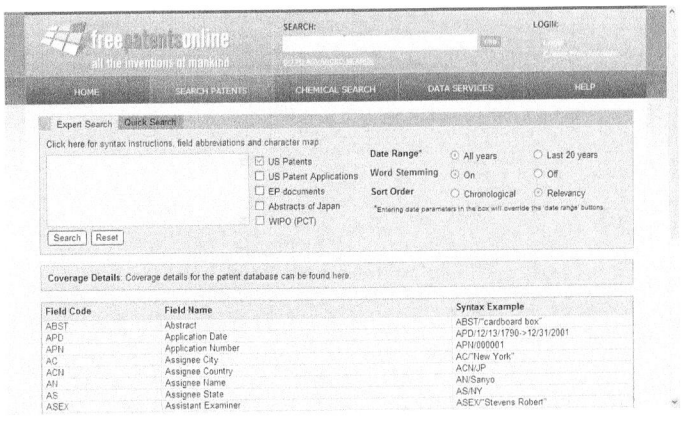

图 2-2-31　freepatentsonline 检索界面

该系统提供了简单便捷的关键词检索，同时也提供了功能强大的高级检索界面。在该界面中可以选择检索的范围，例如"US Patents"、"US Patent Applications"、"EP documents"等；可以限定日期范围为全部年份或最近 20 年；页面中还设有"Word Stemming"功能选项，若打开该功能则可以实现词性转换，例如，若输入"Metallic"时，关闭"Word Stemming"功能则只检索"Metallic"本身，打开该功能则实际检索"Metallic"、"Metal"、"Metals"等词汇；也可以通过"Sort Order"选项选择如何对检索结果进行排序，若选择"Chronological"则按年代进行排序，若选择"Relevancy"则按照检索相关度进行排序。在设定以上选项后，用户可以在左侧的输入检索框中输入其检索式，检索式的具体语法信息可以参看页面中的"syntax instruction"；点击页面中的"field abbreviations"可以查看 freepatentsonline 提供的检索字段，系统中通过列表形式给出了字段名称、字段码以及相应的实例，可参照实例填写检索式。此外，freepatentonline 提供化学结构式检索，为特殊领域的检索提供了方便快捷的手段。

freepatentsonline 的主要优点是其收录范围广，检索字段丰富，并可以对美国专利和专利申请、欧洲专利以及 WIPO 专利申请进行全文检索，为专利工作者提供了良好的检索服务。其不足之处在于，该系统没有收录中文和韩文的专利文献，并且只能对日本专利的摘要进行检索，数据库还不够全面。另外，全文检索要求检索表达式要准确，否则检索结果往往过多，浏览量过大，也容易导致漏检。

八、PatentLens 数据库

PatentLens 数据库是免费的全文检索数据库，用户通过在浏览器中输入网址 http://www.patentlens.com 即可访问该数据库（图 2 - 2 - 32）。

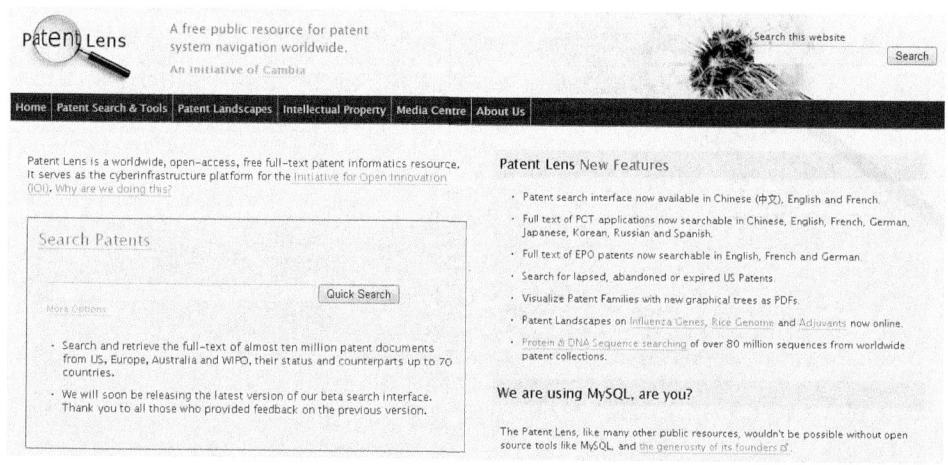

图 2 - 2 - 32　PatentLens 数据库

PatentLens 数据库中收录了 1976 年至今的美国授权专利，2001 年至今的美国公开的专利申请，1980 年至今的欧洲授权专利，1978 年至今的 PCT 专利申请，1998 年至今的澳大利亚授权专利和 1998 年至今的澳大利亚公开的专利申请。PatentLens 数据库收录了澳大利亚专利文献，这也正是该网站的特色之一。

PatentLens 提供"专利号检索(Patent Number)"、"快速检索(Quick Search)"、"结构检索(Structure Search)"、"专家检索(Expert Search)"4 种检索模式。

1. 专利号检索(Patent Number)

在专利号检索模式下,用户只需直接输入带检索的专利号或者公开号,并选择相应的专利数据库,例如美国申请、澳大利亚申请等,即可检索到相应的文献。

2. 快速检索(Quick Search)

快速检索模式(图 2-2-33)下,用户可在选择的专利数据库中进行全文检索。并且,用户可以根据需要选择是否进行词干检索"Stemming",以及检索关键词在每页中出现的词频。

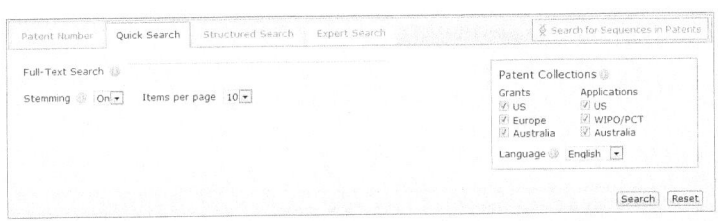

图 2-2-33　PatentLens 数据库快速检索界面

3. 结构检索(Structure Search)

结构检索模式中,系统提供多个检索字段供用户选择。用户可选择需要检索的字段范围,填入相应的检索词,并选择页面上方的逻辑运算符"and"或者"or"。为方便用户使用,系统还提供了公开和申请日期等日期检索选项(图 2-2-34)。

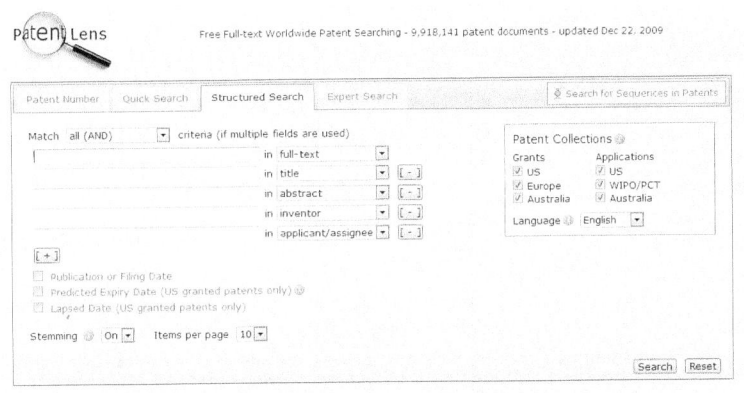

图 2-2-34　PatentLens 数据库结构检索界面

4. 专家检索(Expert Search)

专家检索模式下,用户需要了解检索式输入语法。用户可按照输入语法的要求根据自身需求输入任意检索式,并进行较复杂的逻辑运算。

PatentLens 系统支持通配符检索,其中"*"置于词尾代替多个字符。系统还提供词干检索,即选择"Stemming on",系统则进行词干检索。例如"separate"采用词干检索时,也包含对"separation"、"separates"、"separating"的检索。系统支持的逻辑算符除了"AND"、"OR"、"AND NOT"以外,还支持邻近算符"NEAR/n",在检索词之间最多间隔 n 个字符。

5. 序列检索（Sequence Search）

除了以上常用的检索模式以外,PatentLens 还提供蛋白质、DNA 和 RNA 序列检索（图 2-2-35）。

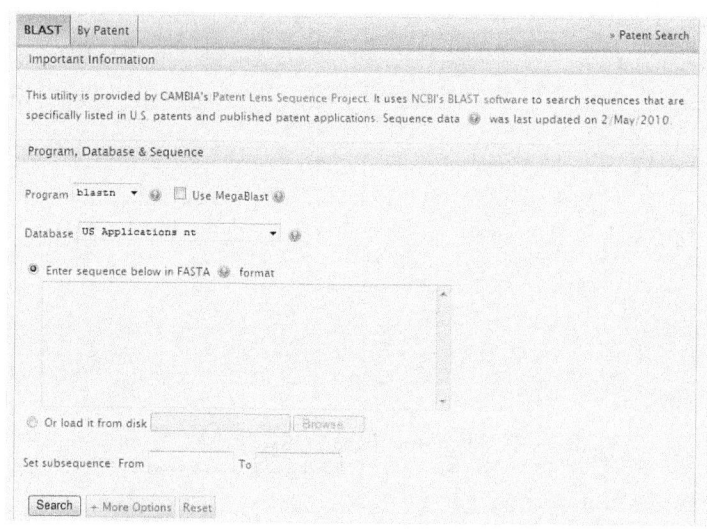

图 2-2-35　PatentLens 数据库序列检索界面

九、Patentics 数据库

Patentics 网站（图 2-2-36）提供基于概念模型的专利语义检索和分析服务,该系统可以实现双语检索、概念检索、相关度排列、自动标引、聚类、分类,以及相关内容的智能化分析,极大地提高了对海量全文数据的情报检索效率。

Patentics 数据库包括自 1971 年 3 月至今的美国授权专利全文,2001 年至今的美国专利申请、欧洲专利、世界专利、中国专利全文以及多国英文摘要。

Patentics 的网址为 http://www.patentics.com。

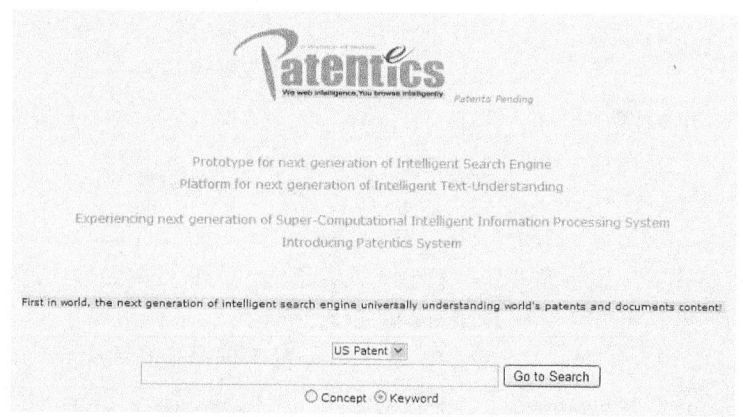

图 2-2-36　Patentics 网站检索界面

1. 中英文专利互检
(1) 利用专利号实现中国专利与美国专利互相检索

在 Patentics 网站的检索输入框中输入中国专利号,同时在数据库一栏勾选"美国专利"或者"美国申请"(图 2 – 2 – 37),检索后即可得到与所输入中国专利号相关的美国专利或申请。

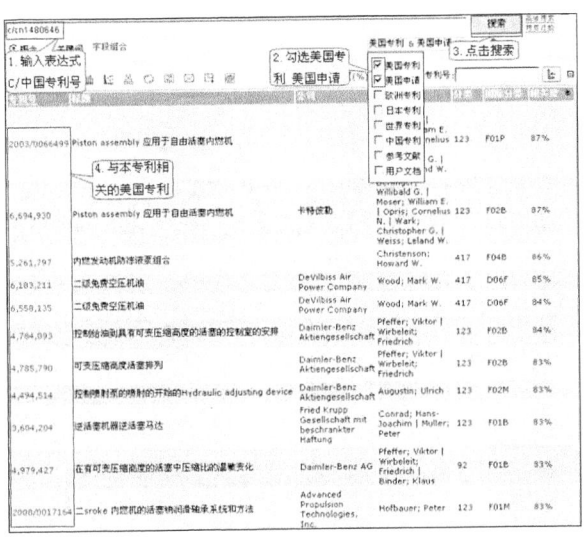

图 2 – 2 – 37　利用专利号实现中国专利与美国专利互检

(2) 利用关键词实现中英文双语检索

Patentics 在自动翻译系统的支持下,可以实现中英文双语检索。例如,在界面中输入关键词"数字电视",得到 7 270 个检索结果;若在界面中输入"digital television",能够得到相同的 7 270 个检索结果(图 2 – 2 – 38)。

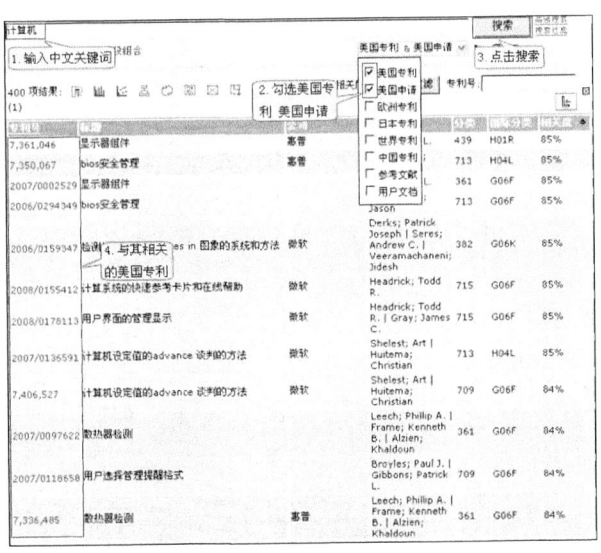

图 2 – 2 – 38　利用关键词实现中英文双语检索

2. 语义检索

Patentics 不仅提供传统的关键词检索方式，还通过其概念搜索引擎实现了专利文献的语义检索，使检索不局限于关键词本身，而是对关键词表达含义的检索。用户既可以输入某些关键词实施语义检索，还可以输入一段文字内容，甚至一篇专利文献号实施语义检索。

例如，采用关键词"bios"直接进行检索，得到相关度 88% 的 11 个专利；采用关键词"bios"进行概念搜索，得到相关度 88% 的 13 个专利。通过"c/bios andnot b/bios"得到包含关键词 bios 但与其语义相关的专利，共计两篇专利。阅读发现这两篇专利中不含有关键词 bios，但语义相近，相关度很高。由此可见，Patentics 提供的概念检索可以对专利文献进行更深入的语义检索。

此外，Patentics 借助其语义检索还提供关键词扩展功能。例如，采用"发动机"进行概念检索，页面右侧会自动出现相关概念（图 2-2-39），如"内燃机"、"汽油机"等。点击相关概念右下角的图标" "，可以实现关键词聚类，系统会自动按照不同主题将相关概念显示在页面右侧。

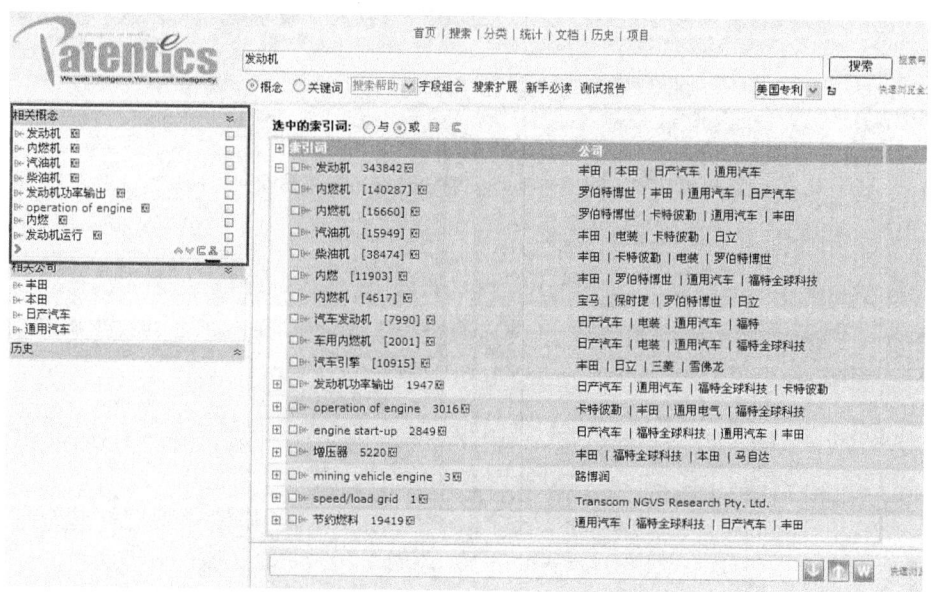

图 2-2-39 借助概念搜索扩展关键词

十、Soopat 数据库

Soopat 是一个免费的专利搜索引擎（图 2-2-40），其中收录中国、美国、欧洲、日本等多个国家的专利文献，可对其进行摘要检索。用户可以通过网址 http://www.soopat.com 访问。

图 2-2-40　Soopat 检索界面

除了对专利文献检索外，Soopat 的主要特色在于可以对专利文献进行分析。点击页面中的链接"分析"，即可切入 Soopat 的分析界面。

在 Soopat 分析界面中，输入待分析的技术主题，例如"液晶面板"，即可直接得到相关分析结果。Soopat 能够根据申请日、公开日进行分析，并可制作按年或按月统计图（图 2-2-41）。

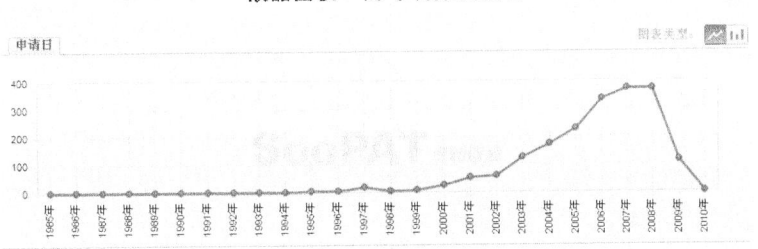

图 2-2-41　按申请日的分析结果

Soopat 可以根据技术主题的分类号进行统计汇总，并按照大类、小类、大族、小组、外观等分析汇总，使得检索人可以对技术主题在 IPC 分类中的位置一目了然（图 2-2-42）。

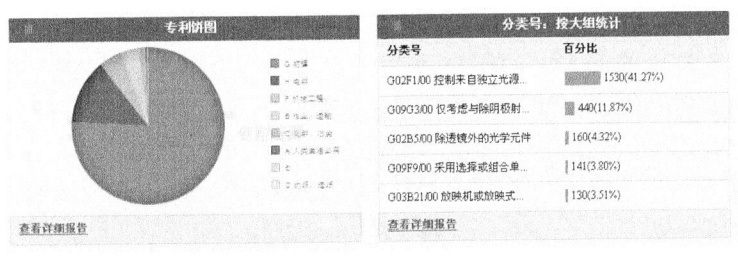

图 2-2-42　按分类位置的分析结果

同时，Soopat 还提供申请人和发明人的分析，可以了解该技术领域中主要的申请人和发明人,以及技术合作相关信息,是方便快捷的专利分析工具(图 2-2-43)。

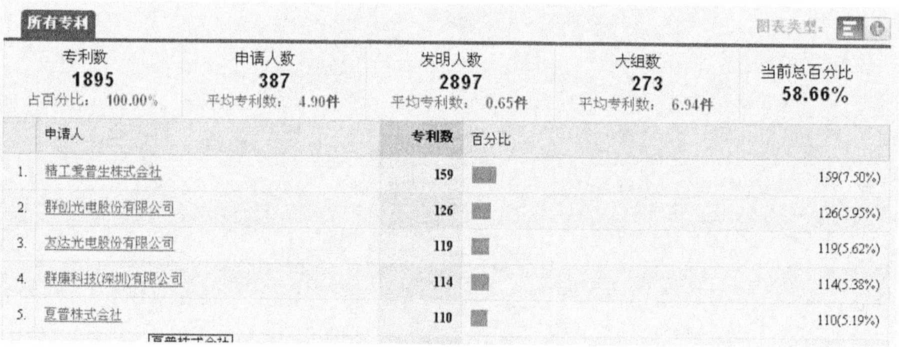

图 2-2-43 按申请人的分析结果

第三节 现有主要专利文献检索资源适用性比较

本节在前两节介绍的基础上,对各个网站在收录的文献范围、分类号检索、关键词检索以及其他功能方面进行适用性比较。

一、文献范围

根据检索目的的不同,对检索的专利文献的国别和地区范围以及起止年代上也有着不同的要求。例如,进行防止出口侵权的检索时,可能会针对所欲出口的特定的国别和地区范围,以及可能处于相应的专利有效期间内的专利文献进行检索;而在进行专利性检索时则希望检索可以覆盖尽量全面的国别和地区范围以及起止年代。这就需要了解相应网站所收录的文献范围,以满足相应的需要。

(一)主要网站的文献收录范围

1. 中国国家知识产权局网站收录专利文献年代为 1985 年至今,国别地区为中国,均可以通过发明名称、发明人、申请人等入口在著录项目以及摘要中进行检索,但无法对说明书全文进行检索。

2. USPTO 网站和 Google Patents 均收录了自 1790 年至今的美国专利文献。但在 USPTO 网站上对于 1790 年至 1975 年的文献仅能通过专利号和 UC 分类号进行检索,1976 年 1 月以后的文献可以通过著录项目、检索词等入口在摘要、说明书中进行检索,但是该网站仅能分别对专利授权和专利公开进行检索,而不能同时进行。在 Google Patents 上可对全部美国专利文献进行关键词检索,且均可下载全文。但如前文所述,Google Patents 不包括最近半年内公开的专利文献,若需要检索近期公开的美国专利文献,则可选择 USPTO 网站。

3. JPO 网站收录日本专利文献年代为 1922 年至今,其中 1976 年以后公开的日本特许公开可以通过检索词入口在英文专利摘要中进行检索,而此前文献主要通过日本分类进行检索。

4. EPO 提供的 esp@cenet 收录文献范围较广,包括 90 多个国家和地区,覆盖 PCT 最低文献量所要求的国家和地区,其收录的主要国家和地区专利文献的起止年代如表 2-3-1 所示。

表 2-3-1 esp@cenet 收录文献范围

收录文献国别	起止年代
JP(日本)	1976 年至今
US(美国)	1836 年至今 *
EP(欧洲)	1978 年至今
CH(瑞士)	1888 年至今 *
DE(德国)	1877 年至今 *
FR(法国)	1900 年至今 *
GB(英国)	1859 年至今 * *
WO(世界知识产权组织)	1978 年至今
CN(中国)、KR(韩国)等	部分

备注:* 表示其中 1970 年以后文献方可在摘要中检索,此前可用分类号进行检索
　　　* * 表示其中 1893 年以后文献可在摘要中检索,此前可用分类号进行检索

5. KIPO 网站收录 1948 年至今的韩国授权发明和实用新型,以及 1983 年至今公开的发明、实用新型申请。

6. DII 数据库收录文献范围也较广,涉及 40 多个国家和地区,年代可以追溯到 20 世纪 60 年代,其中主要的国家和地区专利文献的起止年代如表 2-3-2 所示。

表 2-3-2 DII 收录文献范围

收录文献国别	起止年代
JP(日本)、US(美国)、CH(瑞士)、DE(德国)、FR(法国)、GB(英国)	1963 年至今
EP(欧洲)	1978 年至今
WO(世界知识产权组织)	1978 年至今
CN(中国)	1987 年至今
KR(韩国)	1986 年至今

7. Patentics 网站收录的主要国家和地区专利文献的起止年代如表 2-3-3 所示。

表 2-3-3 Patentics 收录文献范围

收录文献国别	起止年代
US(美国)	1971 年至今
CN(中国)	1985 年至今
EP(欧洲)、WO(世界知识产权组织)	1978 年至 2009 年
42 国英文摘要	1900 年至 2009 年(注:并非 42 国中每一个国家均为该年代范围)

（二）根据专利文献范围选择网站

当需要检索中国、美国、日本、欧洲和韩国这 5 局公开的专利文献时，除了可以分别在各国（地区）专利局网站中进行检索之外，还可以选择在 esp@cenet、DII 或 Patentics 中进行检索，因为这 3 个网站可以同时对该 5 局专利文献以及其他国家和地区的专利文献进行检索，而不需要逐个网站分别进行。这 3 个网站适用于希望既能够检索主要国家和地区的专利文献，又能够尽量检索全面的用户。具体而言，3 个网站文献收录范围排序依次为 esp@cenet > DII > Patentics，其中 esp@cenet 还提供欧洲分类的检索入口，并且欧专局与 Patentics 均为免费网站；DII 的特色在于其摘要均经过专业人员改写，摘要质量较高，且其还对所有专利文献均提供德温特分类（DC/MC）检索和非常有利于申请人的公司代码检索，但不提供全文；Patentics 的特色则在于其提供有双语检索、语义检索等功能。

此外，如果需要重点检索中国专利文献，可以考虑在中外专利数据库检索系统或 Patentics 中进行，因为前者还提供有结果统计分析功能，后者还提供有中国国家知识产权局网站未提供的说明书检索入口。如果需要重点检索美国专利文献，可以考虑在能同时检索专利授权和专利公开的 LexisNexis、PatentCluster、freepatentsonline、Patentics 或 Google Patents 进行，其中 Google Patents 对早期美国专利文献能够进行全文关键词检索，该功能是 USPTO 的官方网站未提供的。

二、分类号检索

恰当的检索入口可以提高检索的效率。例如，在对难以使用关键词表达的结构特征以及一些概括的技术特征进行检索时，可以考虑使用分类号检索。除了几乎所有专利数据库均可使用的 IPC 分类之外，还可以考虑使用一些特定的分类体系，例如 USPTO 提供的 UC 分类、JPO 提供的 FI/FT 分类、EPO 提供的 ECLA 分类、德温特公司提供的 DC/MC 分类等。由于 IPC 分类应用广泛，几乎所有专利检索网站均可用 IPC 进行检索，所以在此不再单独介绍，下面仅介绍可使用特定分类的网站。

1. esp@cenet 上可以使用 ECLA 分类进行检索。ECLA 分类能够检索美国和英国、德国、法国等主要欧洲国家的专利文献以及 WIPO 和 EPO 的全部专利文献，但对于中国、日本和韩国等国的专利，如果没有美国或欧洲的同族，则没有 ECLA 分类，无法使用 ECLA 分类进行检索。此外，对于早期专利文献（例如 1970 年之前的），大部分仅具备 ECLA 分类而没有摘要，这时使用 ECLA 分类进行检索显得尤为重要。

2. JPO 网站日文版和英文版均提供 FI/FT 检索。为便于不熟悉 FI/FT 的用户迅速找到可用的 FI/FT 分类进行检索，该网站还提供公开日和 3 种分类 FT、FI、IPC 之间的逻辑操作。此外，由于 FT 针对特定的技术特征给出，因此在检索时使用 FT 基本可以替代关键词，因此在使用 FT 检索的界面不提供关键词检索入口。同样，对于某些早期公开的可能没有摘要的日本专利文献（例如 1976 年以前公开的日本特许公开文献），使用 FI/FT 是对其进行有效检索的重要手段。

3. DII 数据库提供 DC/MC 分类检索。DC（德温特分类代码）是德温特公司提供的一种比较粗略的分类体系，能够对 DII 数据库中全部专利文献进行检索，但 MC（手工代码）目前仅是针对化学领域和电子电气领域专利文献进行分类，分类条目较多，检索精度较高。

4. 提供 UC 分类检索的网站较多，例如 USPTO 网站、LexisNexis、PatentCluster、freepatentsonline、Patentics、Google Patents 等。

三、关键词检索

关键词是一种重要的检索手段，尤其是在不清楚待检索对象的专利分类的情况下，通常首先使用关键词进行检索。关键词检索的效果与网站所提供的关键词功能密切相关。涉及关键词检索的功能有同义词/近义词扩展、邻近算符、同在算符、截词符以及词距离运算等。

1. 同义词/近义词扩展

同义词/近义词扩展是关键词检索的难点。目前一些网站提供同义词库供用户查阅或者关键词扩展功能，例如，LexisNexis 和 Patentics。另一些网站通过内置同义词库或特定的算法进行同义词扩展检索，例如本章第二节介绍的中外专利检索系统和 Google Patents。

2. 邻近算符

当检索词可能涉及特定的位置关系时，例如检索词是词组，使用邻近算符可以提高检索准确度。不同网站邻近算符表达方式不同，例如有"near"（表示邻近）、"A nW B"（A 和 B 有 0~n 个词，词序不能变化）、"A nD B"（A 和 B 有 0~n 个词，词序可以变化）等多种形式。中外专利数据库、LexisNexis、WIPO 网站、KIPO 网站、DPMA 网站、esp@cenet 的智能检索中均提供邻近算符功能。

3. 同在算符

当需要表达两检索词同时出现在一个句子、段落或字段中时，一些网站提供有同在算符，例如"A w/p B"表示 A 和 B 出现在同一个段落里，"A w/seg B"表示 A 和 B 出现在同一个字段里，"A w/s B"表示 A 和 B 出现在同一个句子里。LexisNexis 和 esp@cenet 的智能检索中均提供同在算符功能。

4. 截词符

大部分网站对于英文关键词均提供截词符（或称为英文通配符）功能，例如，中外专利数据库的英文界面、esp@cenet、DII 数据库、LexisNexis、PatentCluster、freepatentsonline、Patentics 等，但具体表达方式各不相同，典型的表达方式例如有，使用"*"代表任意长度的字符，"?"代表 0 或 1 个字符，"#"分别代表 1 个字符。

5. 其他算符

某些非专利局网站提供了词距离运算、词频运算等方式进行检索，例如词距离运算可以避免由于拼写错误导致的漏检，词频运算由于可以限定词的出现次数，从而可以提高检索的准确度。PatentCluster、freepatentsonline、Patentics 提供了该功能。

此外，能否对说明书全文进行关键词全文检索也是选择检索数据库时需要考虑的一个重要因素。提供说明书全文检索的网站有：

（1）JPO 网站的公报文本检索（仅日文界面）提供说明书字段，日文输入，但需要注意的是其可检索的专利文献范围仅为部分日本专利文献,例如日本特许公开的文献范围仅限于 1993 年以后公开的。

(2) WIPO 网站提供说明书全文检索功能。它可以是多种语言输入,例如用英文词检索在美国提交的申请,用日文词检索在日本提交的申请,但是不能用中文词检索在中国提交的申请。

(3) 提供美国专利文献全文检索功能的网站较多,包括 USPTO、LexisNexis、PatentCluster、freepatentsonline、Patentics、Google Patents 等,但除 Google Patents 外大都只能对 1975 年之后的美国专利文献进行全文检索。

(4) 中外专利数据库和 Patentics 均能够对中国专利文献进行全文检索。

四、其他辅助功能

1. 结果显示

Patentics、Google Patents 等可以提供高亮检索词的功能,这样便于检索者集中注意所关注的词语。Google Patents 还可以在美国早期专利文献全文中高亮显示检索词,这是美国局网站所不具备的功能。

LexisNexis、Patentics、Google Patents、Soopat、中外专利数据库等均提供对检索结果按照时间或相关度排序的功能。这样,在存在目标文献的情况下,通过先浏览最相关文献,提高浏览效率。Patentics 还可以选择按照与给定词的相关度进行排序。

此外,一些网站还提供摘要浏览和详细浏览的不同显示方式,例如 esp@cenet、日本特许厅网站、WIPO、Google Patents、Patentics、中外专利数据库等均提供有带摘要附图的摘要浏览方式,这种浏览方式对于提供检索效率非常有帮助。

2. 结果统计

结果统计一般涉及分类号统计、申请人/发明人统计、关键词统计等。由于专利分类专业性较强,对于大多数用户来说,一般都不熟悉分类表,先通过简单关键词检索,其后通过一些网站提供的对检索结果的分类号统计功能可以快速地找到合适的分类号。Patentics 和 Soopat 均提供有对检索结果的分类号、申请人等统计功能。此外,DII 数据库也提供对检索结果的专利权人、专利权人代码、发明人、IPC、DC/MC、学科类别的统计功能。

3. 全文下载功能

目前提供图像全文浏览功能的网站大多都提供下载功能,但有些网站只提供单页下载方式,没有打包下载功能,使用不便。EPO 网站提供全部的 PDF 格式打包下载,下载全文比较方便。对于中国专利文献,除了 EPO 网站上可方便下载外,中外专利数据库也可进行全文直接下载。此外,JPO、WIPO、KIPO、freepatentsonline、Google Patents 也提供有全文打包下载功能。

最后,为方面读者了解各网站主要功能,将主要网站/数据库的特征列表如表 2 - 3 - 4 所示。

表 2-3-4 各主要网站/数据库的特征

序号	网站/数据库	文献范围	分类体系	关键词检索					其他辅助功能				
				同义/近义	邻近	同在	截词	说明书	高亮检索词	相关度排序	摘要浏览和详细浏览	结果统计	打包下载
1	SIPO	中国	IPC										
2	USPTO	美国	IPC,UC					√					
3	JPO	日本	IPC,FI/FT					√			√		√
4	esp@cenet	多国	IPC,ECLA	√		√					√		√
5	WIPO	WO	IPC	√				√			√		√
6	KIPO	韩国	IPC	√									√
7	DPMA	多国	IPC	√	√	√							√
8	中外专利数据库	多国	IPC	√	√		√	√	√	√			√
9	DII	多国	IPC,DC/MC					√				√	
10	LexisNexis	多国	IPC,UC	√	√	√	√	√	√				
11	Google Patents	美国	IPC,UC	√		√		√	√	√	√		
12	PatentCluster	美国	IPC,UC				√	√					
13	freepatentsonline	多国	IPC,UC				√	√					√
14	PatentLens	多国			√		√	√	√	√	√		√
15	Patentics	多国	IPC,UC	√			√	√	√	√	√	√	
16	Soopat	多国	IPC							√		√	

策略篇

第三章 检索对象与检索范围

检索是检索者根据特定的检索目的，在充分理解检索对象之后在一定范围内的信息查询过程。可见，对检索对象的恰当理解是准确、高效地执行检索的前提。不同类型的检索对应的检索对象，其检索范围不尽相同。

本章首先介绍不同类型的检索任务所针对的检索对象及其检索范围，之后重点介绍最常见的检索对象——权利要求的理解。

第一节 主要检索类型的检索对象和检索范围

根据本书第一章的介绍，按照检索目的的不同，专利文献检索主要包括：法律状态检索、查新检索、专利性检索、侵权检索、技术贸易检索和专利战略检索等。依检索目的的不同，检索对象、检索范围均可能有所不同，例如，专利性检索的检索对象通常为权利要求书，而侵权检索中作为检索对象既可能是权利要求，也可能是某一具体的产品或方法。即使对于相同的检索对象，由于检索目的的不同，对检索对象的理解也可能存在差异。本节主要介绍在针对不同目的的检索过程中如何准确理解检索对象以及如何确定恰当的检索范围。

一、查新检索

查新检索用于为科研立项、成果、专利、发明等的评价提供科学依据，其目的在于为评价检索对象的新颖性、创造性和实用性提供文献依据，是科研工作的重要环节，也是申请专利之前的必要工作之一。查新检索可能针对欲立项的科研课题、已完成的科研成果和发明、专利申请等，因此，检索对象可能包括研究课题、技术方案、权利要求等。对于未立项或已完成的科研课题而言，其检索对象的理解重点在于课题的研究思路、研究方法和研究手段方面，同时也要兼顾其预期的效果和目的方面。对于欲申请专利权的发明而言，其检索对象为权利要求书以及可能作为权利要求修改依据的内容，因此其检索对象可能还要扩展至说明书等申请文件的其余部分（关于权利要求的理解，将在本章第二节进行专门介绍）。

对于大多数查新检索而言，委托人提供的可能是尚未完稿的权利要求书甚至是某一具体的产品、方法等相关技术，此时检索对象的理解则较为复杂。检索者可基于委托人的描述和技术说明等内容结合自身对该技术领域的理解，确定一个或多个该技术的改进点，并针对这些改进点作初步检索，以筛选出该技术对已有技术真正的贡献点，并重点对这些内容进行检索。需要注意的是，各项改进点之间可能是相互联系、共同协作达到某一技术效果的，这种情况下宜将多项改进点作为检索对象的最小单位。

有时查新委托人仅给查新单位提供了技术方案，没有提供主题范围，此时则需要检索人员对技术方案进行全面理解，并进行提炼和总结，对不同范围的技术主题分别进行剖析，按照范围由窄到宽的原则进行检索。例如，委托人只提供了用于测定血糖浓度的生物传感器的技术方案，并给出了电化学生物传感器的具体实施方式，但没有给出权利要求书。检索时应进行检索主题的归纳，例如，该检索主题可归纳为：（1）一种用于测定血糖浓度的电化学生物传感器；（2）一种用于测定血糖浓度的生物传感器。首先以测定血糖浓度的电化学生物传感器作为检索对象进行检索，同时兼顾其他血糖生物传感器的查找，以便给申请人提供尽可能多的现有技术信息。

另外，委托人提供的技术说明通常包含大量本行业的通用术语，或者使用了一些本领域不常使用的俗称甚至是申请人自己命名的技术名称，这时也会给查新工作造成一定困难。此时，检索人员首先应对委托人提供的主题词加以分析和规范，并在检索过程中不断地进行补充、修正、完善。例如，在一些地区将生物酶称为酵素，如果仅用酵素进行检索则会遗漏大量文献。

就时间和内容而言，查新检索的目的决定了应尽量覆盖最广的范围。除了各知识产权管理机构的官方网站外，大部分的专利文献检索工具所收录的文献范围均有一定的时间延迟，应当注意选用合适的工具以覆盖近期公开的文献。查新检索的范围包含专利文献的权利要求书、说明书、说明书附图等各部分，因此，若有必要可考虑选用全文检索系统。

二、专利性检索

专利性检索的检索对象一般是权利要求书，但在考虑修改等情况下，其检索的对象有时还应包括说明书的相关内容。

权利要求的新颖性或创造性是针对公众可以获知的已公开现有技术而言的，因而其检索范围具有一定的时间限制。《专利法》所称的现有技术是指在申请日以前在国内外为公众所知的技术（前述的"申请日"在相关的专利文献享有优先权时，则指其优先权日），因此，在进行专利性检索时，可将检索范围限定在检索所针对的专利文献的申请日之前。但是，由于通常需要对优先权进行核实，并且对于新颖性，《专利法》还对"抵触申请"的情形作了规定，因此，在实践中一般不对检索范围作时间上的限定，而是在找到内容相关的专利文献后，再考虑其公开的时间。

专利性检索同时也是无效检索的重要组成部分。无效检索针对的是已授权的专利申请，由于无效宣告程序中申请文件的修改限于权利要求，且一般不得增加未包含在授权的权利要求书中的技术特征，因此其检索对象主要为授权的权利要求书。修改权利要求的具体方式包括权利要求的删除、合并和技术方案的删除，在检索过程中，需要注意的是权利要求的合并。权利要求的合并是指两项以上相互无从属关系但在授权公告文本中从属于同一独立权利要求的权利要求的合并。因此，无效检索的检索对象不应局限于授权的权利要求书，同时还应对修改有一定预期，其检索对象应适当扩展至权利要求合并后的技术方案。

无效宣告理由仅限于《专利法实施细则》第65条第2款规定的理由，而无效检索主要针对其中的新颖性、创造性条款进行的,但必须注意,有时候其他无效条款也需要通过检索查找相应的证据,此时对于检索对象则可能不局限于权利要求书,同时其理解也要综合考虑具体的无效条款。

三、侵权检索

侵权检索分为防止侵权检索和被控侵权检索,二者检索目的不同,因而对检索对象的理解和检索范围也有所不同。防止侵权检索的目的在于找出受该新技术/新产品侵害的专利权,因此,其检索的对象为可能的侵权客体,而检索范围则为具有有效专利权的权利要求。被控侵权检索的目的是要找出被控侵犯的专利权无效的证据或者不侵权的证据(例如公知技术抗辩的证据)。

在侵权判断时,通常会涉及一些侵权判断原则,例如全面覆盖原则、等同原则、禁止反悔原则、公知技术抗辩原则等。全面覆盖原则又称为全部技术特征覆盖原则或字面侵权原则,是侵权判断的一般原则,即如果被控侵权物(产品或方法)的技术特征与专利独立权利要求中记载的全部必要技术特征一一对应且相同,则落入专利权的保护范围。司法实践中较常涉及的还有等同原则,它是指被控侵权行为的客体中虽然存在一个或多个在字面上区别于专利权权利要求书的区别技术特征,但二者是以实质上相同的方式,实现了实质上相同的功能,达到实质上相同的效果,从而认定被控侵权行为的客体落入专利权的保护范围,即构成等同侵权。因此,在侵权检索中有必要基于等同原则从技术特征的效果、功能及实现方式等方面考虑权利要求的内容。公知技术抗辩原则指的是若被控侵权的客体属于公知技术的范畴,则被控侵权的行为不成立,这体现了专利权人和公众之间的利益均衡。可见,上述原则使得在侵权检索过程中对权利要求的理解有别于其他目的的检索。

类似于前述的查新检索,防止侵权检索的委托人通常提供的是实物产品或者具体工艺流程说明书,考虑此种情况的侵权检索较有实际意义。一般而言,若委托人提供的是实物以及技术说明,首先应当将其初步提炼成包括多个技术要点(例如产品的各组成部分)的技术方案。而后将这些技术要点及发明点相组合检索专利文献的权利要求书,此时应当考虑尽可能多的组合,以进行全面检索。由于专利权的地域性和时间性,可仅对特定地区的专利文献进行检索,同时排除那些明显超过专利权有效期的文献。在筛选获得可能的相关文献之后,以全面覆盖原则为基础,适当考虑其他原则,判断是否对其构成侵权。若检索得到被侵权的权利要求书,则还应当进一步考虑其专利权是否仍然有效,这一般需要另外向其所对应的知识产权组织查询。为准确理解被侵权专利的权利要求书,还可进一步查询其详细审查过程。需要说明的是,一项技术通常包含多个相对独立的组成部分,因此,可能的侵权客体,即防止侵权检索的检索对象除了该项技术本身,还应当考虑各组成部分。例如,对于一项涉及电饭锅的产品,其包括对于温度控制器和锅胆的改进,虽然该产品未对已有的专利权构成侵权,但其中的温度控制器有可能对相关的专利权构成侵权。当然,由于前述公知技术抗辩原则,在有充分证据表明相关组成部分为现有技术的情况下,可作为不侵权的证据使用。

因此,在面对侵权相关问题时,首先应当确定侵权所涉及的权利要求的专利权是否有效，其次，应当通过进一步的检索结合上文所介绍的判断原则确定是否侵权。在确定对某一专利权构成侵权或者在被诉侵权后，应当及时采取应对措施。可对侵权客体的技术方案进行修改，以消除侵权行为，也可以对被侵权的权利要求书进行无效检索，以在诉讼过程中反诉其专利权无效。

【案例 3-1-1】某厂商带来一新研制的电子足浴器，该产品拟在国内上市，询问该产品是否侵权。

案例分析：

该案例涉及产品的侵权分析检索，应当了解该产品的主要结构和发明点，根据该实体产品归纳得到该产品的技术方案。例如，根据该产品归纳得到如下技术方案：该足浴器包括浴盆、加热器、按摩装置和烘干装置；按摩装置为设置在浴盆底部的滚柱；加热装置为电加热器，用于将水温加热到一定温度；烘干装置为一电吹风装置，用于足浴后进行烘干。

检索思路：

1. 根据该产品的结构特征结合该发明点检索现有技术，检索时不限于本发明的发明点，因为委托方所认为的发明点可能与其掌握的现有技术状况有关，其所认为的发明点可能不是本发明真正的创新点。因此，需要对现有技术中的足浴器进行全面检索，了解现有技术中足浴器的技术发展状况。

2. 根据检索到的现有技术状况确定相关专利文献，针对这些专利文献的权利要求书的保护范围进行侵权分析。如果存在侵权，提供相应的风险规避建议。

检索到两篇专利文献，其中第一篇文献的权利要求书所限定的足浴器包括浴盆、加热器和按摩装置，并且在权利要求书所限定的上述部件的结构与本产品相同，因此该文献的权利要求请求保护的权利要求的范围涵盖了本产品的范围，并且该专利属于有效专利，因此本产品相对于该专利构成侵权；第二篇文献的权利要求书所限定的足浴器包括浴盆、加热器、按摩装置和烘干装置，但其权利要求书所限定的按摩装置的结构与设置方式与本产品明显不同，因此本产品相对于该专利不构成侵权。

3. 针对可能构成侵权的第一篇专利文献进行分析，分析是否存在无效理由。经检索，得到一篇美国专利文献，构成影响该专利新颖性的文献。因此，该专利存在无效理由，可针对该专利提出无效请求，以规避该产品在国内上市的侵权风险。但是，当该产品出口海外时，还要注意规避下文所涉及的海外侵权纠纷。

随着中国对外贸易的迅速发展，我国出口规模在不断扩大，"中国制造"产品大量涌入国际市场，我国已经进入国际贸易摩擦的高发期，我国企业在未来相当长的时期内都要面对海外专利纠纷，特别是海外侵权指控。因此，在产品出口之前需要针对出口产品进行全面检索，用于评估出口产品是否存在其他侵权风险。若面临侵权指控，首先应分析侵权指控是否成立，进行专利有效性、地域性检索，若确实存在侵权行为则可采取上文所介绍的应对措施。

在检索时应注意尽量涵盖如下内容：

1. 针对出口产品进行全面检索。针对要出口的国家的专利法规定，对出口产品进行相关技术的全面检索，用于评估该产品是否存在其他侵权风险。

2. 专利有效性检索。有效性检索是指对一项专利或专利申请当前所处的状态进行的检索,用于判定当前该项专利是否是已授权专利,该专利权是否在有效期内;该专利授权后是否因侵权而被撤销专利权或因未交年费而自动放弃专利权等。

3. 专利地域性检索。专利地域性检索是指对一项发明创造都在哪些国家和地区申请了专利进行的检索,其目的是确定该项专利申请的国家范围,用于判定该专利权对哪些国家有效。

4. 现有技术检索。针对该专利对现有技术进行检索,用于判断本领域中还存在哪些与该专利最接近的现有技术,是否能够构成该专利的无效理由,即现有技术中是否存在影响其新颖性、创造性的文献。

【案例 3-1-2】中国 A 公司生产的某设备一直出口日本,某日 A 公司收到日本 B 公司的律师函,告知其产品侵犯了该公司 5 项专利权,中国公司应采取何种对策?

案例分析:

该案例涉及出口贸易中的知识产权纠纷,应当进行专利有效性检索、专利地域性检索、现有技术检索以及针对出口产品进行全面检索。

检索思路:

1. 进行专利有效性检索。根据提供的专利号检索该 5 项专利的授权文本,以专利号为入口,在日本专利数据库中检索该 5 项专利,得知其中 3 项专利还在审查阶段,未获得专利权,另外两项专利获得专利权,其中一项专利在有效期内,另一项专利授权后因年费终止。

2. 进行专利地域性检索。经检索同族专利,得知这 5 项专利中有 1 项有 US 和 EP 的同族专利。

3. 进行现有技术检索。针对有效专利,检索现有技术中是否存在影响其新颖性、创造性的文献,即通过检索确定能否找到用于无效该专利的现有技术文献。经检索,检索到一篇能够影响该申请部分权利要求的新颖性的现有技术文献。

4. 针对出口产品进行全面检索,检索到两篇已授权的美国专利文献,提示该产品如果出口美国可以会遭遇专利权纠纷,该美国专利文献还具有 EP 同族文献,该文献还未授权,提示如果今后该产品需要出口欧洲,则需要关注该 EP 同族文献是否授权。

【案例 3-1-3】美国国际贸易委员会(USTIC)以我国 A 公司生产的 C 装置涉嫌侵犯美国 B 公司的一项专利 D,可能违反"337 条款"为由,对该公司启动"337 调查",A 公司应如何应对?

案例分析:

该案例涉及美国"337 调查",应了解美国"337 调查"的程序以及应诉时间、证据等方面的要求。"337 条款"原指美国《1930 年关税法》第 337 条,它最初主要管制对美倾销产品和垄断商业等不公平贸易行为,以后经过多次修改补充,形成系统的主要管制外国厂商对美国知识产权产品的法律规则,如果任何进口行为存在不公平行为(主要针对侵犯专利权或商标权行为)并且对美国产品可以造成抑制或垄断,美国国际贸易委员会可以应美国国内产业的申请,进行调查。如果调查情况属实,则美国国际贸易委员会可发布排除令禁止该产品进入美国。"337 调查"应诉时间很短,需要企业提供的证据相当繁杂,企业应在尽可能短的时间内检索到尽可能多的有力证据进行应诉。如果不应诉则意味着企业长期失去美国的出口市场。

检索思路:

1. 进行专利有效性检索。根据提供的专利号检索该专利的授权文本,以专利号为入口,在美国专利数据库中检索该专利,得知该专利已获得授权。

2. 进行专利地域性检索。检索该专利的同族专利,得知该项专利有 JP 和 EP 的同族专利申请,该 JP 和 EP 的同族专利申请均未获得授权。经查看该 JP 和 EP 同族的审查过程,发现 EP 专利申请的检索报告中引用了一篇影响该 EP 专利申请全部权利要求创造性的文献。经分析,该文献同样可影响该美国专利的全部权利要求的创造性,因此可作为无效该美国专利的证据。

3. 针对出口产品进行全面检索,找到两篇已授权的日本专利文献,提示该产品如果出口日本可能会遭遇专利权纠纷。

四、技术贸易检索

技术贸易检索的目的在于评估技术贸易收益,规避贸易风险,是一种综合性检索,其检索对象为被交易的技术,检索范围包括所有专利文献。

例如,某国内企业欲向国外公司引进某项技术,该国外公司声称该技术中的组成部分技术 A、技术 B 均为专利技术,并进行了相应的报价。为全面衡量技术贸易的风险和收益,该企业应当在签订合同之前进行如下技术贸易检索。

1. 查新检索。以拟引进的技术作为检索对象,检索相关的专利文献,以获知该项技术的发展状况,并了解本技术的先进程度,从而可以为贸易价格谈判提供参考。若检索发现本技术已经属于较落后的技术,则可考虑引进其他更先进的技术。此时,还可检索该技术中是否还包括其他专利技术,以免日后在实施该技术时受到其他制约。

2. 防止侵权检索。确定拟引进的技术是否对已有的专利权构成侵权,避免在技术贸易之后陷入专利纠纷。

3. 专利有效性检索。以技术 A、技术 B 为检索对象,检索其专利的法律状态,以确定其权利的有效性,包括是否在有效期内,并获知其专利权有效的国家/地区范围。若检索发现这些技术均非专利产品,或者早已过了有效期,或者并未在国内获得专利权,则相关证据在价格谈判方面可以提供帮助。

4. 专利分析检索。若技术 A、技术 B 具有较稳定的专利权,且属于拟引进技术中的核心部分,则可考虑以其为对象进行专利性分析检索,以获知更丰富的专利信息,提前制订相应的预警机制。

五、专利战略检索

专利战略分为宏观和微观两种,其中运用最多的是微观专利战略,是指运用专利及其专利制度的特性和功能去寻求市场竞争有利地位的战略。根据实施专利战略的策略方式可分为进攻型和防御型两种。不同的专利战略对于检索策略具有不同的要求。

进攻型专利战略是指企业积极主动地将开发出来的技术及时申请专利并取得专利

权，利用专利权保护手段抢占和垄断市场的战略，它是企业利用专利制度建立并扩大自己的专利阵地、取得市场竞争主动权、避免受制于人的前提和条件。实施进攻型专利战略时，检索主要是针对基础专利的研发、专利网络的构建等方面进行。

防御型专利战略是指企业在市场竞争中受到其他企业或单位的专利战略进攻或者竞争对手的专利对企业经营活动构成威胁时，采取的打破市场垄断格局、改善竞争被动地位的战略。实施防御型专利战略时，检索主要是围绕无效对方专利、扩大专利公开、专利交叉许可等方面进行。

第二节　权利要求的理解

每一项权利要求都确定了一个保护范围，该范围由记载在该权利要求中的所有技术特征来界定，这些技术特征的总和构成了该权利要求所要求保护的技术方案。正确理解权利要求请求保护的技术方案，并确定合适的检索目标，是进行有效检索的前提。

一、一般权利要求的理解

按照性质划分，权利要求有两种基本类型：产品权利要求和方法权利要求。属于产品权利要求的有物品、物质、材料、工具、装置、设备、系统等权利要求，例如：一种成像装置；一种用于冰块成型的塑料模具；一种用作杀虫剂的化合物；一种灯泡等。属于方法权利要求的有制造方法、使用方法、传输方法、处理方法以及将产品用于特定用途的方法等权利要求，例如：一种生产塑料模具的方法；一种图像处理方法；一种手套的制作方法；一种锅炉的温度控制方法等。

产品权利要求和方法权利要求中的"产品"和"方法"都是广义的。产品不仅包括常规概念之下的产品，还包括物质、机器、装置、系统等。即产品权利要求包括人类技术产生的物（产品、设备），方法权利要求包括有时间过程要素的活动（方法、用途），它是由一系列步骤组成的活动，尽管在执行这些步骤时也会涉及物，例如材料、设备、工具等，但是其核心不在于对物本身的创新或改进，而是提出新的加工、操作、使用方式，通过方法步骤的组合和操作顺序来实现方法发明所要达到的目的。判定权利要求的类型所依据的不是权利要求中记载的各个技术特征的性质，而是权利要求的主题名称。方法权利要求中也可以涉及材料、工具、部件等。例如，一种温度控制方法的权利要求中除了包括温度控制步骤之外，有时也可能包括相关的温度控制部件等。相反，产品权利要求中也可能有方法特征。因此，判定权利要求的类型时应以其主题名称为准。

通常情况下，在确定权利要求的保护范围时，权利要求中的所有特征均应当予以考虑，而每一个特征的实际限定作用应当最终体现在该权利要求保护的主题上。例如，当产品权利要求中的一个或多个技术特征无法用结构特征并且也不能用参数特征予以清楚地表征时，允许借助方法特征表征。例如，一种奶酪，其特征是首先将奶粉、发酵奶（固形物）、乳清粉、麦芽糊精、糖和乳酸菌发酵剂混合均匀，然后在室温下发酵，发酵好的混合料经浓缩后成型,并干燥成为奶酪。

通常,针对权利要求的检索目标应当是最宽泛理解该权利要求时所概括的所有技术方案。例如,"一种钢笔,其特征在于包括一个发光装置"。由于权利要求中没有限定该发光装置的类型和结构,因此应当理解为该钢笔包括任意一种能够发光的装置,例如包括灯泡、二极管等任意光源;由于权利要求中也没有限定该发光装置的设置位置,因此该发光装置可以设置在钢笔的任意位置上。检索时,权利要求的术语一般应当理解为相关技术领域通常具有的含义,除非在特定情况下,说明书通过明确的定义或者其他方式给予该术语以特定的含义。当权利要求中的术语在说明书中被赋予不同于通常含义的特定含义时,对该权利要求的检索范围应当包括将权利要求中的术语理解为具有相关领域通常含义时所确定的范围,以及将权利要求中的术语理解为说明书中赋予特定含义时所确定的范围。

对于通常含义的理解,可以借助教科书、技术词典、技术工具书、百科全书、通用词典、已公开发表的论文等工具辅助理解。

【案例3-2-1】一种脉射—收听式电子物品保安(EAS)系统……

案例分析:

权利要求中使用了"脉射"一词,属于自造词,而根据说明书的内容,所属领域技术人员可以确定该词应为"脉冲"的含义。则检索时,将该"脉射"理解为相关领域的规范名词"脉冲"来确定检索目标。

当权利要求中存在商标或商品名时,如果该商标或商品名具有公知的确切技术含义,则检索时将其理解为该确切含义进行检索。

【案例3-2-2】一种煎锅,……在锅的内表面附有Teflon(特富龙)层。

案例分析:

权利要求中出现的"Teflon(特富龙)"属于商标名称,但是其具有公知的确切技术含义,则此时将该商标名理解为其公知含义对该权利要求进行检索。

如果某技术术语在本领域中有通常含义,但申请的说明书中却规定了其与该通常含义不同的特殊定义,则检索时不仅要考虑该术语在所属领域的通常含义,还要考虑说明书对该术语的特殊定义。

【案例3-2-3】权利要求中涉及"M是碱金属",说明书中的定义为"所述碱金属是指钾、钠和钙",并且提供涉及钙的实施例。

案例分析:

说明书对"碱金属"进行了重新定义,其定义内容与所属领域通常的理解有差异:按照相关领域技术人员对"碱金属"的通常理解,其属于"钾"或"钠"的上位概念,其范围不包括"钙"(钙属于碱土金属)。按照所属领域技术人员对"碱金属"的通常理解对该权利要求进行检索时,将不包括"钙"的技术方案;而按照说明书对"碱金属"的定义可知,本申请中描述的"碱金属"所概括的技术方案包括"钙"的技术方案。因此,应检索包括"钙"的技术方案,从而尽可能全面有效地检索。

【案例3-2-4】一种润肤的化妆品组合物,其中含有无水的除臭剂组合物以及化妆品上可接受的其他赋形剂"。说明书中对上述组合物中"无水的除臭剂"的定义是:

该除臭剂组合物中含有少于5%组合物总重量的水。

案例分析：

对于该权利要求中出现的"无水的除臭剂"，按照所属领域的通常理解，是指上述除臭剂组合物中不含有水；而根据说明书中对"无水的除臭剂"的定义可知，本申请描述的"无水的除臭剂"概括的范围包括含有少于5%组合物总重量的水的除臭剂，例如，含有3%重量的水的除臭剂组合物。因此，检索时，不仅应当检索"不含有水"的除臭剂，也应当对"含有少于5%组合物总重量的水"的除臭剂共两种技术方案进行检索。

权利要求的保护范围由记载在该权利要求中的所有技术特征来界定，这些技术特征的总和构成了该权利要求所要求保护的技术方案。因此，通常情况下，一项权利要求所记载的技术特征数目越少，表达这些技术特征所采用的术语越具有概括性，则该权利要求的保护范围就越大；反之，一项权利要求所记载的技术特征数目越多，表达这些技术特征所采用的术语越具体，则该权利要求的保护范围就越小。

二、具有特定内容的权利要求的理解

1. 包含功能和效果特征的权利要求

对于权利要求中以达到的功能或者效果特征进行限定的，需要结合权利要求书和说明书以及所属领域的技术知识，判断该功能或效果对该权利要求的主题是否有限定作用。判断的具体因素可以从两个方面考虑：

（1）该功能或效果是否是产品的固有特性；

（2）该功能或效果是否导致产品的结构或组成不同。

例如，对于包括功能或效果限定的产品权利要求，当所使用的功能或效果描述是产品的固有特性时，其功能或效果并不导致产品的结构或组成不同时，该功能或效果描述对产品不起实质的限定作用，检索时可不考虑该功能或效果的限定作用。

【案例3-2-5】一种润肤的化妆品组合物，……

案例分析：

如果该化合物的组成决定了其具有"润肤"的功能或效果时，该功能限定并不导致该组合物的组成或结构不同，因此该功能或效果描述对产品不起实质的限定作用，检索时可不考虑该功能或效果的限定作用。当然，如果该功能或效果相对于产品结构而言对检索更为有利时，也可以从功能、效果的角度入手选择关键词。

【案例3-2-6】一种用于撑开血管的血管支架，由直形主支撑条和连接主支撑条的连接条构成，其特征在于：在主支撑条的外表面能够嵌入药物。

案例分析：

用于"撑开血管"是血管支架的固有特性，其并不导致产品的结构或组成不同时，该功能或效果描述对产品不起实质的限定作用，检索时可不考虑该功能或效果的限定作用。但是"能够嵌入药物"表明该结构应当具有能够嵌入药物的结构，例如具有盲孔、凹槽等能够嵌入、容纳药物的结构。因此该特征对权利要求具有限定作用，需要在检索时予以考虑。

如果所述功能或效果必须在产品以特定结构或组成时才能实现，该功能或效果实际隐含了对产品结构或组成的限定条件，则该功能或效果对产品起到实际的限定作用，检索时必须考虑该功能或效果的限定作用。

【案例3-2-7】一种用于钢水浇铸的模具，……

案例分析：

其中"用于钢水浇铸"的用途对主题"模具"具有限定作用。其表明该模具所选用的材料熔点应当足够高，能够用于钢水浇铸，该功能或效果直接导致了产品所选用材料的不同，例如，该模具选用的材料不同于"用于制作冰块的塑料模具"所选用的材料。

2. 包含方法特征的产品权利要求

当权利要求中通过制备方法或使用方法限定产品时，如果制备方法或使用方法使产品具有区别于现有技术的产品的结构和/或组成时，制备方法或使用方法对产品具有实质的限定作用。如果用其他方法不能得到与通过权利要求中所述的制备方法得到的产品相同结构的产品，那么，该制造方法对该权利要求的技术方案有限定作用，反之则该制造方法对该权利要求的技术方案没有限定作用。

【案例3-2-8】双层结构的嵌板，由一块铁的分板和一块镍的分板焊接制成。

案例分析：

采用"焊接"方法将制造出不同于采用其他方法例如"粘接"方法制造出来的"嵌板"，即，对于最终产品"嵌板"的物理特性有影响。因此，检索时必须考虑"焊接"对该权利要求技术方案的限定作用。

有些发明对产品的创造性贡献在于原料的选择或原料间的配比关系，而这些原料或原料配比的不同将给最终产物带来的结构上的变化可能是很细微的，但是实际产生的技术效果却是非显而易见的，优于现有产品。因此，检索时必须将原料或者原料间的配合关系作为对检索对象有限定作用的特征去考虑。

对于用制备方法来表征的天然提取物，如果提取物是单一物质，即使是采用不同的提取方法，由于最终产品完全相同，并且提取方法对于该物质的结构特征等方面没有实质影响时，可认为此时制备方法对于产品本身没有实际限定作用。以槐角中的染料木素为例，从中药中提取分离染料木素，可以用酸碱法，也可以用层析法，最终都可以得到染料木素的结晶。如果发明要求保护方法定义的产品是通过酸碱法从槐角中提取分离得到的染料木素晶体，而现有技术公开的是通过层析法从槐角中提取分离得到的染料木素，二者除原料相同外，在提取分离方法上几乎没有相同的技术特征，则由于最终产品都是染料木素晶体，并且其结构和组成均无明显差异，可认为制备方法对该发明的权利要求不具有限定作用，除非有证据表明发明的方法对于产品的结构、性能或组成等产生实质影响。

如果提取物是混合物，其组成是很复杂的，组成成分及其含量可能是不清楚或者不完全清楚的。对中药原料的提取分离过程，是一种去粗取精的过程，具有通用性和一般性的特点，相同的提取分离方法由于参数如温度、压力等的不同可以得到不同的化学成分，相同的化学成分也可以采用不同的提取分离方法得到。因此，工艺参数不同，可能会导致所得到的天然提取物在组分和/或组分含量上发生变化，制备方法的不同意味着得到的提取物可能不同。即，对于这类权利要求的检索，一般需要考虑制备方法的限定作用。

【案例3-2-9】一种内燃机喷雾导向系统，喷油嘴（5）以多油束方式把高压燃油以雾状喷入由气缸盖（1）、气缸套（2）和活塞（3）组成的燃烧室（4）中，其特征是：在W型燃烧室（4）的内壁设有喷雾导向台，在主喷油阶段，使油束（6）喷在导向台上。

案例分析：

该权利要求中存在的使用特征"在主喷油阶段，使油束（6）喷在导向台上"，表面上看，似乎只是限定了该内燃机喷雾导向系统在应用中的状态，并不是对该内燃机喷雾导向系统本身的结构特征进行限定，但是，仔细分析可知，其实质上进一步限定了喷油嘴（5）和导向台之间的关系，即喷油嘴（5）的出油方向对准导向台，而不是W型燃烧室的其他部位，比如正对着喷油嘴（5）下方的W型燃烧室底部突台。

由于该使用特征隐含了对权利要求的主题"一种内燃机喷雾导向系统"的结构限定，因此，检索时必须考虑上述使用特征的限定作用，检索包含上述使用特征或其相应结构特征的技术方案。

3. 包含产品特征的方法权利要求

对于方法权利要求，所有特征的限定作用应当最终体现在对该权利要求的保护主题产生了何种影响。当方法权利要求中出现的产品特征实际上隐含了对方法使用的条件和或/步骤的限定时，检索时必须考虑该产品特征的限定；反之，如果方法权利要求中出现的产品特征是方法本身必然具备或带来的特征，即，该产品特征并不意味着对权利要求的主题产生新的限定条件时，则检索时可以不用考虑该产品特征。

【案例3-2-10】一种生产耐腐蚀性能高、强度高的不锈钢带的方法，该带的主要成分为（按重量百分比）：$Ni=2.0\sim5.0$；$Cr=15\sim19$；$Mo=1\sim2$；和平衡量的Fe，该方法包括以下步骤：（1）热轧至$2.0\sim5.0mm$的厚度；（2）在基本上无氧的条件下，在温度$800\sim1000℃$时对该经热轧后的带材进行退火；（3）将该带材冷轧至$0.5\sim2.0mm$的厚度，然后；（4）再在$1120\sim1200℃$对冷轧带进行最后退火，持续时间为$2\sim5$分钟。

案例分析：

所述制造方法除了用工艺步骤等特征进行限定外，还用被制造的"不锈钢带"的成分和厚度进行了限定，由于使用该权利要求中的工艺步骤并不必然得到具备上述成分和厚度的不锈钢带，需要使用特定的材料才能通过上述工艺步骤得到该权利要求描述的不锈钢带，即，该权利要求中出现的产品特征——不锈钢带的成分和厚度对该方法有限定的作用，构成了该制造方法的组成部分，即，对该制造方法本身有影响，因此在检索时必须考虑该特征。

【案例3-2-11】权利要求是"一种物质A的制备方法，其包括下列步骤：……，最后由物质D和物质E……条件下反应，得到纯度为95%以上的物质A。"

案例分析：

所属领域技术人员根据掌握的技术知识可知，根据上述权利要求中的工艺步骤并不必然得到纯度为95%的物质A，该权利要求中的产品特征——"纯度为95%以上的物质A"实际上隐含了可能存在的分离、提纯步骤，即上述产品特征对该权利要求请求保护的方法有实际限定作用。检索时，应优先检索含有该产品特征的技术方案或者具有实现该特征的步骤的技术方案；如果所属领域技术人员根据掌握的技术知识很容易推知实现该特征的步骤，则检索还可以扩展到不含该特征的技术方案。

4. 包含用途和目的特征的权利要求

下面举例说明包含用途和目的特征的权利要求的类型：

（1）"由……组成的催化剂"、"由……组成的装饰材料"中，"催化剂"、"装饰材料"的限定即属于用途限定，产品本身即代表其用途。

（2）"具有抗癌作用的化合物"或"具有抗癌性的化合物"中，"抗癌作用"或"抗癌性"属于用途限定，其描述产品的特性时采用的实质上是用途特性。

（3）"用于……的装置"：如起重用吊钩、琴弦用合金、水上起飞和降落型水用飞机。

对于权利要求中含有用途限定的产品权利要求，如果用途限定对所要求保护的产品或设备本身没有带来影响，只是对产品或设备的用途或使用方式的描述，则其对产品或设备不起实质的限定作用，检索时可不考虑上述用途或使用方法。

【案例3-2-12】一种治疗高血压的药物组合物，包含积雪草苷和芍药苷。

案例分析：

权利要求的主题是保护"药物组合物"，属于产品权利要求，治疗高血压是用途特征，用于限定药物组合物。新颖性检索时，产品不应因具有新的用途而具有新颖性，因此查新检索时，只需要考虑检索含"积雪草苷"和"芍药苷"两种成分的药物组合物即可，不论该组合物是以什么形式例如片剂、胶囊、注射等，也可以不论该组合物中是否还含有其他成分。

【案例3-2-13】一种用于包装酒的蛋壳工艺酒器，其特征是在鹅蛋蛋壳（1）上开有开口（2）制成。

案例分析：

权利要求1的主题名称中含有用途限定"用于包装酒"，由于该用途限定对所要求保护的产品本身没有带来影响——即所限定的产品"蛋壳工艺酒器"不仅可以用于包装酒，也可以用于盛放其他食物或饮料，该用途并不影响产品本身的结构，因此对产品没有实质的限定作用，检索时可不考虑该用途。

【案例3-2-14】一种用于钼的化学蚀刻溶液，其特征在于由硫酸、硝酸和水所组成，它们的体积百分数范围为硫酸5%~35%、硝酸5%~25%、水40%~90%；所用的硫酸浓度为95%~98%、硝酸的浓度为65%~68%。

案例分析：

该权利要求中存在用途限定"用于钼的化学蚀刻"，根据说明书的描述可知，当溶液具有权利要求所描述的组成和含量时，该溶液即能实现"用于钼的化学蚀刻"的用途,可见,该用途对该权利要求要求保护的主题没有起到实质的限定作用,因此检索时可不考虑该用途限定。

【案例3-2-15】权利要求1:一种防氦涂料,包括A、B和C。

案例分析:

根据申请的说明书中描述,该涂料在涂敷后在被涂物中形成一涂膜,由此可以隔离氦气的进入,而达到防氦的目的,即"防氦"这一用途通过A、B和C共同形成的涂膜即能够实现,"防氦"在该权利要求中存在与否都不影响该权利要求的保护范围,只要检索到包括A、B和C三种组成成分的涂料的现有技术,即可影响该权利要求的新颖性。此时,检索时可不考虑"防氦"这一用途特征。

当然,上述分析仅是对在全面检索时检索范围的分析。出于检索的效率,在检索开始时也可以采用"防氦"缩小检索范围,但在没有获得合适对比文件的情况下,检索必须扩展至不限定"防氦"用途的上述涂料组合物,以便进行全面检索。

第四章　计算机检索步骤和字段介绍

第一节　计算机检索步骤

对于全面的专利性检索来说，专利文献的计算机检索过程通常包括如下步骤：（1）检索前的准备；（2）实施检索；（3）对比分析判断；（4）调整检索策略再次检索；（5）中止检索等。

一、检索前的准备

检索前的准备，主要涉及阅读相关文件并确定检索范围和初步检索两个分步骤。

1. 阅读相关文件并确定检索范围

在正式检索之前，检索者应当详细阅读相关文件，完整地理解待检索的技术方案。对于专利申请前的检索来说，检索者重点需要初步了解现有技术状况以及存在的技术问题、待检索的发明所要解决的技术问题、采用的技术手段、预期的技术效果以及主要的实施方式或实施例。

初步分析待检索的技术方案的技术范围，由此确定检索的文献范围。这是检索开始之前最为重要的一个环节，因为明确检索的文献范围是制定检索策略的依据，它对于能否检索到密切相关的对比文件至关重要。

对于专利申请前的查新检索，通常应当根据待检索的技术方案的保护范围确定检索的文献范围，这时该方案中的所有特征均应当予以考虑。当待检索的技术方案中存在特定的限定内容，如功能、效果、用途、目的等限定内容时，需要根据本书第三章中介绍的内容判断这些限定是否起到实质性的限定作用，并由此来确定有效的检索目标。

对于专利审查中的检索，通常还会分析其他相关问题，例如权利要求是否存在不必检索的主题（排除检索的主题）或者只需要进行部分检索的情形。此外，在检索前还需要分析权利要求书中各独立权利要求和从属权利要求之间的关系，以确定检索的顺序。一般首先针对保护范围最宽的独立权利要求进行检索。

2. 初步检索

对于专利申请前的查新检索来说，先针对专利申请的发明人和申请人以及该发明所基于的基础性在先文献进行适当的追踪检索，对于理解发明非常有意义。

此外，在此阶段，还可以通过简单的关键词对待检索方案进行初步检索，以进一步获取相关的分类信息和关键词信息。例如，通过选择最能体现待检索的主题的关键词在发明名称字段中进行检索，通过结果的初步浏览查找 IPC 分类号。对于提供有统计检索结果的 IPC 分布的功能的网站，通过对上述检索结果的统计能够快速找到相关的分类号。

二、实施检索

实施检索阶段还可以进一步分为确定检索要素、选择检索资源、表达检索要素、构建检索式检索和浏览检索结果5个分步骤。

1. 确定检索要素

具体分析待检索的技术方案，从中抽取可用于进行检索的检索要素。待检索的技术方案中能够体现一定技术含义的技术特征均可作为检索要素，包括属于现有技术的特征和体现创新点的技术特征。在需要进行全面检索时，还应该进一步从检索要素中找出能够体现待检索的技术方案的基本构思的基本检索要素。

对于目的在于判断待检索对象是否具备新颖性和创造性的检索来说，可以借助于新颖性和创造性的判断来确定基本检索要素。对于待检索的技术方案中的某些检索要素，如果检索到的一篇或多篇对比文件具有全部这些检索要素，则这一篇或多篇对比文件就存在否定该待检索的技术方案的新颖性或创造性的可能性，但如果缺少这其中的任何一个检索要素就不存在这种可能性，则这些检索要素就是该待检索的技术方案的基本检索要素。基本检索要素可分布于一篇或多篇对比文件中，而不仅仅限于一篇对比文件。

如果待检索的技术方案是一项权利要求，通常基本检索要素可以如下方式确定。

（1）前序部分

一般地，权利要求请求保护的真实主题名称可以作为基本检索要素，从检索意义上说，它通常表达了该发明所涉及的技术领域。

当权利要求的主题名称不能准确地表达权利要求的技术方案的主题时，需要结合该权利要求的技术内容来确定能够体现其主题的"名称"作为基本检索要素。

对于前序部分中的其他技术特征，应当选取那些没有隐含在主题名称之中、同时又与区别技术特征密切相关的技术特征作为基本检索要素。

（2）特征部分

从权利要求的特征部分中选择最能够体现该发明基本构思的一个或多个技术特征作为基本检索要素。从特征部分中选取基本检索要素时，检索者应当充分考虑说明书中所描述的该发明所要解决的技术问题和技术效果。

【案例4-1-1】一种快速奶嘴体温计。该发明所基于的现有技术是具有如下特征的一种奶嘴体温计：具有奶嘴头、感温装置、控制组件、显示屏等，但该感温装置的温度敏感元件不外露，由此造成测量时间长且结构复杂。该发明所要解决的技术问题是测温时间长、结构繁杂等问题。该发明采用的技术手段主要是使现有的奶嘴体温计的感温装置的探测头部分凸露在奶嘴头外侧，由此增进导热速度，进而提高测量效率，且简化了产品结构。

其独立权利要求1为：

一种快速奶嘴体温计，其特征在于包括：一罩体，该罩体一端延伸有一奶嘴头，另一端设有一控制组件及一显示屏，所述控制组件与一镶嵌奶嘴头内的感温装置呈一温度传导关系，且该感温装置包含有一探测头，该探测头部分凸露在奶嘴头外侧。

案例分析：

结合上述发明内容和初步认定的现有技术，可以预计一篇公开了探测头凸露出来的奶嘴体温计的文件很可能破坏上述权利要求的新颖性或创造性，因此从该权利要求的主题名称"奶嘴体温计"中可以分别确定"体温计"和"奶嘴"为基本检索要素，根据目前所掌握的现有技术，初步确定"探测头部分凸露在奶嘴头外侧"是本申请的区别特征，可以确定"探测头凸露"为另一基本检索要素。至于权利要求中的"罩体"、"控制组件"、"显示屏"、"感温装置"等技术特征，由于可以确定为现有技术的内容，且与上述区别技术特征"探测头部分凸露在奶嘴头外侧"结构关系不密切，因此不作为基本检索要素。对于基本检索要素"奶嘴"，无论将其看做前序部分的特征还是特征部分的特征，由于"奶嘴体温计"只是体温计的一种特殊形式，不必然被"体温计"所包含，且与上述区别特征密切相关，无论现有技术中是否已经存在"奶嘴体温计"，都需要将"奶嘴"作为基本检索要素。

2. 选择检索资源

检索者在面临检索任务时，首先需要根据检索任务的要求，例如检索的类型、希望检索的文献的性质、国别、年代、数据库可用的检索功能以及费用等，选择使用的一个或多个检索用数据库。

如本书第一章所述，不同类型的检索对需要检索的文献范围和检索结果文献的要求均不相同。例如，如果是专利申请前的检索，则应当尽可能进行全面检索，以找出可能影响新颖性和创造性的全部文献以便决定是否申请专利以及如何申请。如果是为了确定产品出口前是否侵权的预防性检索，则只需要检索该国有效的专利。

如果待检索的技术方案涉及新兴领域，则只需要检索较近的文献。相反，如果涉及古老的领域，则可能需要检索较早的文献。此外，如果待检索的技术方案涉及太多的技术细节，则可能需要进行全文检索。例如，针对美国专利文献，大部分网站只能检索到1970年之后的文献，但Google Patents等网站能够对全部美国专利文献（自1790年至今）进行关键词全文搜索。

此外，在选择数据库时还需要考虑互联网检索资源的特点。如资源篇所述，目前可用的检索资源包括两类：一类是综合性专利数据库，例如esp@cenet、DII数据库、freepatentonline、Patentics等，这类数据库一般均包括美国专利文献、日本专利文献、EPO专利文献和WIPO专利文献；另一类是单一性专利数据库，例如SIPO网站、USPTO网站、JPO网站、KIPO网站上所提供的专利数据库以及我国台湾专利数据库、Google Patents等，这类数据库只提供某一国家或地区的专利文献。一般地，如果是像专利性检索、查新检索之类只需要检索出足够可用的现有技术文献的检索时，通常首先选择综合性专利数据库，这样更加节省时间；但如果是需要针对特定的国家或地区的专利或专利申请进行检索时，通常首先选择包括该国家或地区专利文献比较全面的数据库进行检索。

对于专利申请前检索或无效检索，一般先检索申请人所在国家的专利文献。如果要求进行全面检索，一般先选择免费的、能够检索多国专利文献的综合性网站进行初步检索，之后选择特定国家或地区的专业网站或收费的商业数据库进一步深入检索。

3. 表达检索要素

在确定基本检索要素之后，需要根据相应检索系统或搜索引擎的特点，采用合适的检索入口表达基本检索要素。为有效地进行全面检索，通常每个基本检索要素都应当尽可能从分类号、关键词等多个方面进行表达。基本检索要素的表达方式通常有关键词和分类号。对于某些特殊技术领域，还存在着另外的检索表达方式，如化学领域中化合物的化学结构式、生物领域中的核酸和氨基酸序列、通信领域的通讯协议等。随着网络检索技术的发展，检索入口还包括声音、图像等多媒体检索系统和途径，相应表达检索要素的形式也随之丰富。

对于关键词表达，一般应当从形式、意义和角度3个层次完善。关键词表达在形式上的完善体现在考虑关键词的各种拼写方式、不同词性等。关键词表达在意义上的完整体现在充分考虑同义词、近义词、行话、俗语、上下位概念等。关键词在角度上的完整体现在从要解决的技术问题、所采用的技术方案、获得的技术效果等方面考虑选取关键词。

对于分类号表达，目前IPC是最主要的分类体系，使用它可以检索到绝大部分专利文献。此外，对于美国、欧洲和日本等国家或地区组织的专利文献，还可以使用其专用的分类号进行检索。

关于关键词和分类号在检索中的具体应用将分别在第五章和第六章中详细介绍。

在确定了权利要求的基本检索要素及其表达之后，检索者可以填写一张如下的检索要素表。该检索要素表记录了检索过程中使用的基本检索要素及其不同表达方式。通常，在该表中不同基本检索要素之间一般以逻辑"与"的关系组合，而每个基本检索要素的不同表达方式（例如关键词和各种分类号）之间一般以逻辑"或"的关系组合。

表4–1–1 检索要素表

检索主题：				
检索数据库：				
表达形式 \ 检索要素		基本检索要素1	基本检索要素2	基本检索要素3
分类号	IPC			
	EC 或 UC 等			
	其他分类			
关键词	中文			
	英文			
其他表达				

上述案例4–1–1中，如果选择esp@cenet上进行检索，所确定的"体温计"、"奶嘴"和"探测头凸露"3个基本检索的表达方式分析如下：

"体温计"除了可以采用各种关键词表述之外（具体见下表4–1–2），还可以采用IPC分类号G01K7/00、G01K13/00、G01K5/22、G01K1/16（G01K是温度测量）、A61B5/01（专门的体温计）和EC分类号G01K7/00、G01K13/00B、G01K5/22、

G01K1/16 等表达方式。

"奶嘴"同样可采用关键词（nipple？，pacifier？）和分类号［A61J17/00（哄婴儿用的橡皮奶头）］（IC 或 EC）两种方式表达。

"探测头凸露"则通过关键词表达。对于这个基本检索要素，从检索效率角度考虑，最优先选用的表达应是"探测头+凸露"的表达。其次，这个基本检索要素也可以直接从权利要求中选取检索词（包括各种同义词、近义词以及上下位词），比如"暴露"、"接触"、"直接"等，再者，还可以采用说明书中对发明原理解释中的用语，比如"嵌入"、"镶嵌"。此外，如果仍然不能检索到相关的对比文件，还可以从说明书中描述的这一技术特征所解决的技术问题（如热平衡时间长）以及最终效果（如快速、精确）来选取检索词，如"快速"、"短时间"、"精确"、"容易"（EXPOS+，CONTACT+，DIRECTLY，PROBE？，insert???，embed???，QUICK??，FAST??，（SHORT W TIME），SPEED???，ACCURA????，EASILY）。

快速奶嘴体温计确定的三个基本检索要素经过多次调整后的表达结果如下：

表 4-1-2 检索要素的表达

检索主题 一种快速奶嘴体温计

检索数据库：esp@cenet

	检索要素	体温计	AND	奶嘴	AND	探测头凸露
OR	关键词	thermometer?, (temp or temperature) 2D (sens??? or transduc???? or prob??? or measur???)		nipple?, pacifier? Baby comforter?		expos+; contact+; directly; insert?? embod??? quick??; fast??; speed??; (short w time) detector? Probe?
	分类号	IC: G01K7/00; G01K13/00; G01K5/22; G01K1/16; A61B5/01		IC: A61J17/00		
		EC: G01K7/00 G01K13/00B G01K5/22 G01K1/16		EC: A61J17/00		

（注：IPC 中的 A61B5/01 没有对应的 EC 分类号）

4. 构建检索式检索

构建检索式检索主要涉及如下两方面的问题：同一检索要素本身的不同表达方式的

使用；不同检索要素之间的组合。

对于同一检索要素，例如分类号和关键词，从检索的准确出发，可以进行相逻辑"与"，但是从全面检索的角度出发，同一个检索要素的不同表达方式应该逻辑"或"在一起。此外，在实际检索过程中，检索者可以根据要素的特点，首先选择最适合于表达该要素的基本表达方式进行检索，在该基本表达方式没有检索到合适的结果之后再采取其他的表达方式进行检索。

如果技术方案包含有多个基本检索要素，例如基本检索要素 A、B 和 C，通常按照如下的方式组合不同的检索要素：先进行全要素组合检索（类似通常所说的"新颖性检索"），如果没有获得合适的结果再考虑部分要素组合检索（类似通常所说的"创造性检索"）。造成检索不全面的主要原因，除了存在上文所述的确定的基本检索要素不正确、基本检索要素表达不全之外，很多情况都是由于检索要素组合不完整造成的。

在已经正确确定了基本检索要素的情况下，全要素组合检索通常比较简单，而全面的部分要素组合检索则难度比较大，因为检索者通常不可能按照数学上的排列组合对多个基本检索要素都进行各种组合检索（事实上许多组合方式通常也是无意义的），因此具体如何正确选择组合方式实际上涉及创造性评价的预期方式，这在一定程度上体现了检索者对创造性评价方式和判断标准的掌握。

对于一个只有三个基本检索要素（以 A、B 和 C 表示）的技术方案来说，理论上至少由如下几种部分要素组合方式：

（1）检索具有基本检索要素的 A 和 B 的现有技术文献 D1，之后重点检索具有基本检索要素 B 和 C 的现有技术文献 D2；

（2）检索具有基本检索要素的 A 和 B 的现有技术文献 D1，之后重点检索具有基本检索要素 A 和 C 的现有技术文献 D2。

当然，在实际的检索中到底选择哪种组合方式，需要根据技术方案本身的特点以及不同现有技术文献可结合性来选择。此外，在实际检索中，对于同一基本检索要素的不同表达方式，应当依据相关度的高低依次使用，而不应该将不同相关度的表达同时使用，这样可以有效地提供检索效率。

5. 浏览检索结果

当得到的检索结果适合于逐篇浏览时，检索者可以开始浏览检索结果以查找相关的文件。如果检索者需要重点关注结构类特征，可以借助检索系统提供的图形浏览器，重点浏览附图或将附图浏览与文字浏览相结合。

对于文字浏览，为加快浏览速度，一般首先重点关注高亮的关键词部分。

目前，互联网上的检索系统在文字浏览的同时提供有摘要附图浏览，但大多没有关键词高亮的功能，例如欧洲专利局官方网站。另一些网站提供有关键词高亮功能但不能同时浏览摘要附图，例如大多数基于搜索引擎的检索系统。少数网站提供有在高亮关键词的同时提供摘要附图浏览功能。此外，Google Patents 比较有特色的功能是在结果浏览时可以提供列表和缩略图两种方式，而且还可以在图像文件中进行特定的关键词高亮显示。

此外，还有一些网站在提供按照时间排序显示结果和按照相关度排序显示结果的两种方式，通过选择按照相关度排序显示结果可以更快速地找到相关文献，例如本书第二章介绍的中外专利检索数据库、Google Patents、Patentics 等检索系统。此外，在 Patentcluster 网站上，还可以将检索结果生成一个专利族树状图和饼状图，更加有利于结果浏览。

当浏览过的检索结果明显不相关时，需要考虑调整检索策略。

三、对比分析判断

对于需要进行专利性判断的检索（例如查新检索、专利性检索等）来说，还需要将待检索的技术方案与检索到的相关现有技术文献进行对比分析，初步判断是否具备专利性。

为使判断尽可能比较客观，可以列出特征对比表，将待检索的技术方案的每个特征与相关的现有技术文献中的对应特征进行逐一对比。例如一涉及锂离子电池电解液中氟化氢的非水滴定测定方法的权利要求如下：

一种锂离子电池电解液中氟化氢的非水滴定测定方法，所述非水滴定是以溴百里酚蓝为指示剂，将电解液稀释在无水有机溶剂中，以滴定剂滴定至溶液由浅黄色变蓝色为滴定终点，其特征在于：滴定剂为以通式 MOR 表示的醇碱金属化合物，其中 M 为钠或钾，R 为甲基、乙基、丙基、异丙基、正丁基、异丁基、叔丁基中的任意一种。

检索到一篇对比文件（CN1283315A），两者的特征对比表如下：

表 4-1-3　技术特征对比表

权利要求	对比文件
氟化氢	氢氟酸（实质等同于测定氟化氢）
溴百里酚蓝为指示剂	溴百里酚蓝为指示剂
无水有机溶剂中	非水溶剂甲醇（即无水有机溶剂）
指示剂对终点的指示	无（公知常识）
滴定剂通式 MOR 表示的醇碱金属化合物	甲醇钠为滴定剂（符合通式）

在本步骤中，需要结合《专利法》关于新颖性、创造性的规定进行判断。例如上面的实例中，权利要求中待检索的技术方案中存在功能限定、产品的技术方案中带有方法限定等特定内容，此时还需要结合本书第三章介绍的内容进行判断。在确认具备新颖性之后（即具有区别特征），一般还需要进一步判断是否具备创造性。当待检索的技术方案相对于某一对比文件由于具备一个或多个区别特征而具备新颖性时，还需要调整检索策略重点针对区别特征作进一步检索。

四、调整检索策略再次检索

如上文所述，随着检索的进行，检索者一般需要根据检索结果以及对新颖性和创造性评价的预期方向调整检索策略，之后再次进行检索。

1. 调整基本检索要素

检索者需要根据掌握的现有技术和对发明的进一步理解,增加、改变或减少基本检索要素。

2. 调整检索系统/数据库

当检索者在某一检索系统/数据库中没有检索到合适的对比文件时,需要根据希望使用的检索手段和功能,以及待检索文件的特点重新选择检索系统/数据库。例如,在 esp@cenet 上进行综合检索之后,如果希望重点检索日本实用新型专利文献,则需要到收录日本专利文献最为全面的日本特许厅官方网站上进行检索,如果需要全面检索美国专利文献,则可选择收集全部美国专利文献的 Google Patents。

3. 调整检索要素的表达方式

检索者需要根据检索结果随时调整基本检索要素的表达,例如在分类号表达方面,通常开始时使用最准确的下位组,后来逐步调整扩大到上位组,直至大组,甚至小类,或者根据检索结果发现新的更适合的分类号或者扩展的分类号。在关键词表达方面,通常首先使用最基本、最准确的关键词,随后逐步在形式、意义和角度三方面进行扩展。

在相同技术领域没有检索到合适的对比文件时,通常还需要进一步扩展到相邻或相近技术领域进行检索。

是否需要将检索扩展到某一技术领域的判断方法是,在该技术领域中是否很可能存在破坏权利要求的新颖性或创造性的对比文件。需要扩展检索的技术领域通常是具有类似功能或应用的技术领域。

4. 调整检索要素的组合方式

调整基本检索要素的组合方式包括:根据检索结果调整要素的组合方式,例如在全要素检索没有得到合适的检索结果时,调整为部分要素检索;或者检索者根据已经检索到的现有技术文件,以及对新颖性或创造性的预期有针对性地调整部分要素的组合方式。

检索者应当注意,在将基本检索要素及其表达方式组合之后,如果检索结果太多或者太少,以致难以找到合适的对比文件,则需要进行缩小检索结果的调整或者扩大检索结果的调整。

通常缩小检索结果的调整方式有:增加检索要素;使用更加准确的分类号或关键词;使用更加准确的截词符、连词符或逻辑算符(例如在 LexisNexis 数据库中以 W 替代 nW,用 W/S 替代 W/Seg,用 W/Seg 替代 W/P,或用 W/P 替代 AND,用截词符 * 替代!)限制到特定的字段(例如标题)等。

若需要扩大检索结果,则调整方式与上述相反。

五、中止检索

对于无效检索或者新颖性检索,如果检索者检索到了足以否定全部权利要求的新颖性或创造性的对比文件,检索者可以中止检索,但此时的检索可能不是全面检索。如果随后发现已经获得的对比文件不能否定全部权利要求的新颖性或创造性,则检索者应当进行补充检索。

对于其他类型的检索,其主要目的在于提供全部相关的现有技术文献,因此检索应当尽可能按照上文介绍的全面检索的方式进行检索。

由此可见，检索不仅包括某一特定的检索系统中实施具体的检索，还包括实施这一具体的检索步骤之前的发明阅读和理解以及其后的对比文件的筛选、对比分析判断，因为这些步骤都会影响到检索策略的制定。对于一位专业的检索员来说，除了熟练使用检索系统本身外，往往正是拥有对这些步骤的准确把握和预期，有针对性地制定检索策略，才能够由此提高检索的质量和效率。

第二节　常用检索字段介绍

现有的专利检索系统的检索界面一般包括如下 3 种：简单检索、表格检索和高级检索。简单检索通常仅仅提供几个最常用、最简单的检索字段，例如文献号、关键词等；表格检索通常提供发明名称、摘要、关键词、申请号、文献号、分类号、发明人、申请人等，使用者可以将想要检索的内容分别填入到相应的栏目中进行检索；高级检索可以使用所有的检索字段进行单项或逻辑组合检索。

一般地，专利文献检索系统通常包括如下几种类型的检索字段：

（1）申请号、文献号（通常是公开号或公告号）、优先权号；

（2）主题词（或标引词）、发明名称、摘要、权利要求、说明书、分类号；

（3）申请人、发明人、公司代码；

（4）其他字段，例如引用文献、申请人地址、代理机构等。

第（1）类字段均涉及文献号码检索，比较简单。第（2）类涉及文献技术内容的检索，是检索中使用频率最高的检索字段。第（3）类涉及申请人和发明人的追踪检索。第（4）类涉及引文等其他内容的检索。下面针对公众通常检索的需求从分类号和关键词检索、申请人和发明人追踪检索、引文追踪检索和专利族检索分别进行重点介绍。

一、关键词和分类号检索

1. 关键词

关键词检索的优点在于直观，能够直接选取所需要的技术要点，但存在的问题是，由于专利文献的用词与文献撰写者的用词习惯有很大的关系，因此很难找全，而且选择某一技术要点作为关键词的技巧性也比较强。

不同的互联网网站有不同的要求，一般情况下，对于各个网站的高级检索来说，都允许运用一些逻辑算符，比如 and、or、not 或者一些布尔算符 *、+、-，这种情况可以直接按照这些网站的示例使用。使用互联网检索时，关键词的使用大都是针对主题、摘要进行的检索，当有全文数据库的时候当然也包括对于全文的检索。

关于关键词的使用技巧的详细介绍参见本书第五章。

2. 分类号

各种专利文献分类体系，都是按照一定规则对文献进行分类，以便于对文献进行检索。因此，分类号是检索的重要工具。另外，由于各种分类体系的分类思想和规则不同，不同的分类体系一般具有不同的使用技巧，对文献的检索效果也不尽相同。现有的分类体系包括：国际专利分类 IPC、EPO 的欧洲专利分类 ECLA、JPO 的日本专利分类 FI/FT、USPTO 的美国专利分类 UC、德温特公司的德温特专利分类 DC/MC。

一般地，由于 IPC 分类体系为国际专利分类，大部分国家的专利都具有 IPC 分类号，因此，当希望检索非特定国家的文献时，一般应当选择 IPC 或 EC 等能涉及多国文献的分类体系；而如果希望专门检索例如日本或美国的专利文献时，相应地首选日本专利分类 FI/FT 或美国分类 UC 进行检索。另外，如果已经了解到要检索的技术在某个国家是处于最领先水平，或者该技术在该国家自己的分类体系中有很详细的细分类，则也可以首先选用该国家分类进行有针对性的检索。

关于各分类体系的详细介绍以及使用技巧参见本书第六章。

3. 关键词与分类号的组合关系

关键词和分类号是表达检索要素的两种最基本的方式。在检索过程中，不同检索要素的关键词和分类号之间通常有如下 3 种最基本的组合方式："分类号 AND 分类号"、"分类号 AND 关键词"和"关键词 AND 关键词"。

(1) "分类号 AND 分类号"。一般适合于检索主题涉及不同的技术领域，并且每个技术领域具有明确的分类。这种直接将所涉及的不同技术领域的分类号进行组合的方式，往往能够快速检索到比较相关的对比文献。

(2) "分类号 AND 关键词"。是一种最常用的组合方式，一般适用于被检索主题具有比较准确的分类位置，但被检索技术方案中的重要技术特征并没有明确的分类位置，因此采用这种分类号和关键词相结合的组合方式。

在这种组合方式中，分类号的级别与关键词的多少有较密切的关系。一般地，为得到可浏览的文献数量，分类号越宽泛（上位），使用的关键词越多；相反，分类号越准确（下位），使用的关键词越少。

当所检索技术主题有明确又具体的分类号时，可以优先采用分类号进行检索，同时避免使用过多的关键词，以防止由于关键词的选用不当而造成的漏检。

另外，对于一部分存在精确分类号的涉及结构改进的技术方案，如果发明点比较直观，在该分类号下文献量不是很大的情况下，可不再使用关键词，而是直接通过浏览附图的方式对文献进行筛选。由于是逐篇筛选，可避免由于关键词的选用不当而遗漏非常相关的文献。

而当所检索技术主题只有较为宽泛的分类号，没有更具体、更准确的分类号时，可以选择比较宽泛（上位）的分类号，并结合关键词的检索策略。这样可以避免由于分类号不准确而造成漏检，尤其是在采用上面的精确分类号结合关键词没有检索到合适的对比文件时，应当考虑扩展检索领域，即一般采用这种比较宽泛的分类号结合关键词的方式扩展检索。

(3) "关键词 AND 关键词"。适合于被检索主题没有或很难找到明确的分类号的情况，这种组合方式还经常用于对申请文件的简单检索，其主要目的在于理解发明、查找合适的分类号等。由于这种检索使用的关键词较多，因此检索结果相对比较乱，对关词的选取要求比较高，漏检可能性较大。

此外，考虑到有时同一个检索要素可以分别采用分类号、关键词来表达方式，因此在不同要素之间还存在如下的复合组配方式：

（分类号 OR 关键词）AND 分类号；

（分类号 OR 关键词）AND 关键词；

（分类号 OR 关键词）AND（分类号 OR 关键词）。

每种复合组配方式实际上是由两种或更多基本组合方式组合而成，因此兼具相应的基本组合方式的优点，尤其是"（分类号 OR 关键词）AND（分类号 OR 关键词）"组合方式，从查全的角度看，检索结果最为全面。

对于两个检索要素的情况，存在如下 5 种常用的组合方式：

1）要素 A 的分类号 AND 要素 B 的关键词；

2）要素 A 的分类号 AND 要素 B 的分类号；

3）要素 A 的关键词 AND 要素 B 的关键词；

4）要素 A 的关键词 AND 要素 B 的分类号；

5）（要素 A 的分类号 OR 要素 A 的关键词）AND（要素 B 的关键词 OR 分类号）。

其中前 4 种是常用的简化组合方式，由于每个要素都只采用分类号或关键词表达，因此可能遗漏该分类号或关键词不能涵盖的文献。第（5）种组合方式是比较全面的检索方式，但效率相对较低。

此外，在选择检索要素的表达以及检索要素的组合方式时，有时还需要考虑特定技术领域的特点。比如，对于技术发展非常成熟的技术领域，如机械领域，由于技术发展历史悠久，每个机械部件存在许多种不同的名称，使用关键词检索常常不能得到满意的结果，但使用分类号检索相对比较有效。因此，对于这类技术领域首选"分类号 AND 分类号"或"精确的分类号 AND 关键词"的组合方式，而单纯的关键词检索往往并不适合。而对于新兴的技术领域，许多技术名称相对单一，而且往往还没有专门的分类位置，此时比较适合采用"宽泛的分类号 AND 关键词"或"关键词 AND 关键词"的组合方式。

二、申请人和发明人追踪检索

查新检索、专利性检索、侵权检索、专利战略检索等类型的检索都可能需要对掌握相应主题关键技术的申请人或者发明人进行追踪检索。

对于在某个技术领域占有重要地位的大公司的申请人，一般都会针对某个技术主题提交一系列专利申请，这些专利申请在技术上存在千丝万缕的联系，通过将申请人或者发明人作为检索手段，很容易检索出全部专利申请。

一般来说，可以针对如下对象进行申请人或发明人追踪检索：待检索文献本身的申请人或发明人；待检索文献中记载的重要申请人或发明人；检索过程中获得的重要的相关文献的申请人或发明人。

申请人和发明人追踪检索虽然能够很快捷地检索出相关的系列申请文献，但是同一申请人和发明人在不同国家、不同时期其名称或名字的拼写方式可能不同，给检索带来一定的困难。下面针对本书资源篇介绍过的几个常用专利数据库（网站）介绍进行申请人或发明人追踪检索时需要注意的问题。

1. 台湾专利数据库

在台湾专利数据库中进行申请人或发明人追踪检索，需要进行汉语的繁简体转换。下面以台湾专利数据库中的栏位式检索为例进行说明。

在该数据库中申请人、发明人的检索分别在专利申请人 AN、专利发明人 INV 栏位中进行。例如已知发明人（同时也是申请人）杨攸中在中国大陆申请了一种自发性的通用型语音遥控系统与方法，其为台湾人。希望通过在台湾专利数据库中检索了解该发明人/申请人在台湾是否申请了相关专利申请。

首先，在申请人的栏位中输入杨攸中的繁体写法"楊攸中"，检索得到一篇公开号为 200527840 的文献，点击此文献，出现如下的界面：

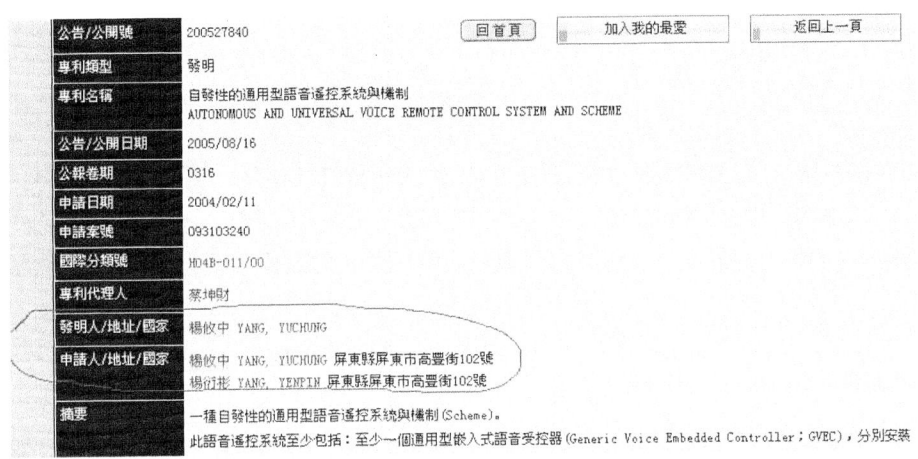

图 4-2-1　台湾文献 200527840 的基本信息

在该页面中同时标引了发明人和申请人，且其发明人和申请人都为杨攸中。但是并没有检索到其他的相关申请。此时，为了不产生漏检，检索一下发明人为杨攸中的申请。即在发明人栏位中输入杨攸中的繁体"楊攸中"，得到 7 个结果，该 7 篇文献中包括上面以杨攸中为申请人的那篇检索。浏览这 7 篇文献发现，公告号为 I240503 的申请，其为发明类型的授权申请，该授权申请为上面利用申请人检索到的公开号为 200527840 的授权申请，即该文献的公开号为 200527840，公告号为 I240503。该授权申请的申请人和发明人同样都为杨攸中，而且在 7 个结果当中还包括公开号为 567681 的申请，其申请人和发明人都包含杨攸中。但是在第一次以杨攸中为申请人进行检索的时候仅仅检索到公开号为 200527840 的申请，另外的公告号为 I240503 以及公开号为 567681 的申请并没有检索出来，究其原因，是因为上述两篇专利申请的被标引的著录项目中并没有包括申请人，因此单纯通过申请人检索并不能检索到上述两篇文献。

因此，在对自然人的申请人进行追踪检索时，尽量要在发明人和申请人入口分别进行检索，以免漏检。

在台湾专利数据库检索网站的申请人或发明人检索结果浏览页面上，被检索的申请人或发明人被标注为黄色。点击被标注为黄色的申请人或发明人,即可对申请人或发明人再次进行检索,这对于申请人或发明人的检索非常方便。

此外,在该网站的结果浏览页面上,申请人或发明人之后都标注有台湾拼音,例如上面提到的发明人杨攸中的后面跟的"YANG, YUCHONG",该拼音可用于在英文数据库中对该申请人在美国、欧洲等地提交的专利申请的检索。但需要注意,对于在中国国家知识产权局提交的专利申请的检索,仍然需要使用汉语拼音进行检索。

2. 欧洲专利局网站

在欧洲专利局的 esp@cenet 上,若要进行申请人或发明人的追踪检索,需要进入高级检索(Advanced Search)界面,分别在申请人[Application(s)]或发明人[Inventor(s)]栏目中进行检索。

一般地,一些外国大公司作为申请人会有集中的特定写法,在检索的时候需要注意这些大公司名称的变化。例如,国际商业机器公司(即 IBM 公司)的申请人字段中经常有 IBM、IBM CORP、INT BUSINESS MACHINES CORP 等多种拼写形式,如果数据库没有进行专门标引,在检索的时候必须采用这些不同的拼写方式分别进行检索,否则会漏检。

在 esp@cenet 网站上,对于申请人进行了专门标引。例如,对于 IBM 公司,将原始申请人为 IBM、IBM CORP、INT BUSINESS MACHINES CORP 等不同拼写方式的专利文献的申请人均统一标引为 IBM,因此使用 IBM 即可全部检索到这些文献。例如,在申请人入口利用 IBM 进行检索得到 100 000 条记录,利用 IBM CORP 检索得到 48 421 条记录,利用 INT BUSINESS MACHINES CORP 进行检索得到 244 条记录,后面两种方式获得的检索结果均包含在以 IBM 方式检索获得的结果中。

另外,对于申请人或者发明人为中国人或者其他地区的华人来说,在普通专利数据库中需要对"姓在前、名在后"和"名在前、姓在后"两种形式分别进行检索,否则可能漏检。但在 esp@cenet 网站上,由于默认处理方式是将姓和名分别检索,并将两者的检索结果进行逻辑与,因此只需要采用一种方式检索即可检索出全部形式,不存在漏检的问题(如果需要精确匹配,则需要加上引号)。例如,为检索出发明人为曾平蔚的专利申请,在 inventor(s)一栏输入 zeng pingwei,得到 31 篇结果,输入 pingwei zeng,仍然得到 31 篇结果,而且两种方式检索到的文献相同。

3. DII 数据库

在该数据库中,涉及申请人、发明人的字段包括:AU = 发明人、AN = 专利权人名称、AC = 专利权人代码、AE = 专利权人名称和代码,以及可以进行引用文献或者被引用文献追踪的 CA = 被引专利权人、CN = 被引专利权人名称、CC = 被引专利权人代码、CI = 被引发明人。

在德温特数据库进行申请人或发明人检索的最大优势在于,该数据库提供有专利权人代码。通过专利权人代码,可以准确且全面地检索对应的申请人的全部专利文献。德温特公司专门有一套复杂的规则来给申请人分配公司代码,具体分为以下代码:

标准公司代码,由 4 位字母表示,例如 IBM 公司的公司代码为"IBMC"。

非标准公司代码,在 4 位字母后加"-N"表示,例如联想的 CPY 字段为"LIAN

– N"或"LENO – N"。

当然，在进行检索之前我们需要获得相关公司的代码才能够进行相应的检索。其获取的方法，可以在德温特数据库的网站右上侧的字段上点击专利权人名称和代码后面的放大镜图形，然后就可以进入到相应的页面，输入相应的字母就可以查询到不同公司的代码。仍然以 IBM 为例，当需要检索 IBM 公司的申请时，首先进入德温特数据库的网页，点击字段标识内容中相应字段后面的放大镜图形，例如：

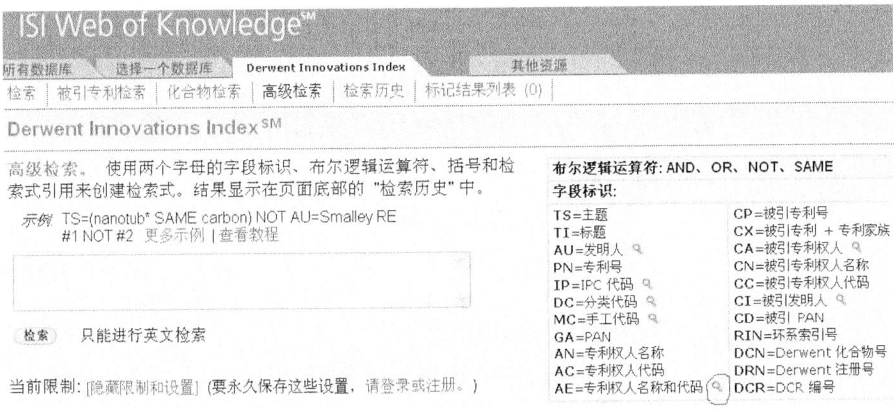

图 4 – 2 – 2　德温特数据库的检索页面

然后进入下一个网页：

图 4 – 2 – 3　德温特数据库的专利权人名称列表

然后在上图中显示的输入栏中输入专利权人或者代码中包含的名称，比如想要查一下 IBM 公司的代码，那么就输入 IBM，然后就出现上图中所示的内容，即发现了 IBM 公司的代码为 IBMC。然后回到首页的检索页面进行相应的申请人的检索，即进入如下的页面：

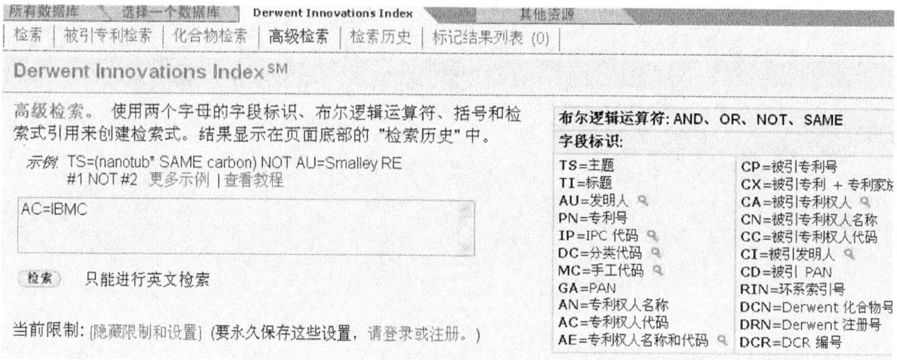

图4-2-4 德温特数据库的检索页面

在上述检索框内进行专利权人代码的检索：AC＝IBMC。然后得到下面的第五个检索式（#5）的结果：

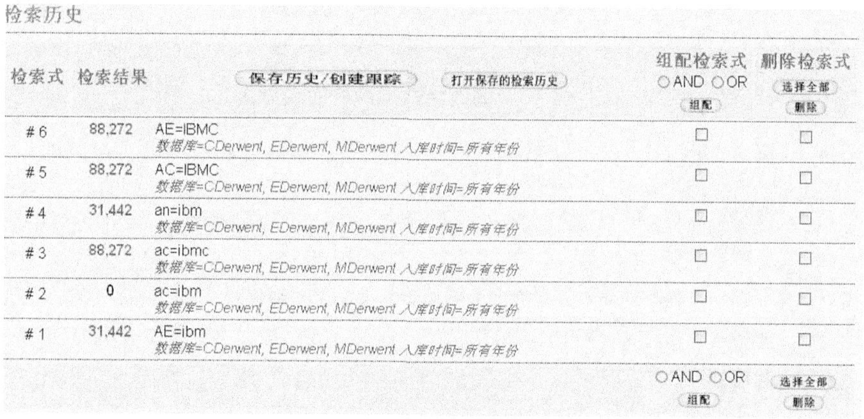

图4-2-5 德温特数据库的检索历史页面

这里需要注意的是，在利用专利权人代码进行检索的时候，只能用准确的专利权人代码进行检索。例如要检索申请人为IBM的申请的时候，其代码为IBMC，那么在利用AC专利权人代码进行检索的时候只能是：AC＝IBMC，而不能使用AC＝IBM来进行检索，这个检索式检索得到的结果为0，如上图的第二个检索式（#2）所示。

在利用AE专利权人名称和代码字段进行检索时，如果输入AE＝IBM，检索的结果与利用AN专利权人名称字段检索的结果相同。

在利用发明人进行检索时，可以点击发明人的字段"AU＝发明人"后面的放大镜处，然后可以对发明人进行检索。涉及个人的发明人，德温特公司使用了简写，通常是姓氏的全拼加上名字的首字母的简写。比如发明人为曾平蔚，在该系统中简写成AU＝ZENG P W 或者仅仅表示为：AU＝ZENG P。因此在用发明人字段AU进行检索的时候会带来过多的噪声，检索的效果不是很好。

三、引文追踪检索

引文追踪检索,是指以说明书中引用的在先文献信息或者在专利审批甚至无效过程中引用的各种文献信息为线索进行的追踪检索。申请人在撰写专利申请说明书时,通常会在说明书的背景技术部分描述作为发明基础的在先文献;审查员在专利审查过程中通常会引用在先文献以作为评判专利不具备新颖性或创造性的依据;无效请求人若以无新颖性或创造性为理由无效某专利时也必须提供现有技术文献,所有这些被引用的文献都与其对应的专利文献本身的技术内容密切相关,是专利文献检索的一种重要途径。此外,引文追踪检索简便快捷,无需使用分类号或者关键词,通过引文追踪检索能够非常方便地检索出某技术的发展过程。

引文追踪检索分为两种情况:向前追踪检索和向后追踪检索。向前追踪检索,是指追踪某文献说明书中记载的在先文献或者其检索报告或无效过程中引用的文献,也称为被引用文献追踪。向后追踪检索,是指追踪在某文献之后其他专利文献在说明书中或在其审查或无效过程引用了该文献的文献,也称为引用文献追踪。例如,在后文献 A 的检索报告中引用了在先文献 B,若以 A 为线索追踪检索到文献 B,属于向前追踪检索,此时在先文献 B 称为在后文献 A 的被引用文献;相反,若以文献 B 为线索,追踪检索到文献 A,属于向后追踪检索,此时在后文献 A 称为在先文献 B 的引用文献。

在专利审查过程中,引用的文献信息一般都记载在专利检索报告中或者授权的专利说明书的扉页上。

下面是中国国家知识产权局出版的专利说明书扉页,其中[56]项所列参考文献是专利审查员在该专利的审查过程中引用过的对比文件。

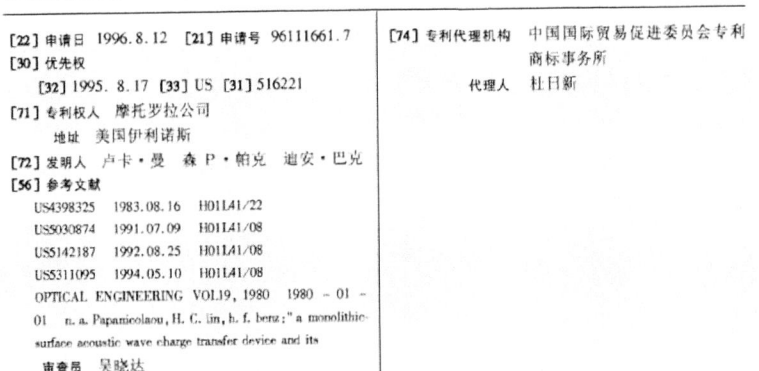

图 4-2-6 中国国家知识产权局出版的专利说明书扉页

对于正式出版的引文检索，可通过提供引用文献检索入口的数据库或网站进行。本书资源篇介绍的专利文献检索资源中，DII 数据库、Patentcluster 数据库、PatenLens 数据库等提供有引文检索功能。

例如在 DII 数据库中提供有 CP 字段（被引专利号）和 CX 字段（整个同族的被引专利）。

例如想要查询 US4398325 被哪些文献所引用（即引用文献追踪检索），可以输入检索式 CP = US4398325，得到 20 篇结果。点击检索结果，打开结果列表，进一步显示第一篇文献得到如下的页面：

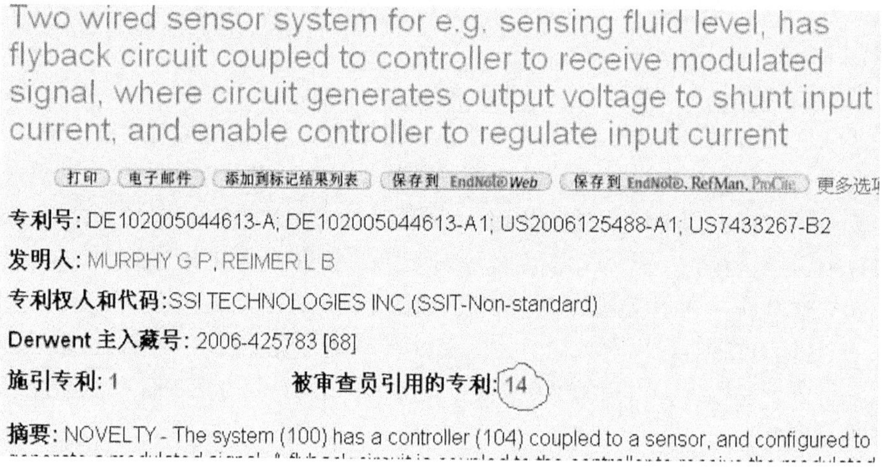

图 4 - 2 - 7　被引用文献检索页面

该界面还进一步显示了该第一篇文献在其审查过程中被审查员引用的 14 篇专利文献。点击数字 14，可显示这 14 篇文献列表（相当于被引用文献追踪检索）。

上述例子中还可以对 US4398325 的整个同族被引用情况进行追踪检索，即利用 CX 字段进行检索。例如输入检索式 CX = US4398325，得到的结果为 23 篇。与检索式 CP = US4398325 的检索结果相比，多检索到 3 篇文献，这多出的 3 篇是引用了 US4398325 的同族文献的文献。

此外，对于在审查过程中引用的文献情况，还可通过一些专利局官方网站提供的通知书查询功能进行查询。目前 USPTO、EPO 和 JPO 均在其网站上提供了审批历史查询功能，公众通过这些网站可以查询到全部审查通知书以及检索报告。

例如，在 JPO 通过工业产权数字图书馆上对于授权专利通过 Granted Patent Publication 查询项目可查询引用文献的内容。下面以查询 JP3488155B2 在审查过程中引用文献的情况为例进一步介绍。

首先进入该网址，选择法律状态查询，得到下面的界面：

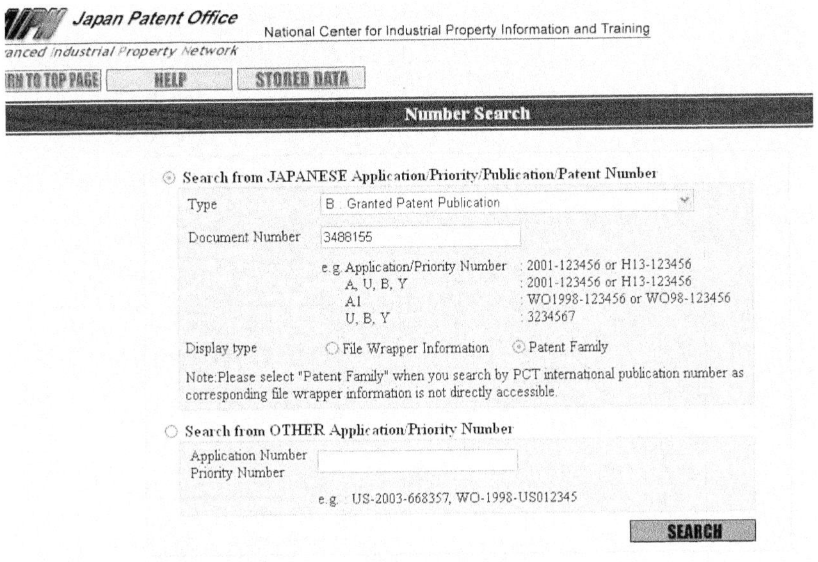

图 4-2-8　JPO 专利文献法律状态查询界面

在 Type 中选择"B：Granted Patent Publication"的选项，并在 Document Number 中填写 3488155，然后在 Display type 项目中选择"Patent Family"，然后点击 SEARCH 按钮就会进入到下面的界面：

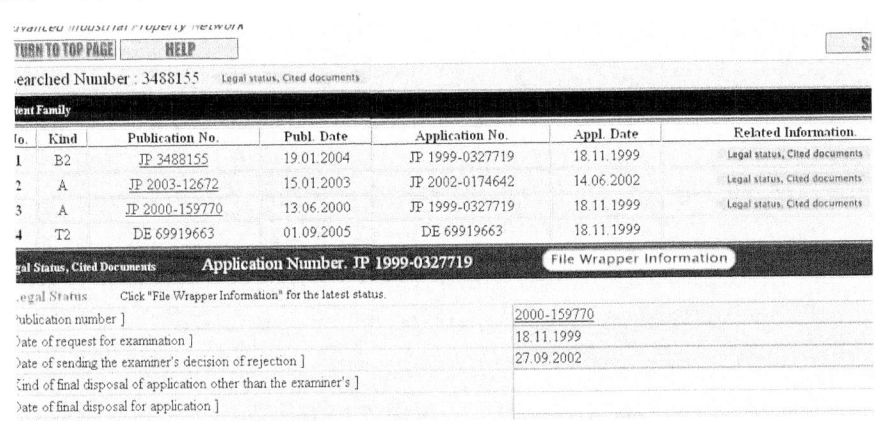

图 4-2-9　检索结果

找到与输入的文献号对应的文献，即第一个文献，点击最右侧的 Related Information 项目中的与该文献号对应的"Legal Status，Cited Document"的按钮，如果有引用文献即可显示出来。

四、专利族检索

根据 WIPO 在《工业产权信息与文献手册》中的解释，专利族包括如下 6 种类型：简单专利族（Simple Patent Family）、复杂专利族（Complex Patent Family）、扩展专利族（Extended Patent Family）、本国专利族（National Patent Family）、内部专利族（Domestic

Patent Family）和人工专利族（Artificial Patent Family）。

简单专利族是指一组专利族中的所有专利都以相同的一个或共同的几个专利申请为优先权。复杂专利族是指一组专利族中的专利至少共同具有一个专利申请为优先权。扩展专利族是指一组专利族中的每个专利与该组中的至少一个其他专利至少共同具有一个专利申请为优先权。若以 P 表示优先权，简单专利族、复杂专利族和扩展专利族与优先权之间的关系如下：

表 4-2-1 同族专利

文献	简单同族专利	复杂同族专利	扩展同族专利
文献 A	P1、P2	P1、P2	P1
文献 B	P1、P2	P1、P2、P3	P1、P2
文献 C	P1、P2	P1、P2、P3、P4	P2、P3

本国专利族是指由于增补、后续、部分后续、分案申请等原因产生的由一个国家出版的一组专利文献，但不包括同一专利申请在不同审批阶段出版的专利文献。内部专利族是指仅由一个专利机构在不同审批程序中对同一原始申请出版的一组专利文献所构成的专利族。

人工专利族也叫智能专利族、技术性专利族或人为专利族，是指内容基本相同，但并非以共同的一个或几个专利申请为优先权，而是通过智能调查归类组成的一组由不同国家出版的专利文献。

从上面 6 种专利族的定义可以看出，前 5 种专利族都是以优先权号或者母案申请号为共同的联系纽带，而第 6 种人工专利族则不存在一个共同的优先权号或申请号，而是从技术内容上来认定的，因此无法通过网站的优先权检索得出。

通过对专利族的检索，可以了解同一发明创造在不同专利局的分类、检索、审查和授权信息，这些对于了解不同专利局的分类习惯、检索和审查特点以及专利保护状况非常有意义。此外，通过专利族的检索，还可以找出该专利族中公开最早的专利文献、找到以适合语言公开的专利文献，这对于专利文献的阅读和使用非常有好处。

由于简单专利族、复杂专利族、扩展专利族、本国专利族和内部专利族中各文献之间均存在一个或多个共同的优先权，因此通过优先权的检索即可实现，检索相对较简单。需要注意的是，对于复杂同族和扩展同族检索，在每次检索到新的文献之后，需要以该新文献所提供的新的优先权信息作进一步检索以查找出全部的同族文献。美国专利文献族以复杂同族和扩展同族居多。

对于人工专利族的检索，则需要从专利文献的内容出发（例如使用关键词和分类号检索）并可以结合申请人和发明人检索实施检索。

例如，美国申请 US2004004552A 涉及一种自发性的通用型遥控系统与方法，申请人为中国台湾的杨攸中和杨衍彬，IPC 分类号为 G08C19/00，现需要检索该美国申请是否具有其他同族文献。

由于该申请的公开文本中并没有优先权信息，因此无法以优先权号为线索直接进行同族检索。在EPO的esp@cenet网站上选择"Worldwide"专利数据库，输入上述公开号进行检索，得到内部同族文献US7034713B2，该文献为US2004004552A的授权文本，且也没有记载任何优先权信息。

为进一步在esp@cenet上进行人工同族检索，首先进入该网站上提供的高级检索界面。针对该美国申请的技术信息，确定两个关键词"遥控（remote control）"和"通用型（universal）"在标题中进行检索。由于检索结果较多，可使用上述美国文献的发明人（YANG YU‐CHONG）进行进一步限定。注意，由于可能还涉及esp@cenet网站上所提供的发明人检索格式以及中国大陆和台湾不同拼写格式等问题，可仅使用发明人姓氏"YANG"进行检索。

通过对标题检索和发明人检索结果浏览，发现TW567681、US2004004552A、US7034713B2三篇文献内容基本完全相同，以及TW240503B与CN1667389均为通用型语音遥控系统，其内容除了通过语音进行遥控之外，其他的与前面的三篇文献相同，基本可以认定为人工同族。从上述实例中可以看出，这五篇文献都不具有共同的优先权，因此无法通过简单的检索来实现。

一般来说，简单同族专利的查准率高，得到的结果相关度高，但会遗漏一些文献。复杂同族专利和扩展同族专利的查全率高，能得到较多文献，但有些文献的相关度比简单同族专利的相关度低。

除了本书资源篇介绍的许多网络资源可用于专利族检索之外，印度国家信息中心的专利检索系统（http：//pk2id.delhi.nic.in/）、德国专利局（DPMA）提供的专利检索网（depatisnet.dpma.de）等网站也均提供有丰富的同族信息，可供读者参考。

第五章　关键词检索

关键词检索是专利文献检索中最常用的检索方式，但由于语言表达的多样性和模糊性，要实现全面、准确的关键词检索非常困难。本章结合专利文献的撰写特点，介绍在专利文献检索中关键词检索的特点和使用方法。

第一节　专利文献撰写特点

由于本书第一章已一般性地介绍过专利文献的特点，下面从文献的撰写角度介绍专利文献的特点。检索者只有在深入了解专利文献在这方面的特点之后，在使用关键词检索时才能有针对性地使用关键词。

一、标题和摘要信息完整

对于专利文献的标题和摘要，各国（地区）专利局对其内容一般有明确的要求。例如标题应当清楚、简要、全面地反映要求保护的发明的主题和类型；摘要应当反映发明所属技术领域，并清楚地反映所要解决的技术问题、解决该问题的技术方案的要点以及主要用途等。

二、技术内容多角度公开

目前各国（地区）专利局出版的专利文献体例基本统一，例如说明书一般都包括发明名称、所属技术领域、相关现有技术状况以及存在的技术问题、发明要解决的技术问题（或发明的目的）、技术方案、技术效果、实施例以及说明书附图等。发明名称应该反映发明内容，说明书中所描述的发明要解决的技术问题、技术方案和技术效果前后相互对应，实施例是技术方案的具体实施形式，也是对在前描述的技术方案和技术效果的进一步印证。

此外，各国基本都还要求有一份权利要求书，进一步明确要求保护的技术范围。在权利要求书中，独立权利要求是对说明书中的具体实施例的合理概括，而从属权利要求往往对应于说明书中某些具体的、优选的实施方案。由此可见，对于一份合格的专利申请文件来说，说明书各部分的内容之间以及说明书和权利要求书之间都是前后呼应、相互支撑的，它们共同构成了发明的多角度公开。

三、技术内容分层次公开

为获取更大的利益保护，申请人总是希望获得一个保护范围最大的专利权。但如果权利要求保护的范围过宽，一方面难以通过专利审查、获得专利权，另一方面即使获得了专利权日后因过宽的保护范围导致无新颖性或创造性而被无效的可能性也增大。

因此，为获得稳定的且保护范围尽可能最大的专利权，申请人通常在说明书中分层次公开发明内容，同时在权利要求书逐级请求保护。例如，首先在发明概述部分先公开一个概括性的、保护范围非常宽的技术方案，接着进一步描述一些范围稍窄的方案，最后在说明书实施例部分再描述一些具体的实施方案以支撑所请求保护的技术方案，相应地在权利要求书中，保护范围最宽的技术方案撰写为独立权利要求，进一步限定的方案撰写为一级从属权利要求，具体的实施方案撰写为更下位的从属权利要求。这样当上一级权利要求因保护范围过宽而不能被允许或者被无效了时，就可进一步考虑下一级保护范围稍窄的从属权利要求。

为实现这种递进关系，申请人在说明书和权利要求书中多使用体现不同概括范围的上、下位概念进行描述。例如，某发明涉及改进一部件的材料的导热性能，在说明书中具体公开了使用金属"铜"和"铁"的技术方案后，如果一般的有色金属也能够实现该发明（但技术效果可能稍差），则申请人在权利要求中通常首先会请求保护使用"金属"材料的技术方案，接着进一步限定使用"有色金属"的技术方案，最后才会撰写出采用金属"铜"或"铁"的具体实施方案。

四、术语多样化

由于专利文献技术内容广泛，不同国家、不同年代且各个社会阶层的人员都可能从事一些发明创造，虽然专利局一般都要求在同一份专利申请中代表同一特征的技术术语应该一致，并且应该尽可能使用科技术语，但不同的专利文献中表达相同概念的用语可能大相径庭，而且仍然可能存在大量的非正规表达方式。例如计算机中使用的"存储器"，在中文专利文献中还可能叫"寄存器"、"贮存器"、"缓存器"、"缓冲器"、"存储单元"、"存储体"、"存储装置"、"存储设备"、"记忆体"和"记忆棒"（后两者为台、港、澳用语），有时还简称为"内存"、"外存"、"缓存"、"主存"或"辅存"，或者直接用"ROM"、"RAM"、"DRAM"、"SRAM"、"Cache"等缩写表示。

此外，专利文献作为一种科技文献，还带有典型科技文献的特点，例如大量使用名词词组或动名词词组，这种现象在英文文献中尤为明显。例如，operation determination（或 determining）module（操作确定模块），radio frequency oscillation（或 oscillating）circuit（射频振荡电路），IR spectral peak identification（或 identifying）circuit（红外光谱峰值识别电路）。大量使用这种名词或动名词词组不仅使行文简洁，表达确切，而且节省文章篇幅。

第二节　关键词检索概述

在信息搜索中，与关键词近似的概念有主题词、叙词和自由词。一般来说，主题词是规范化的检索语言，有时也称叙词或标题词。主题词（叙词）是由自然语言中优选出的语义相关、族性相关的科学术语，是主题词表（叙词表）中规定用于表达各种概念的词。在文献标引和情报检索时，使用的主题词是通过对文献中出现的同义词、近义词、多义词以及同一概念的不同书写形式等进行严格的控制和规范形成的，每个主题词都具有明确的含义。而关键词是属于自然语言的范畴，通常是未经规范化处理的词汇，有时也称自由词。在专利文献检索领域，通常将上文所说的关键词检索和主题词检索统称为关键词检索，本书所说的关键词亦指上述两类词汇。

一、关键词表达方式

为有效实施关键词检索，在一些主要的网站和文献检索系统中，通常采取如下措施：

➢ 布尔逻辑运算。最基本的布尔逻辑运算有：AND（逻辑与）、OR（逻辑或）和NOT（逻辑非），这是实现关键词检索的基本手段。

➢ 使用通配符。目前大部分网站均提供通配符的功能，例如使用"？"代表 0 或 1 个字符，使用"＊"代表无限个字符。当使用英文进行检索时，通配符的使用主要是为了实现具有相同词根的各种形态英文单词拼写的全面表达，例如当"＊"出现在单词的右边时构成右截词，出现在单词左边时构成左截词。

➢ 位置限定。大多数网站均提供词组组配的检索功能，例如通过使用引号实现词组的精确组配，提供特定算符实现词组的两部分在一定范围内的方式进行模糊组配。

➢ 加权检索。在需要同时使用多个关键词进行检索时，有的检索系统还提供有指定权重或近似度的功能，以便对检索结果进行排序，例如专利族网（http：//www. patentcluster.com/）提供的"^"算符可指定相关度因子。

➢ 同义词/近义词扩展。少数检索系统提供同义词/近义词扩展检索功能，自动实现同义词/近义词的扩展检索。

下面简要说明常用的专利文献检索网站中涉及关键词检索的一些手段。

1. 中国国家知识产权局专利检索系统

在高级检索中提供了同义词检索方式，可将名称或摘要中含有输入的关键词及该关键词的同义词的所有专利检索出来，还可以选择按字检索还是按词检索。该检索系统的多个字段支持模糊检索，"？"代替单个字符，"％"代替多个字符，位于字符串末尾时的模糊字符可省略。

2. 中国知识产权网专利数据库

支持模糊检索，"？"代替单个字符，"％"代替多个字符，位于字符串起首或末尾时的模糊字符可省略，另外还可以选择按字检索还是按词检索。

3. 中国专利信息网

在逻辑组配检索中，可以选择检索式内部和检索式之间的逻辑关系：检索式内部表示"且"的组配关系：可采用"空格"","、"＊"或"&"；表示"或"的组配关系，可采用"＋"或"｜"；表示"非"的关系，可采用"－"；括号可限定逻辑关系间的优先级。

4. 欧洲专利局网站

esp@cenet 的高级检索界面提供了标题、文摘等检索入口。在检索字段中截词符

"＊"代表任意长度的字符，"？"代表0或1个字符，"#"分别代表1个字符，其中"？"和"#"分别最多只能使用3次，前面至少需要输入1个字符，"＊"前面至少需要输入3个字符，输入字母时不区分大小写。

5. Google Patents

关键词之间可以利用一些运算符加以限制，实现较精准的检索式表达，例如：双引号（""）表示一个完整的词组。

6. freepatentsonline

检索页面中设有"Word Stemming"功能选项，若打开该功能则可以实现词性转换。例如，输入"Metallic"时，若关闭"Word Stemming"功能则只检索"Metallic"本身，若打开该功能则检索"Metallic"、"Metal"、"Metals"等词汇。

7. LexisNexis 专利数据库

除了布尔逻辑运算符（如"AND"、"OR"、"NOT"）以外，还提供邻近运算符W、同在算符P、通配符＊/！以及限定检索词在文中出现次数等其他算符（参见第二章第二节）。

二、关键词的查找途径

一般地，可以借助如下工具查找关键词的各种表达方式：

1. 利用待检索对象本身提供的相关信息

待检索对象本身的相关文件，例如摘要、同族专利申请、背景技术文献、同一发明人或申请人的系列专利申请以及这些专利文献的引证和被引证文献（包括其检索报告上的引证文献）等，通过这些内容的阅读有时可能会给某一检索要素提供不同的中英文表达方式。

2. 利用分类表

分类表的标题使用的关键词通常比较规范，如果在中文分类表中查阅到某一关键词，可以到对应的英文分类表中查找对应的英文表示方式，可在 WIPO 网站上获取英文 IPC 分类表。另外，美国专利商标局的 UC 分类表和 UC 定义表也是很好地获取关键词的参考资料。由于 UC 分类比较细，因此 UC 分类表和 UC 定义表中所使用的词语能够较好地体现英文词语之间的细微差别。

3. 利用字典

利用同义词词典查找同义词；利用汉英或英英字典查找英文关键词，但注意需要对查找到的词语进行分析和筛选。

4. 利用互联网上的资源

可通过互联网上的搜索引擎查找检索对象的技术方案的相关信息，这些相关信息中往往包含了有关该技术内容的更全面的技术信息，从这些技术信息中可以选择相关词语及其英文表达作为进一步检索时使用的关键词。

5. 利用学术论文或期刊数据库

学术论文通常使用的术语比较规范，大多还具有英文摘要和英文关键词。例如，中国期刊网（CNKI）大多数期刊都有英文摘要和关键词部分，可在关键词或摘要检索入口输入中文检索词,查阅检索到的文献的英文摘要和关键词得到相应的英文关键词,这些英文关键词大多来自于相关领域的科研人员,因此比较规范。

6. 建立个人关键词库

检索者在实际检索工作的基础上应当积累关键词,建立自己的关键词库,供以后使用时参考。

三、关键词检索中应注意的问题

1. 过度依赖关键词检索

由于分类号通常能够较为准确地表达检索的技术主题,因此,对于有准确的分类号的检索对象,常优先选择分类号进行检索,而尽量避免不使用分类号而完全采用关键词进行检索。因为分类号所表达的是一个技术领域,而关键词表达的只是一个孤立的词语,它可能存在很多同义词,也可能属于多义词,因此选择的难度比较大,即使用多个表示不同含义的包括各种同义词的关键词进行组合也不一定能够精确地表达一个分类号的含义。

如果该分类号下文献数量比较少,可以直接阅读文献;如果该分类号下文献数量比较多,不适于一一阅读时,可以继续使用关键词进行二次检索,缩小文献数量。但是对于没有准确分类号的申请,或者难以获得其准确分类号的申请,往往需要使用关键词进行检索。

2. 使用与分类号含义重复的关键词

将表示同一检索要素的分类号和关键词用"AND"算符连接进行检索容易导致漏检。例如,一种外科手术刀,表示"外科手术刀"这一检索要素的分类号是A61B17/3211,表示"外科手术刀"这一检索要素的关键词是"手术刀"、"柳叶刀"等,则:

A61B17/3211 AND("手术刀"OR"柳叶刀")

得到的检索结果是分在该分类号下同时具有该关键词的文献,其会遗漏没有分在该分类号下但具有上述关键词的文献,以及分在该分类号下但不具有上述关键词的文献。因此,那些由于分类错误或分类习惯的原因没有分到该分类号下的文献,以及采用其他与所选择的"手术刀"或"柳叶刀"不同的表述方式(例如解剖刀)的文献就会被遗漏掉。

当然,在某些特殊情况下,也可通过将表示同一检索要素的分类号和关键词用"AND"算符连接以缩小文献量,但在使用时应注意到上述漏检问题。

3. 忽视考虑习惯用法和容错性

选择关键词时还需要注意"入乡随俗"。例如,许多日本文献中使用的英文词语并不规范,在日本专利英文数据库中进行检索时要考虑到这一因素,选择关键词时要加入这些不规范的词语。同样,在中国专利信息检索系统中进行检索时,也要同时考虑一些不规范的表达方式、译文,甚至别字,例如"支撑"可写作"支承";桂圆常误写作"桂园";"二氧化硅"误写为"二氧化矽"等。

因此在选择关键词时,要充分考虑到各国的习惯用法,要考虑到所选择关键词的容错性,这在一定程度上也有助于防止漏检。

4. 关键词表达不全面

实现关键词全面的表达非常困难,也是检索者最容易出错的方面。关于如何实现全面的关键词表达,将在本章下面的章节中进一步详述。

第三节 完善关键词检索的途径

考虑到专利文献的上述特点,在使用关键词检索专利文献时,为使得检索结果尽可能准确和完整,应当从形式、意义和角度三个层次完善关键词检索。下文结合检索案例进行详细描述。

一、形式上准确和完整

实现形式上准确和完整,应充分考虑同一关键词表达的各种形式,例如英文检索词的不同词性、单复数词形、英美不同拼写形式,甚至常见的错误拼写形式等。

对于不同的词性、单复数等,检索者可以借助于大多数网站上提供的截词符或通配符实现形式上的准确和完整。例如在上文提到的欧洲专利局网站上可以通过使用通配符 *(代表任意个字母或数字)、#(代表1个字母或数字)和?(代表0个或1个字母或数字)或邻近算符实现关键词在形式上的准确和完整。

此外,英美不同的拼写形式也经常是需要考虑的词形问题。英美不同拼写包括两同义单词之间部分字母上存在差异和完全不同的拼写两种情况。常见的美式英语和英式英语中两单词不同的拼写规律如下:

(1) 美式英语用"…ize",而英式英语用"…ise";
(2) 美式英语用"…o…",而英式英语用"…ou…";
(3) 美式英语用"…er",而英式英语用"…re";
(4) 美式英语中的拉丁语的复数形式在末尾加"s"(如 formulas,focuses),而英式英语保持拉丁语的复数形式(如 formulae,foci);
(5) 部分美式英语的拼写方式趋于省略双元音,比如英式英语中的"gauge"变成了美式英语中的"gage"。

完全不同的拼写形式例如有:tap(英式)和 faucet(美式);curtains(英式)和 Drapes(美式);pavement(英式)和 sidewalk(美式);rubber(英式)和 eraser(美式);dummy(英式)和 manikin(美式);trunk call(英式)和 long distance call(美式)。

在中文数据库中常见的错误拼写形式例如有:支撑-支承、桂圆-桂园、碳黑-炭黑、聚酯-聚脂、树脂-树酯等。

检索者需要正确运用各种截词符以实现关键词形式上的完整。例如在欧洲专利检索系统中"?"和"#"通常可用于准确表达不同的拼写方式、单复数形式等,而"+"可用于表达一个词根的所有词系,表达最为宽泛。对于字母非常少的单词,要慎用无限截词符"+"。例如若需要检索"can"(罐头),且希望通过一个词表达"can"和"cans"两种形式,最好不要用"can+",而应该改用"can?"。

目前有些专利文献检索网站上提供有自动检索词干的功能（例如 http：//www19.ipdl.inpit.go.jp），这在一定程度上有助于实现检索词形式上的完整，但还都不能实现自动检索英式英语和美式英语的不同拼写形式，例如使用"color"检索，可以自动检索"color"、"colorant"、"colorants"、"colorable"、"colorability"等词，但不能检索"colour"。

【案例 5-3-1】检索一种以咔哇作为主要原料的乳粉，该乳粉适合中老年和患抑郁症的人群服用，具有助睡安神、补钙养颜、益肠养胃保健功能。

案例分析：

"咔哇"是音译词，在检索时需要尽量全面地找到咔哇的中文同义词和英文表达方式。

（1）首先选择中国专利信息，输入关键词"咔哇"及其同义表达"卡瓦"、"kawa"在摘要中检索，没有检索到相关对比文件。

（2）在 Google 中查找咔哇的相关背景知识，得知咔哇在南太平洋地区已有三千多年的药用历史，咔哇具有改善睡眠、消除焦虑和抑郁症状等作用。咔哇在美国已有多年应用，美国某些公司已从咔哇植物根茎中提取出来的咔哇内脂制作为食品，并且进一步了解到咔哇的英文名为 kava，译名为咔瓦、卡洋、卡瓦、洋哥那、扬格纳、佳华等。

（3）根据咔哇至少在美国已得到应用这一信息，在美国专利检索系统中以 kava 为关键词进行检索，得到 21 篇相关文献，如图所示。

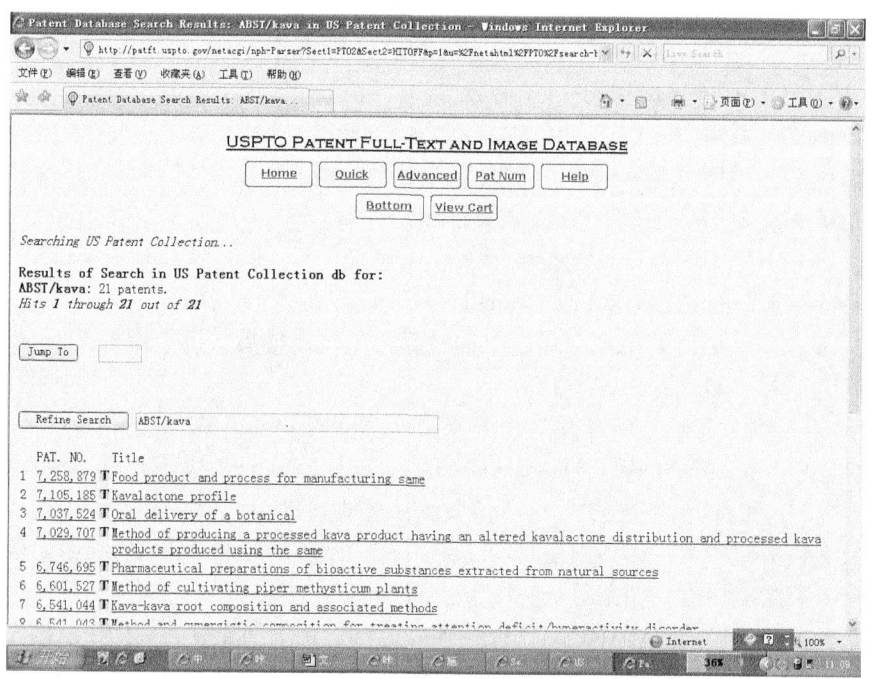

图 5-3-1　美国专利检索系统中的检索结果

（4）在 Google Patent 中也使用 kava 进行检索，也得到多篇相关文献。

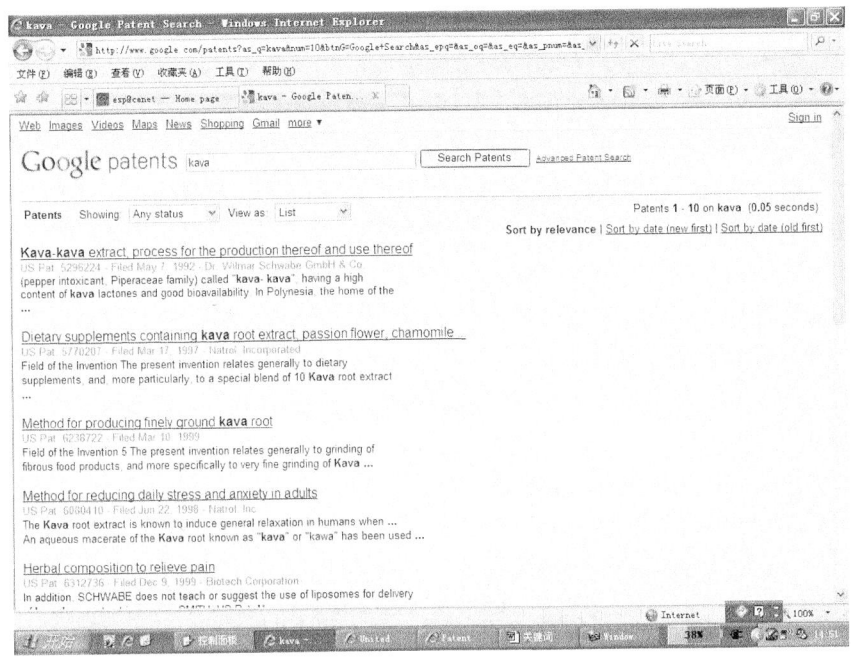

图 5-3-2　Google 中的检索结果

（5）通过浏览步骤（3）和（4）中的检索结果，找到多篇有关以咔哇为主要原料乳粉制品的文献，其具有改善睡眠、抗焦虑的作用。

在检索时要注意汉语中外来语的各种表达方式，通过各种途径查找相关资料，尽可能全地找到各种表达方式。在本案中，咔哇的英文名可为 kawa、kava，译名为咔瓦、卡洋、卡瓦、洋哥那、扬格纳、佳华等。

二、意义上准确和完整

在专利文献检索中，对于每个技术特征的检索需要从意义上实现准确和完整。实现意义上的准确和完整应当充分考虑每个关键词的各种同义词、近义词、反义词、上位概念、下位概念、等同特征等。由于专利文献中术语的多样化，关键词检索中使用同义词和近义词是最基本的扩展方式。除了同义词和近义词扩展之外，由于上文所描述的专利文献的特点所致，在检索中还可以使用检索词的反义词、上位概念、下位概念、等同特征以进一步实现检索的准确和全面。

专利文献的说明书一般都有背景技术部分，描述现有技术中存在的问题，由此为进一步提出该发明需要解决的技术问题作铺垫。例如，某发明在背景技术部分中描述了现有的燃气表存在可能导致燃气泄漏的问题，之后指出该发明就是要解决这一问题，提供一种具有良好密封结构的燃气表。"密封"（包括"无泄漏"、"防泄漏"等同义语）在技术方案中出现，同时其反义词"泄漏"在背景技术部分中出现。基于这一特点，使用反义词的检索通常在说明书背景技术部分或全文中进行检索，一般不在权利要求或摘要部分使用。

专利文献中技术方案的分层次公开的特点决定了在进行专利文献检索时需要进行上、下位概念的扩展，这也是专利性评价的需要。当待检索的权利要求涉及某一概括性特征时，通常首先应当对其本身及其所包含的下位概念进行检索，当没有检索到合适的现有技术时，还需要进一步采用上位概念进行检索。由于权利要求书必须以说明书为依据，因此申请人一般在说明书实施例部分公开包含下位概念的具体方案，在发明概述部分给出包含上位概念的概括性方案，并且在独立权利要求中请求保护概括性方案，有时候还会进一步包含一些与实施例对应的从属权利要求以进一步保护具体的方案，因此在检索上位概念时优选在权利要求和摘要中进行检索，而检索特定的下位概念时优选在说明书和权利要求书中进行检索。

对于专利性检索来说，还需要针对等同特征进行扩展检索。在专利审查阶段之所以进行等同特征的扩展检索，主要是为了防止遗漏通过已知手段的等效替代即可得到待检索方案的现有技术（在这种情况下待检索的技术方案相对于该现有技术不具备创造性），因此等同的范围与创造性的评价标准密切相关。就专利文献本身而言，实施例部分通常会给出多个变型实施例，这在客观上也有利于进行这类扩展检索。在专利性检索中需要考虑的等同特征的常见方式，包括相对于待检索的方案中的某技术特征在结构、位置关系、材料、工艺过程等方面进行简单替换且最终能够实现基本相同的功能和基本相同的效果的特征。

在实际检索中，意义上的准确和完整有时很难完全实现。检索者通常需要借助对检索结果的浏览不断补充和调整检索词，逐步实现意义上的准确和完整。目前有些检索系统/数据库中提供有同义词库等工具，这在一定程度上有助于检索者实现意义上的准确和完整。即便如此，真正实现关键词意义上的准确和完整，主要还需要靠检索者自己不断摸索和积累相关技术知识，在检索中逐步实现准确而全面的检索。

【案例5-3-2】检索一种测定大气环境中金属腐蚀电位的方法，该方法是使被测金属电极和惰性金属振动探头组成振动电容，测定该振动电容产生的交变电流达到幅值最低点和相位跃变点时施加的金属电极电位值，再根据后者标定金属大气腐蚀电位，以实现非接触测定大气腐蚀电位，能够测定各种影响金属腐蚀电位因素，如表面层性能、应力分布、气相缓蚀剂等对金属大气腐蚀过程的影响。

案例分析：

专业术语的英文表达方式往往不止一种，可通过背景技术检索获取其他表达方式。

检索思路：

（1）在Google中检索有关振动电容的背景技术，在检索到的一篇背景文件中发现，振动电容的发明者是开尔文，开尔文探针是振动电容的同义词，其英文表达为kelvin probe。

（2）使用kelvin probe在美国专利检索系统上进行检索，得到多篇相关文献。

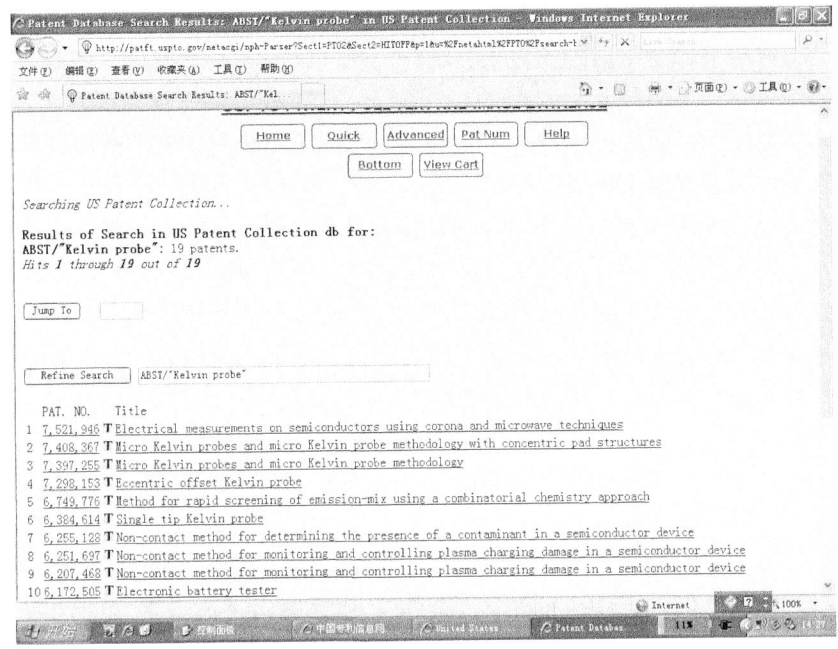

图 5-3-3 美国专利检索系统中的检索结果

因此，在选择关键词时，需要注意国外在使用表示同一个检索要素所使用的关键词，国外更喜欢使用利用人名来限定一个技术特征，比如，开尔文探针、法拉第电解池等。

【案例 5-3-3】检索一种由生姜、莱菔子、麝香组合而成的中药复方，并利用现代工艺进行提取制剂从而达到速效止痛的技术效果。

案例分析：

（1）在涉及中药的关键词选择中，特别要注意中药的"一药多名"现象以及人工代用品问题，以防漏检，对于本申请，"莱菔子"即存在中药异名"萝卜籽"（在古方中常出现）或"萝卜子"。

（2）本申请中涉及人工代用品"人工麝香"，为防止漏检，在选择关键词时只要选择"麝香"即可，且"麝香"也存在多个中药异名，其中较为常用的异名有"元寸"、"当门子"等，这些中药异名在检索时都应该充分考虑。

（3）在关键词选择时，也应注意上下位概念的选择，如"生姜"和"姜"。另外，根据组分在复方中的地位不同进行选择，一般选用主药，不选辅药；选用活性成分，不选赋形剂。

在医药领域，应当注意中药的"一药多名"现象以及人工代用品问题，通过查阅背景资料查找和积累同一药物的不同表示方法，另外选择关键词时要根据组分在复方中的地位不同进行选择。

三、角度上准确和完整

如上文所述，一份合格的专利文献通常会包含与发明相关的现有技术及存在的技术问题、发明要解决的技术问题、技术方案、技术效果、实施例以及说明书附图等，这些内容之间相互呼应和印证。因此，在检索时除了从与技术方案直接相关的技术手段角度进行检索外，还可以从该技术手段在方案中所起的作用（对应于解决的技术问题）、具备的功能、带来的技术效果甚至技术方案的用途等角度进行检索，由此通过这些角度的检索结果与技术方案直接的检索结果的不同组合实现检索的准确或全面。

例如，某发明涉及一种泡菜冰箱储藏容器。现有的泡菜冰箱内部包括储藏容器和温度调节装置，储藏容器用来存储泡菜，温度调节装置用来将储藏容器内控制在适宜于蔬菜发酵和保存的温度。由于蔬菜在发酵过程中会产生发酵气体，持续产生的气体会给储藏容器的盖子施加压力，并有可能将盖子强行开启，结果导致泡菜汤可能溢出并污染冰箱。针对这种状况，发明提出了一种新的泡菜冰箱储藏容器，在该储藏容器中增加一个压力平衡装置，该压力平衡装置可以在储藏容器内始终保持在恒定的压力，从而防止由于发酵产生的气体导致储藏容器内的压力过大而使盖子开启，由此保持了冰箱本体内的洁净。在说明书中，申请人给出了压力平衡装置的具体实施方式，如储藏容器内安放有可吸收气体的气体吸附剂。

在使用关键词进行检索时，对于权利要求中的"压力平衡装置"的技术特征，除了直接从其本身的同义词、近义词（例如"压力"、"气压" + "平衡"、"均衡"、"调节"、"调整"等）进行检索外，还可以结合说明书描述的具体的下位特征例如"气体吸附剂"及其同义词和近义词进行检索。如果仍然没有检索到合适的现有技术文献或者希望检索结果更加准确，还可以进一步从压力平衡装置针对的技术问题以及带来的技术效果选择关键词并结合其他技术特征进行检索，例如"发酵"、"气体"、"溢出"、"污染"、"洁净"等。

【案例5-3-4】检索一种蛋白和基因检测板，该检测板由表面固定有蛋白或基因的片基和格栅构成，格栅表面固定有蛋白或基因的片基分割成多个样品孔，能够实现高通量、多样本检测。

案例分析：

本发明的检测板能够实现高通量、多样本检测，从该目的出发联想到本领域中一类特殊的"检测板"，即生物芯片具有进行高通量、多样本检测的功能。早期的生物芯片所完成的主要功用也是将许多反应集成于一个基片上来完成。因此，将要素"检测板"具体化为"生物芯片"。并且从该技术方案所述检测板的结构来看，也完全符合生物芯片的结构特征。由此，可将抽象、含混的上位概念用实现同等功能的下位概念表示出来，该具体概念有特定的关键词和分类号对应，从而使检索变得更有针对性。

因此，当申请中的检索元素是上位的功能性描述时，可以联想到本领域中实现同等功能的下位概念进行检索。

【案例5-3-5】检索一种医用半自动尿计量储存装置：尿量储存器的导尿管接头、尿计量筒、自动下排装置、排尿开关、尿液储存袋顺序相接，自动下排装置与尿计量筒相接，排尿开关在自动下排装置下，该自动下排装置可采用U形管的形式，通过虹吸方式实现自动下排。

案例分析：

（1）根据解决的技术问题和技术方案将"尿"和"自动下排装置"确定为检索要素之一；将"自动下排装置"用其下位概念"U形管"来表达，但没有找到相关的对比文件。

（2）调整关键词，本发明能够达到自动下排的目的，是因为采用了虹吸原理，该自动下排装置实际上应用了虹吸原理。于是，将"自动下排装置"用表示其功能效果的关键词"虹吸"来表达。经过检索找到了相关文献。

因此可从发明原理出发，考虑该检索要素实现的功能，从功能和效果的角度表达该检索要素。

【案例5-3-6】

检索一种长周期光纤光栅，其利用光纤材料的光弹特性，由一对机械光栅对光纤施加径向应力，使其折射率沿轴向产生周期性调制而形成长周期光纤光栅，其特点是对入射光的偏振态不敏感。

案例分析：

该技术方案所要解决的问题是"提供一种利用机械应力诱导而产生的偏振不敏感的可调长周期光纤光栅"、"使所形成的光纤光栅对入射光的偏振态不敏感"，因此，从解决的问题出发选择"偏振"这一关键词，并使用该关键词与分类号进行组合检索。

因此，可从发明原理出发，考虑发明解决的技术问题，从技术问题的角度出发选择关键词。

第六章 分类号检索

熟悉掌握至少一种分类体系是专业检索人员必备的基本技能之一。本章从实际检索的角度出发，从分类原则、分类体系结构及其实际应用等方面详细介绍主要的专利文献分类体系及使用分类号检索的方法。

第一节 分类号检索概述

在信息检索过程中，普通检索者习惯于从某一特定的概念入手进行检索，在检索专利信息时也不例外，往往倾向于利用关键词进行检索。关键词检索时，检索者希望得到某一字段与该关键词相匹配的结果。但是，常存在对涉及某一概念的一类专利文献作全面了解的需要，例如检索剂型概念的时候，不仅包含剂型概念本身，同样也希望检索到剂型的上位概念药物，以及剂型的下位概念片剂、针剂、注射剂等结果。如果仅仅使用关键词检索并不能很好地满足上述要求。

专利文献的分类号是由专业人员针对文献信息，按照特定的分类规则给出的。从文献加工角度来说，专利文献分类是对文献的进一步加工，用统一的分类代码反映文献公开的技术信息，它具有相当高的一致性和规律性。由于专利分类的这一特点，正确利用某一分类体系进行的专利文献检索非常准确和高效。例如对于上文提到的某一剂型检索，如果从某一分类体系中能够找到正好体现该剂型的一个或几个相关的分类号时，直接用这些分类号检索则非常便利。此外，分类号与专利文献所使用的语言无关，这在一定程度上有助于检索者克服检索过程中的语言障碍，例如由于使用分类号，通常可以减少关键词的使用数量。

由于这些原因，分类号检索是检索专利文献的最重要、最基本的检索手段之一，熟练掌握和运用一种或多种分类体系进行检索是专业检索人员的基本技能。

目前国际上通用的专利文献分类规则是根据《国际专利分类斯特拉斯堡协定（1971年）》编制的《国际专利分类表》（IPC）。另外，EPO、USPTO以及JPO还根据自己的需要，各自制定了ECLA、UC、FI/FT等分类体系，对其公布的专利文献、部分外国专利文献和一些非专利文献进行分类。此外，一些商业公司在其提供的专利文献检索数据库中，为了便于快速检索的需要也采用特殊的分类体系对文献进行标引。例如，汤姆生路透下属的德温特公司组织专门的技术人员，在对其收集到的专利文献进行加工时使用了用于检索的MC手工代码、DC分类号。

目前检索者使用最多的是IPC分类体系，作为国际通行的标准和检索的公共钥匙，IPC分类体系易于掌握，已被广泛使用。但是，由于其分类的上位性、文献分类号更新不及时以及不同国家在对同一分类号的理解上不一致等原因，在某些技术领域使用IPC

检索并不能获得令人满意的结果,因此有时还需要根据检索的特定需求采用其他合适的分类体系进行检索。

每种分类系统都有各自的优点,为了进行全面、高效的检索,首先需要充分了解各种体系的分类原则,掌握它们各自的特点以及适用范围。本章下面先分别介绍现有的主要专利分类体系,重点介绍各种分类的体系结构、分类号的获取方式及其应用,之后介绍在实际检索中如何综合应用这些分类体系。

第二节 国际专利分类 IPC

国际专利分类 IPC(简称 IC)是世界上应用最广的专利分类体系,也是其他大部分专利分类体系的基础,因此本章在介绍其他分类体系之前首先介绍 IPC。

一、分类体系简介

下面从分类原则和规则、体系结构和分类特点三方面分别介绍 IPC。

1. 分类原则和规则

(1) 整体分类和部分分类

国际专利分类力图保证与某发明实质上相关的任何技术主题都能尽可能作为一个整体来分类,而不是将它们的各组成部分分别分类。

但如果技术主题的某组成部分的本身代表了对现有技术的贡献,也应当对其进行分类。例如,将一个较大系统作为整体进行分类时,若其部件或零件是新颖的和非显而易见的,则应当对这个系统以及这些部件或零件分别进行分类。

(2) 功能分类和应用分类

1) 按功能分类

若技术主题在于某物的本质属性或功能,且不受某一特定应用领域的限制,则将该技术主题按功能分类。

如果技术主题涉及某种特定的应用,但没有明确披露或完全确定,若分类表中有功能分类位置,则按功能分类;若宽泛地提到了若干种应用,则也按功能分类。

2) 按应用分类

若技术主题属于下列情况,则将该技术主题按应用分类。

i) 技术主题涉及"专门适用于"某特定用途或目的的物。

ii) 技术主题涉及某物的特殊用途或应用。

iii) 技术主题涉及将某物加入到一个更大的系统中。

3) 既按功能分类又按应用分类

若技术主题既涉及某物的本质属性或功能,又涉及该物的特殊用途或应用,或其在某较大系统中的专门应用,则既按功能分类又按应用分类。

(3) 分类规则

由于在 IPC 中,低等级的内容是其所从属的较高等级的内容的细分,所以可以利用并遵循使用其等级结构的系统步骤一步一步地确定发明主题分类的小类,并进一步确定该认定的小类中相关的大组和小组。在确定相关的大组和小组时,需要考虑如下分类规则。

1) 通用规则

通过浏览所有的细分分类,确定是否它们中只有一个细分分类包含了待分类的技术主题,并再次对该细分分类进行细分,直到在下一等级没有一个能包含该技术主题的细分分类。

通用规则是 IPC 分类表中的"默认"分类规则,并且应用在 IPC 的所有没有指定优先分类规则和特殊分类规则的地方。这是基于如下的分类表设计原则:同一技术主题能够分类在同一分类位置上。这一原则假定在 IPC 分类表中的分类位置是互相排斥的。

2) 一般优先规则

在分类表中的某些地方采用优先分类规则。这些规则的目的是提高分类的一致性。与通用规则相反,优先规则在指定区域的各个组之间给出了一般优先规则。

i) 最先位置规则

在分类表的某些地方,采用了最先位置规则。采用这一规则的地方,给出了这样类型的附注:"在本小类/大组/小组中,在每一等级,如无相反指示,分类入最先适当位置。"例如 C40B 或 F23B 中的相关附注。根据这一规则,一个发明的技术主题,是通过依次在每一个缩排等级查找包含该技术主题的任何部分的一个最先的组的位置,直到在最低等级的合适的缩排等级为分类选定一个小组,以此来进行分类的。当一篇专利文献中公开了多个特定的技术主题时,对它们中的每一个分别应用最先位置规则。

ii) 最后位置规则

在分类表的某些部分采用最后位置规则。采用这一规则的地方,给出了这样类型的附注:"在本小类/大组/小组中,在每一等级,若无相反指示,分入分类表中最后的适当位置。"例如 A61K、C07、C08G、C10M 中的相关附注。根据这一规则,发明的技术主题,是通过依次在每一个缩排等级查找包含该主题的任何部分的一个最后的小组,直到在最低等级的合适的缩排等级位置上为分类选定一个小组,以此来进行分类的。当一篇专利文献中包含几个特定的技术主题时,它们中的每一个都分别应用最后位置规则。

此外,对特征在于几个方面的技术主题进行分类时或当指定表示对检索有用的信息的附加分类号时,采用多重分类。为限制不必要的多重分类和用来选择最充分表现待分类技术主题的组,可以适用以下一般优先原则:

i) 技术主题复杂性较高的组优先于技术主题复杂性较低的组。例如,组合体的组优先于分组组合体的组,而"整件"的组优先于"部件"的组。

ii) 用于专业化较高的技术主题的组优先于专业化较低的技术主题的组。例如,用于独特类型主题的组或具有解决特定问题的装置的技术主题的组优先于较一般的组。

3) 特殊规则

在分类表的少数地方,使用了特殊分类规则。在这些地方,这些规则优先于一般分类规则。凡是使用特殊分类规则的地方,都在相关分类位置,例如 C04B 38/00,C08L、G05D,用附注清楚地指明。例如,小类 C08L 类名("高分子化合物的组合物")

后面的附注 2（b）指明，在本小类中，组合物依据高分子成分或以最高比例存在的成分分类；若所有这些组分以相同的比例出现，该组合物按照这些成分中的每一种成分进行分类。

2. 体系结构

总体来说，IPC 是一种等级分类系统，低等级的内容是其所从属的较高等级的内容的细分。按照分类等级由高至低分为：部、大类、小类、大组、小组。

首先，让我们直观地认识一下 IPC。下图是一份中国实用新型专利说明书的首页信息节选。在右上角处采用黑斜体打印的代码所表示的"A63H 27/18"、"A63H 27/133"就是国际专利分类高级版的分类号（鉴于基本版分类号在实际检索应用中较少采用，本章不涉及基本版分类号的使用）。分类号后面的括号内记载的是在该文献出版时所采用的第 8 版高级版的具体修订版本（第 8 版修订版本以年月形式来标识）。但前面已经做过介绍，专利文献的分类号会根据分类表的修订重新给出。这就意味着，如果一份专利文献在公开后，其所涉及的分类号被修订，则应在检索系统中采用新的分类号进行检索，检索时所使用的分类号会与检索到的专利文献公开文本中记录的分类号不同。

图 6-2-1 中国实用新型专利说明书扉页

从上面的例子可以看出，IPC 分类号是由大写字母、数字及斜线组合而成的一组代码。通过查阅 IPC 分类表，可以了解相应的分类号所表示的技术主题。

在分类表中，分类号是按照一定的规则进行编排的。分类表包含了与专利技术有关的全部技术领域。按照较为宽泛的技术领域，分类表被分为 8 个部，用大写英文字母"A"到"H"作为该部的类号，每个类号所对应的技术领域被称为类名。类号位于分类号的首位。在除 H 部以外的各部中，设置了分部，分部只有类名没有类号。各部对应的技术领域见下表：

表 6-2-1 IPC 分类表各部对应的技术领域

部的类号	部的类名	分部的类名
A	人类生活必需	农业 食品；烟草 个人或家庭用品 保健；救生；娱乐

续表

部的类号	部的类名	分部的类名
B	作业；运输	分离；混合 成型 印刷 交通运输 微观结构技术；超微技术
C	化学；冶金	化学 冶金 组合技术
D	纺织；造纸	纺织或未列入其他类的柔性材料 造纸
E	固定建筑物	建筑 土层或岩石的钻进；采矿
F	机械工程；照明；加热；武器；爆破	发动机或泵 一般工程 照明；加热 武器；爆破
G	物理	仪器 核子学
H	电学	

每个部被细分成许多大类，大类的类号由部的类号及其后的两位数字组成，例如：A63，其类名为"运动；游戏；娱乐活动"。从技术领域上可以很容易地判断出，该大类属于"保健；救生；娱乐"分部。

每个大类包括一个或多个小类，小类的类号由大类的类号加上一个大写字母组成，例如：A63H，其类名为"玩具，如陀螺、玩偶、滚铁环、积木"。

每个小类又被细分为大组和小组。大组的类号由小类类号后面加上1位到3位数字以及"/00"组成。例如：A63H 27/00，其类名为"玩具飞机；其他飞行玩具"。

从上面的介绍可以看出，了解和熟悉分类表对于检索专利文献是十分重要的。当我们面对一项检索课题时，我们需要根据分类表中从部到小类的类名指引，寻找到与检索课题技术领域相关的分类主题，进而确定分类号。

3. 分类特点

（1）国际通用性

IPC是目前唯一的国际通用专利文献分类和检索工具。为了有利于专利文献的共享和交流，各国（地区）专利局对其公开的专利文献都必须按照IPC分类原则给出相应的IPC分类号。IPC分类的这一特点是其他任何一个分类体系所不具有的，这为通过IPC能够检索绝大部分专利文献提供了可能性。

(2) 功能分类优先

整个 IPC 分类体系中，如果能够按照功能分类，则优先按照功能分类。只有当发明涉及特定的、具体的应用时，才按照应用进行分类。

(3) 两个版本并行

IPC 自第 8 版开始分为基本版和高级版，其中高级版根据不同技术领域发展的需要，随时进行修订，3 个月公布一次，而基本版每 3 年修订一次。各国（地区）专利局可以根据自己的情况选择使用高级版还是基本版。

(4) 分类标准的不完全统一

虽然《国际专利分类表》是目前唯一的国际通用的分类，但与此同时，由于各国分类员对专利文献内容的理解可能存在差异、对分类原则的掌握也不尽相同以及分类方式的不同等原因，导致各国对一些专利文献的分类标准不完全统一。

4. 改版情况介绍

《国际专利分类表》从 2006 年 1 月 1 日起实施第 8 版。第 8 版分类表对分类法进行了大量改革，这次改革主要体现在如下几方面：

(1) 为了更好地满足不同范畴的使用者的需求，分类表被分为基本版和高级版。

(2) 对于基本版和高级版，分别引入了不同的修订方式，即基本版以 3 年为修订周期而高级版的修订随时进行；其中，基本版的版本号以其施行的年份标记，例如 IPC – 2009，而高级版以其施行的年份和月份标记，例如现行的高级版为 IPC – 2010.1。

(3) 修订分类表时，专利文献将依照基本版和高级版的修订再分类。

(4) 在分类表的电子层（eletronic layer）中引入了更详细描述和解释分类条目的附加信息，例如分类定义、化学结构式和图解说明、信息性参见。

(5) 分类的一般原则和分类规则适时重新审议和修订。

这次改革对于各国专利局以及检索人员来说都带来了极大的便利。受理量较少的专利局，可以选用基本版分类表，从而避免大量分类号下无收录文献造成的分类表资源浪费和检索不便。受理量较大的专利局，可以选用高级版，利用高级版的修订及时性，及时将文献量较大的分类号进行调整或细分。从世界知识产权组织提供的各国专利局使用 IPC 版本的情况可以发现，世界上主要的专利申请或受理国均采用了高级版。因此，除非检索人员有特殊需求，通常在互联网上提供检索入口的各国（地区）专利局均采用的是高级版的《国际专利分类表》。

此外，根据《国际专利分类》的此次改革的要求，所有专利文献均会根据基本版和高级版的修订进行再分类。这就意味着，如果各国（地区）专利局均及时完成对以前的专利文献按照《国际专利分类表》的修订情况进行重新分类，检索人员在利用国际专利分类号进行检索时，不必再考虑以前国际专利分类版本的情况。但需要注意，由于过去的专利文献数量巨大，目前在互联网上的许多专利文献检索数据库中还没有对以前文献的 IPC 分类号全部进行更新，因此检索时检索者仍然需要注意分类号版本的变化情况。

二、分类号获取方式及应用实例

实际检索中如何确定应该检索的 IPC 分类号是应用 IPC 检索的关键。下面重点介绍针对待检索的技术主题如何确定首先应当检索的基础分类号,以及在基础分类号没有检索到合适的文献时如何扩展检索的分类号。

1. 确定基础分类号

(1) 直接查阅《国际专利分类表》

直接查阅《国际专利分类表》确定待检索技术主题的 IPC 分类号是最直接、最基础的方法,它是本书介绍的其他确定 IPC 分类号方法的基础。

根据 IPC 分类规则按照"部、大类、小类、大组、小组"的顺序,确定最适合于覆盖待检索的技术主题的 IPC 小组以及不能被明显排除在待检索的技术主题之外的全部下位小组作为基础分类号。在此特别需要注意分类表中的各种附注、参见、优先注释以及各小组之间的关系。

此外,如果使用所确定的最适合于覆盖检索主题的小组及其下位组均没有检索到合适的文献,还需要将选定的小组的高一级小组、直至大组都应当作为基础分类号进行检索,因为这些分类位置涉及包含了待检索的技术主题但比其范围更宽的文献。

例如某检索主题涉及普通温度计外壳,根据 IPC 分类规则应当分到 G01K 1/08。该分类号对应 IPC 分类表描述如下:

G01K 温度测量;热量测量;未列入其他类目的热敏元件

G01K 1/00 非专用于特殊类型温度计的零部件

G01K 1/08 ·保护装置,例如,外壳

G01K 1/10 ··防止化学腐蚀的

G01K 1/12 ··防止过热损坏的

从检索的角度看,如果待检索的技术主题没有明确排除适用于防止化学腐蚀和过热腐蚀的话,则检索的分类号应当包括 G01K 1/08、G01K 1/10 和 G01K 1/12。当上述分类位置没有检索到合适的专利文献时,还应当进一步检索其上位分类号 G01K 1/00。

在确定基础分类号的过程中,需要充分考虑前文介绍的 IPC 分类规则。

例如,当待检索主题涉及一种以电离辐射处理有害物质的方法,IPC 分类表中对应的分类号被描述为:

A62D 3/00 通过在物质中产生化学变化使有害化学物质无害或降低危害的方法(通过燃烧消灭有毒气体入 F23G 7/06)〔1, 2007.01〕

附注

1. 本大组不包括……

……

3. 本大组中,在每一等级中,若无相反指示,分类到最先适当位置。〔2007.01〕

A62D 3/02 ·通过生物学方法,即,使用酶或者微生物的方法〔2007.01〕

A62D 3/10 ·通过进行电或波能或粒子或电离辐射处理〔2007.01〕

A62D 3/00 下的附注 3 表明该大组下适用最先位置规则。也就是说当一个技术主题既可以分到 A62D 3/02 也可以分到 A62D 3/10 时,那么其将被分到最先位置的 A62D 3/02。因此,虽然分类位置为 A62D 3/10,但 A62D 3/10 和 A62D 3/02 都应当是需要检索的基础分类号。

类似地,当分类表涉及最后位置规则时,需要类似地确定检索的分类号。例如,待检索的技术主题涉及一种通过在面粉中添加有机物质的处理方法,IPC分类表中对应分类号被描述为:

A21D 2/00　　焙烤前或焙烤期间通过添加入材料来处理面粉或面团(A21D 10/00优先)〔2,8〕

附注

在A21D 2/02至A21D 2/40各组中,如无相反的指示,添加物分入最后适当位置。

A21D 2/02　　·加入无机物质
A21D 2/04　　··氧;产氧化合物,如臭氧、过氧化物
A21D 2/06　　··还原剂
A21D 2/08　　·加入有机物质
A21D 2/10　　··碳氢化合物
A21D 2/12　　··卤代烃
A21D 2/14　　··有机氧化合物
A21D 2/16　　···脂肪酸酯
A21D 2/18　　···碳水化合物
A21D 2/20　　···过氧化物
A21D 2/22　　···抗坏血酸
A21D 2/24　　··有机氮化合物
A21D 2/26　　···蛋白质
A21D 2/28　　··有机硫化合物
A21D 2/30　　··有机磷化合物
A21D 2/32　　···磷脂
A21D 2/34　　··动物材料
A21D 2/36　　··植物材料
A21D 2/38　　···种籽幼芽;发芽谷物;及其提取物
A21D 2/40　　·面粉或面团化学处理用的设备

可以看出,A21D 2/00大组下的A21D 2/02至A21D 2/40各组中适用最后位置规则。为确定待检索的分类号,首先根据添加的有机物质确定具体对应的分类号,例如添加的有机物质是动物材料,对应于A21D 2/34,但根据最后位置规则,如果添加剂中还含有植物材料,则分类时将其分到A21D 2/36,因此检索分类号还应当包含A21D 2/36。

此外,在确定待检索的技术主题的基础分类号时,还需要考虑分类表的版本变化问题。由于IPC第8版之前,各个专利局没有根据新版本对已有专利文献进行重新分类,所以为了尽可能避免漏检,需要关注IPC修订情况。

例如:IPC在2008.04与2009.01之间的修订有:

A47H 33/00　　(转入A47H 99/00)

如果待检索的技术主题涉及A47H 99/00且检索所使用的数据库中没有及时对以前

的专利文献进行重新分类，则还应当检索原来的分类号 A47H 33/00。

（2）使用《IPC 关键词索引》

为使用《IPC 关键词索引》查找需要检索的 IPC 分类号，首先需要分析待检索的技术主题，从中确定一个体现该技术主题的技术领域的词组（技术术语）。通过在《IPC 关键词索引》中查找该词组，确定待检索的 IPC 分类号。《IPC 关键词索引》中通常只能指示出 IPC 的大组或者 IPC 的小类。目前中文版《IPC 关键词索引》仅有第 7 版，尚无与第 8 版同步的《IPC 关键词索引》出版。目前，能够获得的最及时更新的《IPC 关键词索引》是 WIPO 网站上用英文或法文提供网络版《IPC 关键词索引》。通过网址 http://www.wipo.int/classifications/ipc/ipc8/?lang=en 可以查询英文版 IPC 信息，打开网页后，点击"Catchwords"即进入《IPC 关键词索引》检索状态。

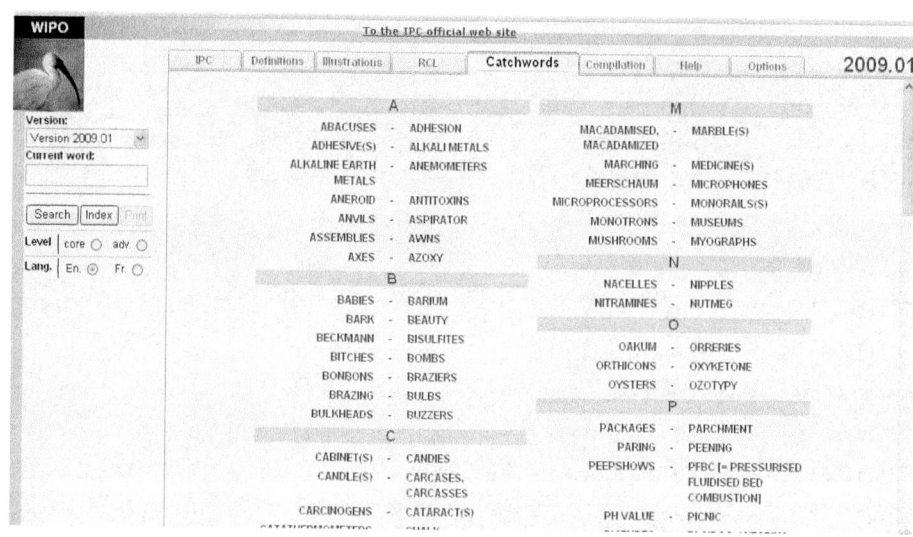

图 6-2-2 《IPC 关键词索引》检索状态

例如，假设待检索的技术主题涉及一种玩具直升飞机，借助《IPC 关键词索引》，查找"飞机"，在"飞机"词条下，可以发现玩具飞机的分类信息为 A63H 27/00。

（3）使用检索结果统计功能

一些网站提供有检索结果的分类号统计分析功能，例如本书资源篇介绍的 DII 数据库、Patentics、SooPat 以及中国专利信息中心提供的中国专利数据库检索系统（http://search.cnpat.com.cn）均提供有这种功能。首先通过使用与待检索技术主题密切相关的一个或多个关键词进行检索，再利用检索系统的统计功能统计检索结果的分类号分布情况，由此分析确定针对该技术主题应该检索的分类号。

下面以 DII 数据库为例进一步说明如何通过结果统计功能查找针对玩具直升机应该检索的 IPC 分类号。

首先根据资源篇的介绍进入该检索数据库，使用"toy*"和"helicopt*"进行逻辑"与"检索。

第六章 分类号检索

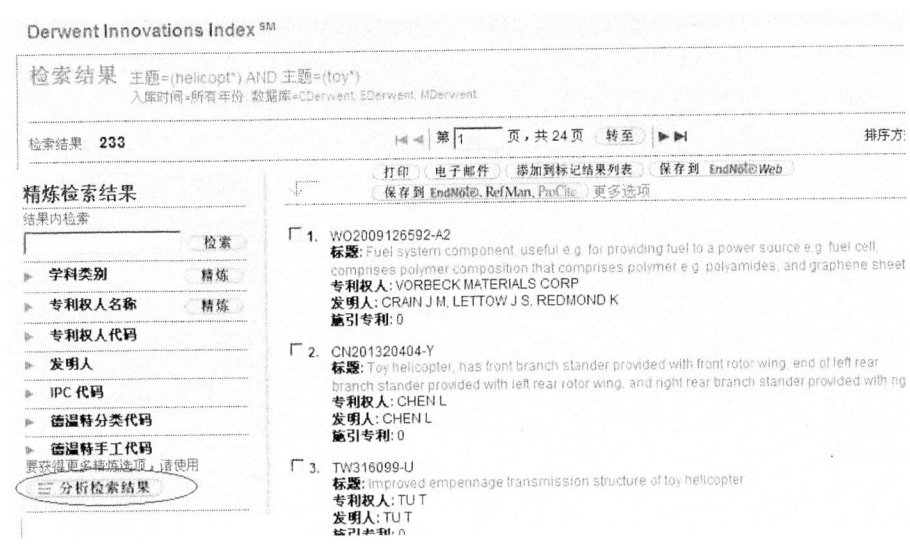

图 6-2-3 检索结果

如上图所示，选择"分析检索结果"，并具体选择"International Patent Classification Code"，得到如下图所示分析结果：

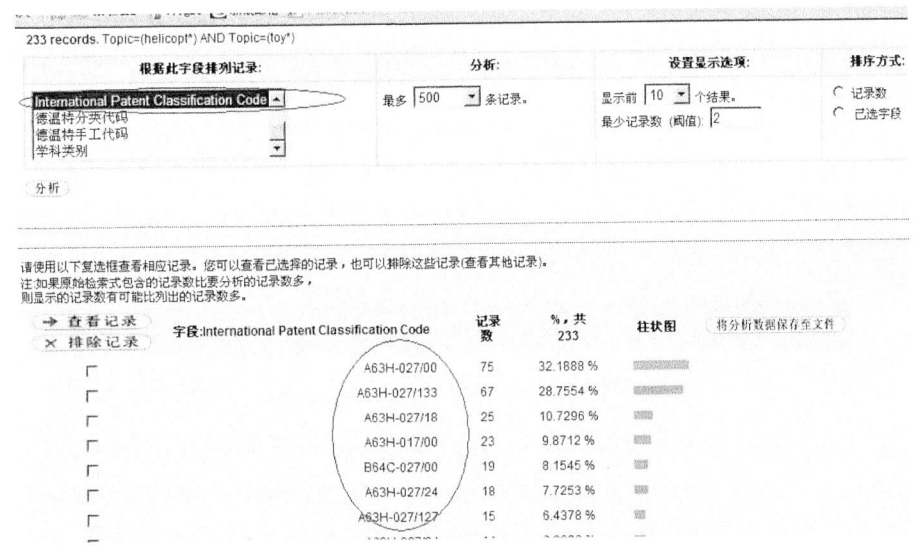

图 6-2-4 分析检索结果

从统计结果中可看出，A63H 27/00 和 A63H 27/133 最为相关，通过查阅分类表，基本可以确定这两个分类号是首先应该检索的分类号。

2. 扩展分类号

当使用基础分类号没有检索到合适的文献时，需要考虑扩展分类号。IPC 分类号的扩展主要是基于功能分类和应用分类进行的。

IPC 分类体系为既按功能分类又按应用分类的多重分类体系。如果技术主题属于应用分类位置的技术领域，检索时除考虑申请所属的技术领域外，有时还需要考虑将检索

129

范围扩展到与其相应的功能分类位置的技术领域，或者功能相同或相近的其他应用分类位置的技术领域，这是由于通用的技术有时也能适用于特定的应用，是否扩展还要考虑在通用的技术分类中检索到相关文献的可能性。同样地，如果技术主题属于功能分类位置的技术领域，检索时除考虑申请所属的技术领域外，有时还需要考虑将检索范围扩展到功能相同或相近的应用分类位置的技术领域，这是由于特定的应用有时也能体现通用的技术。而这种扩展可以通过分类表中的正向参见和反向参见来进行。

以 A24D 3/00 为例，其 IPC 分类表中描述为：

A24D 3/00 烟油滤芯，如过滤嘴、过滤插入物（过滤器一般入 B01D）；雪茄或纸烟的烟嘴（用于烟斗，用于雪茄烟或纸烟的烟嘴入 A24F 7/00）[3]

从上述描述中可以看出，A24D 3/00 是一种过滤器的特定应用的分类，即烟油滤芯，而一般的过滤器入 B01D，即 B01D 为过滤功能的分类。

由 A24D 3/00 这样一个应用分类出发，可以考虑扩展到一般的过滤器的分类位置 B01D。由于这种扩展的参见是记录在 A24D 3/00 中，而扩展是由 A24D 3/00 出发的，所以这种参见被称为正向参见。

相反地，由 B01D 这样一个过滤功能的分类出发，有时也要考虑扩展到特定的应用位置。由于这种扩展的参见在 B01D 中没有，而需要在整个分类表中查找，所以这种参见被称为反向参见。

除了上述由参见衍生的扩展之外，还有少部分是需要经验积累，从而掌握功能和应用的相关性的，但从实用的角度出发，这种根据经验积累的扩展有时可以通过下述的统计分析进行。

下面从实用的角度出发，介绍通过统计分析来部分替代这种根据经验积累的扩展。统计分析之所以可以部分替代这种根据经验积累的扩展的理论基础在于，具有潜在的内部联系的 IPC 有可能会在同一篇专利文献中给出，所以可以通过以所欲扩展 IPC 为入口，检索专利文献，再统计结果中的 IPC，从其中可以找到可进一步使用的扩展分类。

仍然以上文介绍的玩具直升飞机为例介绍通过对检索结果的分类统计查找扩展分类号的方法。在进行具有统计检索结果的分类号功能的数据库或检索系统之后，以基础分类号 A63H 27/133 和关键词"直升机"进行逻辑"与"检索，对获得的检索结果统计分类号（最好统计到大组），重点查看除了 A63H 27/00 或 A63H 27/133 之外的分类号，可以发现 A63H27/04 以及 B64C27/04 也与该主题密切相关，检索时应对此类分类号进行扩展检索。

第三节 欧洲专利分类 ECLA

欧洲专利分类 ECLA（简称 EC）是 EPO 基于 IPC 建立的内部分类体系。

ECLA 分类体系是在荷兰专利局的专利分类表（INDELING DER TECHNICAL，简称 IDT）的基础上建立起来的，EPO 将与 IPC 相对应的 IDT 转变成为 ECLA 分类。从 1978 年 EPO 成立到 1991 年，EPO 一直既给出 ECLA 分类，又给出 IDT 分类，从 1991 年以后，所有的新文献仅按照 ECLA 进行分类。

EPO 主要对下列国家和地区的专利文献进行 EC 分类：AP、AT、AU、BE、CA、DE、EP、FR、GB、LU、NL、OA、US、WO（其中，对于 AT、AU 和 CA 的专利文献，仅对没有外国优先权的"本国申请"进行分类），而对于 RU、CN、KR、JP 等非英语的国家的专利文献，EPO 不直接对其分类，仅将这些文献在上述分类的国家或组织的同族文献中给出的 EC 分类号对应到这些专利文献中。此外，EPO 还对一些非专利文献进行 EC 分类，包括审查员在检索过程中找到的非专利文献和某些领域部分期刊上的文章等非专利文献。

一、分类体系简介

EC 源于 IPC，在很大程度上与 IPC 具有相似性，因此下面重点介绍 EC 的形成途径和特点。

1. EC 的表现形式

EC 分类号具有以下两种形成途径：

（1）对 IPC 分类号的进一步细分

具体表现形式为 IPC + 字母—数字—字母……，同时在其后的解释之前标注有 [N]。例如：

H02J 7/00　　用于电池组的充电或去极化或用于由电池组向负载供电的装置

H02J 7/00B　　·[N：设置成向不同类型的电池组充电的]

H02J 7/00B1　　··[N：在电池组和充电器之间具有数据交换的（H02J 7/00B3 优先）][N9806][C9911]（N9806 表示该 EC 号为 1998 年 6 月增加，C9911 表示该 EC 分类号在 1999 年 11 月修订过——编者注）

（2）直接采用 IPC 分类号

例如上面例子中的 EC 分类号 H02J 7/00 与 IC 分类号 H02J 7/00 相同。

需要注意的是，在某些小组中，EC 仍在使用现行 IPC 版本中已不再使用的组，在这些小组后面标注有 IPC 的版次。例如 IPC 第 8 版中已经不再使用的小组 H02P7/72 在 ECLA 中继续使用，并标注有"[N：IPC3]"。

此外，某些小组 EC 不使用 IPC 分类，例如 IPC 中的 A61B5/01（测量一些身体部位的温度）在 EC 中不采用。

2. 特点

在 ECLA 分类体系的建立和形成过程中，一开始遵循了 IPC 的一般原则。但是，在 ELCA 发展和完善过程中，EPO 力求使各分类条目下的文献量适中，以及各分类条目下的文献内容纯净，从而使得 ECLA 分类具有自己的特色。

（1）EC 分类比 IPC 分类更加细化

EC 分类条目（133 000 条）约为 IPC（71 000 条）的两倍。而且，原则上，EPO 对于超过 100 篇专利文献的分类都要进行细分，增加分类条目，避免在一个分类号下有太多的文献，由此保证了各分类号下的文献量适中，非常有利于检索。

（2）EC 分类比 IPC 分类一致性更高

由于 IPC 分类号是由各国分类员给出，而各国分类员对专利文献内容的理解存在差异，对分类原则的掌握也不尽相同，因此导致了对一些技术内容本该分到相同位置的专利文献分到了不同的分类位置（参见本章第二节中对 IPC 分类号的特点介绍）。而 EC 分类号均由 EPO 的审查员直接给出，对分类原则的掌握相对统一，因此保证了分类号的一致性。

（3）EC 分类反映的技术内容更加准确、全面

较之 IPC 第 8 版以前的 IPC 分类来说，由于 EC 分类号是根据说明书的全文确定其技术主题，从而确定其分类号，而不是仅仅根据独立权利要求确定分类号。这样确定的分类号不仅包含独立权利要求的技术内容，也包含了从属权利要求和说明书的技术内容，技术主题更准确，分类号所反映的技术内容更加全面。

（4）EC 分类表是动态的，其内容的调整更加及时

IPC 分类表在 2006 年的第 8 版之前每 5 年才修订一次，IPC 在 2006 年之后（即第 8 版）中高级版每 3 个月修订一次，而 ECLA 分类表平均每 1 至 2 周就要修订一次。因此对于技术发展较活跃的领域，如通讯和网络领域，采用 EC 分类仍然能够查到近期的专利文献。

（5）每篇专利文献的 EC 分类号会随 EC 的修订而修改

如果分类号有变化，比如新增加了分类号，EPO 会将在此之前的所有专利文献进行重新分类。也就是说，EC 只有当前一个版本。

二、分类号获取方式及应用实例

1. 分类号获取方式

获取 EC 分类号的方式与获取 IPC 的方式类似，例如通过查阅分类表获得、通过同族获得、通过对关键词检索结果进行统计获得等方式。本节重点介绍如何通过 EPO 的网站提供的 EC 分类表索引获取 EC 分类号。

首先通过 http：//ep. espacenet. com/或者 http：//ec. espacenet. com 进入 EPO 网站，选择左边标题栏中的"Classification Search"项，进入如下页面：

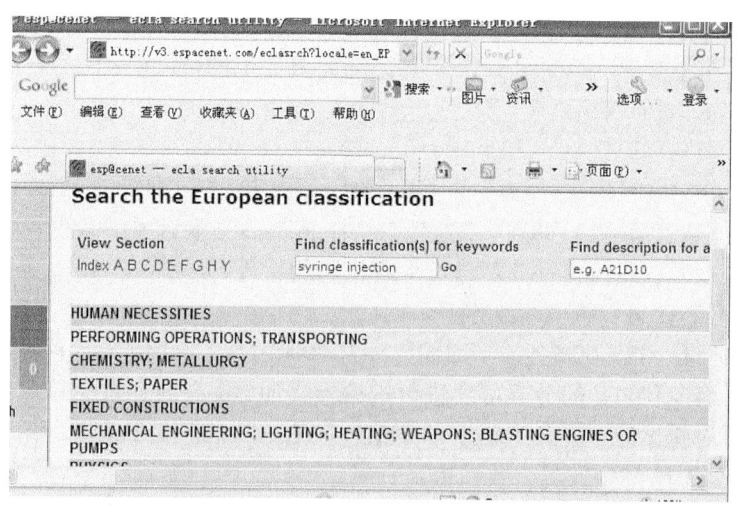

图 6-3-1 "Classification Search" 页面

在上述页面中,"Index A B C D E F G H"对应的就是 ECLA 分类表的索引以及各个部名(与 IPC 分类的各部名对应)。直接点击 Index 可以查看 ECLA 分类表的索引,点击"A B C D E F G H"中的每个字母可分别进入对应的部进行分类号的查找。此外,分别点击各部具体的技术含义也可以进入到相应各部中进行分类号的查找,例如点击"HUMAN NECESSITIES(人类生活必需,ECLA"A"部所包含的含义)"、"CHEMEISTRY;METALLURGY(化学,冶金,ECLA 分类体系"C"部包含的含义)"可分别进入到 ECLA 分体系的 A 部和 C 部,其他各部类似。

此外,该页面中还包含"Find classification(s) for keywords"以及"Find description for a symbol"两个搜索引擎,其分别表示用关键词查找分类号以及查找每个分类号的具体说明。例如,在"Find classification(s) for keywords"搜索引擎中输入"transformer protection"可以查出与变压器保护相关的分类号,包括 H02H、H02M 以及 H02P 等,这样可以比较快速地查找到与技术主题相关的分类号而不用阅读整个 ECLA 分类表。再例如,在"Find description for a symbol"搜索引擎中输入"H02M3/335S",可以查到该分类号所表示的技术含义"具有多个有源开关的"在其后还标注"H02M3/335D 优先",而且使用该搜索引擎不仅可以查到该分类号本身的含义,还可以查找到其上位组和下位组所分别表示的技术含义。

2. 应用实例

在互联网中使用 ECLA 进行检索的网站主要是资源篇介绍的 EPO 的网站,其访问方式详见资源篇介绍。常用的高级检索界面如下:

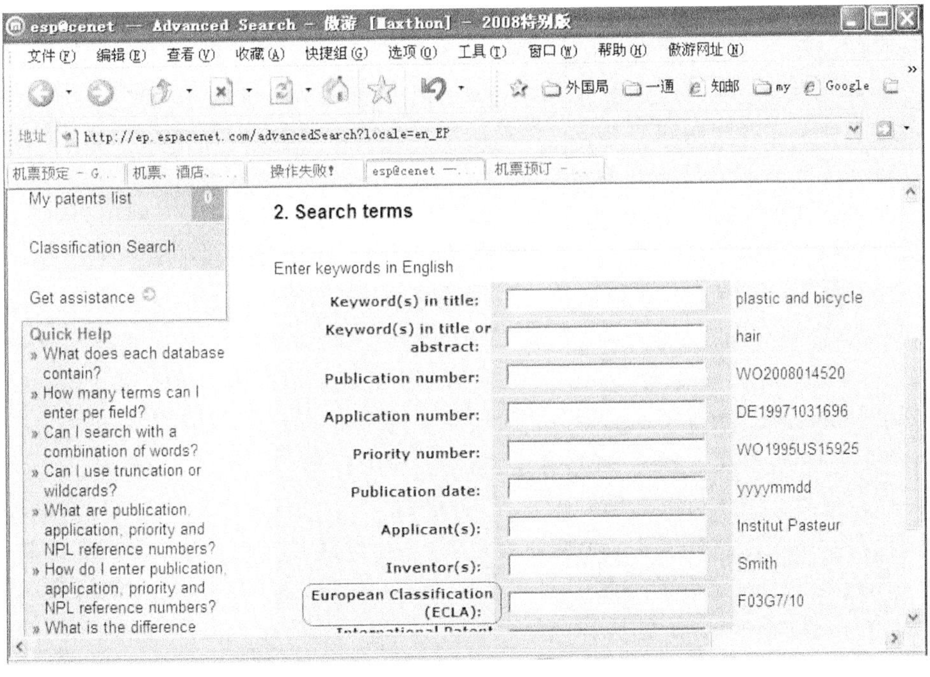

图 6-3-2　EPO 高级检索界面

【案例 6-3-1】
对可转动的理发椅这一主题进行专题检索。
案例分析：
通常我们会首先采用"理发"、"椅"、"转动"这 3 个关键词的基本表达形式进行初步检索，例如采用"hair"、"chair"以及"rotat+"（其代表 rotatable、rotation、rotate 等表达方式）作为关键词进行检索。
检索思路：
通过初步检索，发现 A47C1/04（理发馆用椅或类似的椅）是与本检索主题最接近的 IPC 分类号，其下位组相应的分类号与本申请的主题并不相关。考虑到 EC 分类号是 IPC 分类的细分，因此，在 EPO 网站中查找 A47C1/04 这一 EC 分类号的下位组以确定是否有更准确表述本检索主题的分类号。通过查找发现，A47C1/04 的下位组 A47C1/04B（座椅可转动的理发馆用椅或类似的椅子）更能体现检索主题。因此，选择 A47C1/04B 在 esp@cenet 上使用 EC 分类进行检索，可以得到更多的其他相关文献。

本案例充分体现了 EC 分类号在 IPC 分类号的基础上进一步细分的特点，因此，如果我们查找到的 IPC 分类号并不能准确体现检索主题时，可以尝试查找 EC 分类号，以确定是否有更准确的分类号并进行相应检索。

第四节　德温特分类体系 DC/MC

德温特世界专利索引数据库（Derwent World Patents Index）是一个综合性的专利数据库，最初由英国德温特公司制作提供，有时称为 WPI 或者 DWPI。现有 3 000 万条专利信息，每年数据库中添加约 150 万份新的专利文件。该数据库是全球最权威的、高附加值的深加工专利数据库，可以精确检索来自全球 40 多个国家或地区的专利。超过 300 人的专家和编辑组成的团队对这些文件进行评估、专利族整理、分类和索引，并为每件专利提供高价值的描述性的英文摘要/题目，明晰易懂并可供检索。数据库中现在包含 1 350 万条独特的基本专利记录。数据追溯至 1963 年。该数据库包括化学专利索引 [Chemical Patent Index（CPI）]、通用和机械专利索引 [General and Mechanical Patents Index（GMPI）] 以及电气专利索引 [Electrical Patent Index（EPI）]。德温特世界专利索引数据库在对所有专利文献进行分类时，除了本书前面提到的 IPC 分类外，还包括其独特的德温特分类（DC）代码和手工代码（MC）等。

德温特世界专利索引数据库可在 STN 国际联机检索系统、DIALOG 国际联机检索系统等商用检索系统以及 ISI Web of Knowledge 等多个检索系统中进行检索。其中基于 ISI Web of Knowledge SM 平台的德温特创新索引 Derwent Innovations Index（DII）是整合了 Derwent World Patents Index 的专利信息和源自 Derwent Patents Citation Index 的专利引文信息的国际权威专利检索工具。为研究人员提供世界范围内的化学、电子与电气以及工程技术领域内综合全面的发明信息。

一、分类体系简介

1. 德温特分类

德温特分类[Derwent Classification（DC）]是德温特公司从1970年开始使用的专业的专利文献分类。

德温特分类根据其技术内容的不同将全部文献分为三大领域：化学（Chemical）、工程（Engineering）和电子电气（Electronic and Electrical）。

每个领域又进一步分为多个部（sections），部下面再细分为小类，例如化学领域有12个部（A－M）、138个小类，工程领域有2个部（P和Q）、103个小类，电子电气领域有6个部（S－X）、50个小类。此外，还有一个专用于催化剂标引的N部，其与化学领域的绝大部分的部相关。

化学、工程和电子电气三大领域下具体所包含的每个部如下。

（1）化学领域12个部

A部：Polymers and Plastics（聚合物和塑料）

B部：Pharmaceuticals（药物）

C部：Agricultural Chemicals（农业化学）

D部：Food, Detergents, Water Treatment and Biotechnology（食品，洗涤剂，水处理和生物技术）

E部：General Chemicals（一般化学）

F部：Textiles and Paper-Making（纺织，造纸）

G部：Printing, Coating, Photographic（印刷，涂层，摄影）

H部：Petroleum（石油）

J部：Chemical Engineering（化学工程）

K部：Nucleonics, Explosives and Protection（核子学，炸药和防护）

L部：Refractories, Ceramics, Cement and Electro (in) organics（耐火材料，陶瓷，水泥和无机有机电化学）

M部：Metallurgy（冶金）

（2）工程领域2个部

P部：General（通用）

Q部：Mechanical（机械）

（3）电子电气领域6个部

S部：Instrumentation, Measuring and Testing（仪器、测量和测试）

T部：Computing and Control（计算和控制）

U部：Semiconductors and Electronic Circuitry（半导体和电子电路）

V部：Electronic Components（电子元件）

W部：Communications（通信）

X部：Electric Power Engineering（电力工程）

在德温特分类中,由于不同的部涉及技术领域特点不同,因此不同的部的标引规则不完全相同。例如 A 部涉及聚合物和塑料,其标引规则如下:

如果一个新的聚合物的组合物可用于多种应用领域,则仅标引该组合物;对于新的聚合用催化剂,不标引其相应的聚合反应过程而仅标引制备得到的聚合物;聚合物的性能仅在其非常重要时才标引;如果公开了一种针对具体聚合物的专门的过程、添加剂或催化剂,那么该特征和催化剂均标引,例如用于 PVC 的热稳定剂 A08 - A04(热稳定剂)和 A04 - E02(聚氯乙烯均聚物);如果一种新的添加剂可用于一系列化合物,则仅标引该添加剂,例如一种可用于醋酸纤维素、聚酰胺和聚酯的偶氮染料仅标引 A08 - E03A(偶氮染料);一种化学改性的聚合物仅标引为 A10 - E(化学改性),如果描述了改性过程,那么也要进一步标引未改性的聚合物;聚合物的预聚物或中间体通常标引中间体,如对苯二酸乙二醇酯 A05 - E04,聚氨酯预聚物 A05 - G(聚氨酯)。

N 部涉及催化剂,其开始于 1977 年 1 月,其专用于标引任何适于 B、C、D、E、H、J、K 或 L 部的德温特摘要中涉及新的聚合过程的催化剂。除了金属、合金或聚合用催化剂外,新的催化剂也标引在 E 部。催化剂载体标引为 N06 - F,对于新的催化剂载体还要另外标引 E 部和 N 部的其他代码。

2. 手工代码

手工代码[Manual Codes(MC)]是对化学领域和电子电气等领域文献的等级分类和标引体系,因此仅在 CPI(化学专利索引)和 EPI(电气专利索引)中收录。手工代码由德温特公司将专利内容进行收集整理后,由经过特殊培训的具备分类领域专业知识的分类人员统一给定,因此手工代码分类的一致性较高。

手工代码基于德温特分类,但比德温特分类分得更细,因此可以进行更精确的检索。例如,德温特分类 B04 涉及天然产物,手工代码 B04 - F 涉及其中的细胞和微生物,手工代码 B04 - G 涉及其中的抗生素。

下面分别介绍 CPI 和 EPI 中的手工代码。

(1)CPI 中的手工代码

化学专利索引 CPI 中的手工代码已有几十年的历史。1963 年,德温特公司仅对药物专利进行标引;1965 年开始对农业化学专利进行标引;1966 年对塑料专利进行标引,自 1970 年起,逐步扩大到整个化工与材料工业领域,随后,不断补充新的代码和进行修订,以适应新技术的发展。截至 2007 年,CPI 中的手工代码已经历了 13 次修订,目前是第 14 版手工代码。化学专利索引中的手工代码分为下列 A、B、C、D、E、F、G、H、J、K、L、M 和 N 共 13 个部。

表 6 - 4 - 1 化学专利索引中的手工代码分部

A:PLASDOC	H:PETROLEUM
B:FARMDOC	J:CHEMICAL ENGINEERING
C:AGDOC	K:NUCLEONICS, EXPLOSIVES, PROTECTION

D：FOOD, FERMENTATION, DISINFECTANTS, DETERGENTS	L：GLASS, CERAMICS, ELECTRO (IN) ORGANICS
E：CHEMDOC	M：METALLURGY
F：TEXTILES, PAPER, CELLULOSE	N：CATALYSTS
G：PRINTING, COATING, PHOTOGRAPHIC	

CPI 的手工代码手册仅有一册，包括两个部分：

第一部分为按手工代码的字母或数字顺序排列的手工代码表；

第二部分为按技术主题的字母顺序排列的索引（SUBJECT INDEX）。

在不了解手工代码的情况下，通过第二部分的技术主题索引可以快速找到相应的手工代码。如欲查找用于纺织厂的空调的手工代码，通过"Air conditioning"在下面的索引中可以很容易确定其手工代码。

AIDS treatments B14 – G01B C14 – G01B

Air conditioning J07 – A07 J01 – G03C

Buildings A12 – R02

Textile factories F03 – K

Transport A12 – T

Air drying of solids J08 – H01

利用 CPI 手工代码手册的第二部分内容确定手工代码后，仍需回到手工代码手册的第一部分，来确定代码的完整含义以及该代码与其他代码的关系。

(2) EPI 中的手工代码

电气专利索引（EPI）虽然从 1980 年才开始收录手工代码，但由于电子电气领域的技术发展很快，手工代码的发展也很快，截至 2007 年，EPI 的手工代码已经历了 8 次修订。EPI 手工代码从 1980 年的大约 1 900 个迅速增加到了 2006 年的 11 700 个，其数量甚至超过了 CPI 中的手工代码。目前是第 9 版手工代码。

EPI 的手工代码手册共有三册，其中：

第一册收录 Q、S、T 部的手工代码表；

第二册收录 U、V、W、X 部的手工代码表；

第三册是按技术主题的字母顺序排列的索引（SUBJECT INDEX）和四个附录。其中的 EPI 主题索引的排列方式和使用方法与 CPI 主题索引非常相似，只是涉及的技术领域不同。四个附录分别是：

附录一：EPI 技术主题所涉及的领域（EPI Subject Matter Coverage）

附录二：EPI 手工代码的分类规则（EPI Manual Coding Criteria）

附录三：EPI 手工代码的 IPC 索引（IPC to EPI Manual Code Approximate Concordance）

附录四：EPI 以及机械运输分类的简明指南（Concise Guide to EPI and Mechanical Transportation Classification）

其中主题索引以及附录二和附录三对快速、准确地确定手工代码非常有帮助。EPI 手工代码的结构如下：

表 6-4-2　EPI 手工代码的结构

Section Q
- Q1　Vehicles in General
- Q2　Special Vehicles
- Q3　Engines, Pumps, Compressors, Fluid Pressure Actuators
- Q4　Engineering Elements

Section S
- S01　Electrical Instruments
- S02　Engineering Instrumentation
- S03　Scientific Instrumentation
- S04　Clocks and Timers
- S05　Electrical Medical Equipment
- S06　Electrophotography and Photography

Section T
- T01　Digital Computers
- T02　Analogue and Hybrid Computers
- T03　Data Recording
- T04　Computer Peripheral Equipment
- T05　Counting, Checking, Vending, ATM and POS Systems
- T06　Process and Machine Control
- T07　Traffic Control Systems

Section U
- U11　Semiconductor Materials and Processes
- U12　Discrete Devices
- U13　Integrated Circuits
- U14　Memories, Film and Hybrid Circuits
- U21　Logic Circuits, Electronic Switching and Coding
- U22　Pulse Generation and Manipulation
- U23　Oscillation and Modulation
- U24　Amplifiers and Low Power Supplies
- U25　Impedance Networks and Tuning

Section V
- V01　Resistors and Capacitors
- V02　Inductors and Transformers
- V03　Switches, Relays
- V04　Printed Circuits and Connectors
- V05　Valves, Discharge Tubes and CRTs
- V06　Electromechanical Transducers and Small Machines
- V07　Fibre-Optics and Light Control
- V08　Lasers and Masers

Section W
- W01 Telephone and Data Transmission Systems
- W02 Broadcasting, Radio and Lne Transmission Systems
- W03 TV and Broadcast Radio Receivers
- W04 Audio/Visual Recording and Systems
- W05 Alarms, Signalling, Telemetry and Telecontrol
- W06 Aviation, Marine and Radar Systems
- W07 Electrical Military Equipment and Weapons

Section X
- X11 Power Generation and High Power Machines
- X12 Power Distribution/Components/Converters
- X13 Switchgear, Protection, Electric Drives
- X14 Nuclear Power Generation
- X15 Non-Fossil Fuel Power Generating Systems
- X16 Electrochemical Storage
- X21 Electric Vehicles
- X22 Automotive Electrics
- X23 Electric Railways and Signalling
- X24 Electric Welding
- X25 Industrial Electric Equipment
- X26 Lighting
- X27 Domestic Electrical Appliances

3. 德温特分类（DC）和手工代码（MC）之异同

下面对德温特分类体系中的DC和MC进行简要的比较。

两者具有如下的相同点：

（1）专业性强

DC和MC由德温特公司（现属于汤姆森公司）的专业分类人员给出，且涉及各个专业技术领域，某些领域分类非常细致。

（2）一致性强

DC和MC由德温特公司对专利数据收集整理后统一给出代码，且同族专利具有与基本专利相同的德温特分类和手工代码，可避免不同专利局针对同一发明给出的IPC分类号不一致造成的漏检。

（3）注重应用

DC和MC均是从主要是从应用性角度编制的分类体系，在分类时考虑所有权利要求的内容。

同时两者还具有如下不同点：

（1）两者细分程度不同

DC和MC都是对各个部的进一步细分，但DC的分类比较粗，仅分到小类，如T07（Traffic control system）。而MC则是更精确的分类，由一组字母和数字交替排列组成，如 T07 – A01A（Measuring speed of traffic, Includes measurement of average speed）。

（2）两者涉及的技术领域不完全相同

DC 涉及化学的 A～M 部、工程的 P1～P8、Q1～Q7 部和电子电气的 S～X 部。但手工代码仅涉及化学的 A～N 部、工程的 Q1～Q2、Q5～Q6 部和电子电气的 S～X 部，即工程的 P 部以及 Q3～Q4 和 Q7 部的专利文献没有手工代码（其中的 N 部为催化剂，比较特殊，其手工代码由 A～M 部衍生而来，即出现在 B、C、D、E、H、J、K、L、M 部中的催化剂均会另外给出一个手工代码放在 N 部）。

（3）MC 并不是对所有 DC 的进一步细分

MC 和 DC 中均是对部的细分，相同字母代表的部的技术内容也基本相同，但有些 MC 和 DC 虽然可能含有相同的部的名称和数字，但其含义往往是不同的，例如手工代码 F05 – A04 涉及造纸及其设备（Paper-making and machines），而德温特分类 F05 涉及缝纫、刺绣、提花（Sewing, embroidering, tufting-including finished products），与手工代码的含义完全不同。

上述这种不一致性在其数据库中的专利文献的 DC 和 MC 标引上也体现这一点，例如日本专利文献 JP49046048B 被标引的 DC 为 A91、A96、B04、S03 和 S05，但被标引的 MC 为 A04 – D05、A12 – M、A12 – V、B04 – C03A、B11 – C07 和 B12 – K04。可以看出两者也并不是严格的细分关系。

4. DC 和 MC 的优点

与其他分类体系相比，德温特分类体系（DC/MC）具有下列优点：

（1）部分 MC 比 IPC 和 ECLA 分类更为细化

利用 IPC 分类进行检索时，有时同一个 IPC 分类号下涵盖很多内容，造成检索结果中有大量不相关文献，ECLA 分类虽然有时比 IPC 分类更为细化，但仍有一部分 ELCA 与 IPC 完全相同，另外还有相当部分的 ECLA 虽然进行了一些细分，但细分的程度还不够。而某些领域的 MC 在这些方面存在一定优势。

例如，钛化合物的 IPC 和 ELCA 分类均为 C07F 7/28，没有进行进一步细分，与钛化合物相应的手工代码为 E35 – K，但其下面有多个细分的手工代码。

E35 – K　Ti compound-general

E35 – K01　.　TiO2 product　　　　　　1986

E35 – K02　.　TiO2 use　　　　　　　　1986

E35 – K03　.　Ti halide, sulphate　　　　1986

E35 – K04　.　other Ti compound　　　 1986

再例如，在丙型肝炎治疗方面，IPC 的分类仅涉及抗病毒剂，而手工代码则针对涉及丙型肝炎治疗方面进行专门的细分，使用手工代码进行检索，可以大幅度降低"噪声"。

（2）DC/MC 标引的准确性和一致性高

不同的专利局针对同样的发明给出的分类号往往不一致，如 USPTO 按照功能分类，其 IPC 分类常常不很准确，或与其他国家不同，仅仅依赖于 IPC 作为检索入口，常会漏检相关的美国文献。而 DC/MC 是根据专利文献的技术内容、不依赖于原文献的 IPC 分类重新确定的,从而保证了对所收录各国专利文献标引的准确性和一致性,可以有效降低漏检率。

(3) DC/MC 容易避免版本变化所产生的漏检

IPC 虽在书中类目后加注了符号[1-8]表示修订的版次。但仅有前后两个版本之间的指引,不会涉及更早版本的分类号;而且修订引起的删除也不会体现在新版的 IPC 中;新增的分类号与以前版本的分类号之间也并无指引,因此,很有可能造成漏检。

手工代码如果进行过修订,则过去的文献不再重新标引,而通过新代码表中对原代码的指引,指导检索人员同时使用原代码和新代码,以防止漏检。这种相互指引在 CPI 和 EPI 中虽然格式不完全相同,但都是非常清晰的。例如在 CPI 中旧代码 B12 - L03 与新代码 B14 - N06 之间相互指引如下:

B12 - L03　　　　　　Dental agent　　　　　　1963 - 1993
Now coded as: B14 - N06
B14 - N06　　　　　　Dental general and other　　1994
Previous code (s): B12 - L03

但在 EPI 中的新旧手工代码互相指引方式如下:

W02 - B01C1A　　　　　　　　　　　　　　　　[1997]
Telescopic antenna (W02 - B01X)
Coded as W02 - B01X prior to 199701.
W02 - B01X　　　　　　　　　　　　　　　　　[1992]
Other monopole or dipole antenna aspects
Prior to 199701 telescopic aerials were included. These are now coded under W02 - B01C1A.

因此,在检索时,需要根据检索文献时限的要求选择检索不同的分类号。

例如,某检索主题涉及缓释剂和速释剂,但缓释剂、速释剂、控释剂的手工代码最初均是 B12 - M10 (controlled release,控制释放),自 1986 年给出手工代码 B12 - M10A (sustained release,持续释放) 和 B12 - M10B (delayed release,延迟释放),2002 年开始给出手工代码 B12 - M10C (rapid release,速释剂)。根据不同的检索需求分别进行如下检索:

如果仅检索 1986 年前的缓释剂专利文献,则检索命令为 B12 - M10/MC;

如果检索 2004 年以前的缓释剂专利文献,则检索命令为 B12 - M10/MC OR B12 - M10A/MC OR B12 - M10B/MC;

如果检索 2002 年以前的速释剂,则检索命令为 B12 - M10/MC;

如果检索 2002 年以后的速释剂,则检索命令为 B12 - M10C/MC;

如果检索 2004 年以前的速释剂,则检索命令为 B12 - M10/MC or B12 - M10C/MC。

二、分类号获取方式及应用实例

1. 分类号获取方式

利用德温特分类和手工代码进行检索的关键在于如何获取与检索相关的分类号,可通过如下途径获得相关的分类号:

(1) 根据分类表直接确定

可以参照确定 IPC 的方法确定德温特分类和/或手工代码,即理解发明之后,根据分类表直接确定该申请的德温特分类和/或手工代码,但是这种方法对初学者比较困难。

德温特分类表和手工代码均可以通过查询下列网站获得:

http://science.thomsonreuters.com/support/patents/dwpiref/reftools/classification/

例如,点击该网页右栏中的"Download Classification Manual",下载获得 DC 的分类表。如下图所示。

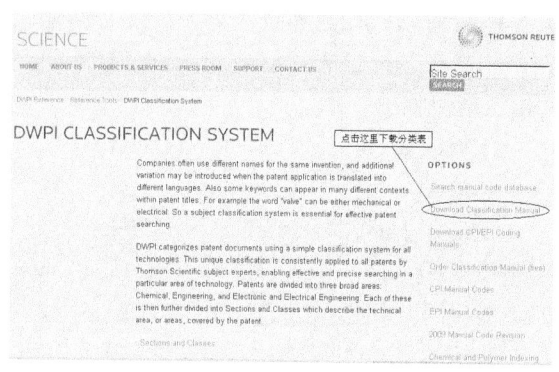

图 6-4-1 下载 DC 分类表

有的检索数据库中自带德温特分类表和手工代码手册,因此对于一些特定的数据库,德温特分类代码和手工代码可通过在检索数据库中直接获得。

(2) 利用其他方法获得

与本章前文介绍的获取其他分类号方法类似,可例如通过专利文献的同族、通过 IPC 对应以及通过对检索结果的分类号统计等方法获得 DC、MC 分类号,在此不再赘述。

2. 应用实例

例如,某待检索的技术主题涉及二氧化钛的使用。

可以通过 ISI Web of knowledge 中的 DII 对该主题直接检索,利用获得的专利文献中的结果寻找对应的 DC、MC。

图 6-4-2 检索界面

点击"检索"图标后,浏览获得的结果。

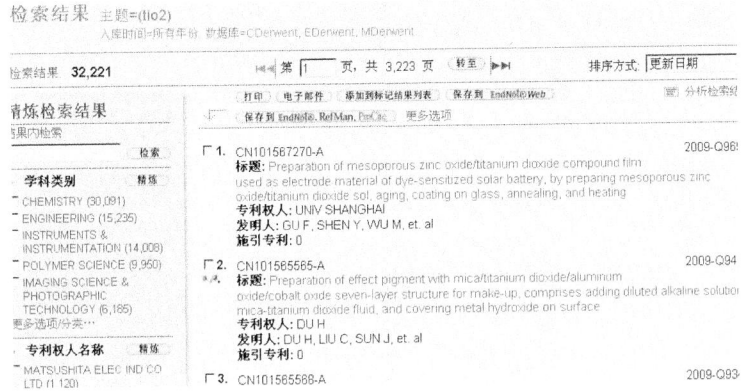

图 6-4-3 检索结果

点击相关文献的标题,获得该文献的德温特分类代码和手工代码等信息,并回到分类表中进一步核实、确定。

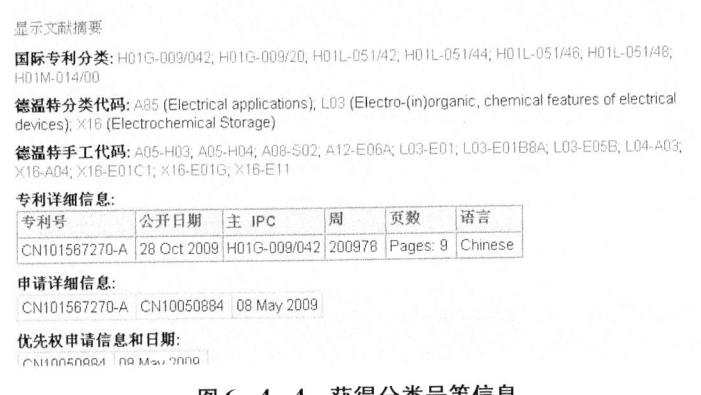

图 6-4-4 获得分类号等信息

如果检索是针对某专利申请的,则可以直接利用该专利的公开号等信息,直接在 DWPI 数据库中获得其相应的 DC、MC。

例如,对公开号为 EP2007706A2 专利文献的主题进行检索。直接检索该公开号。

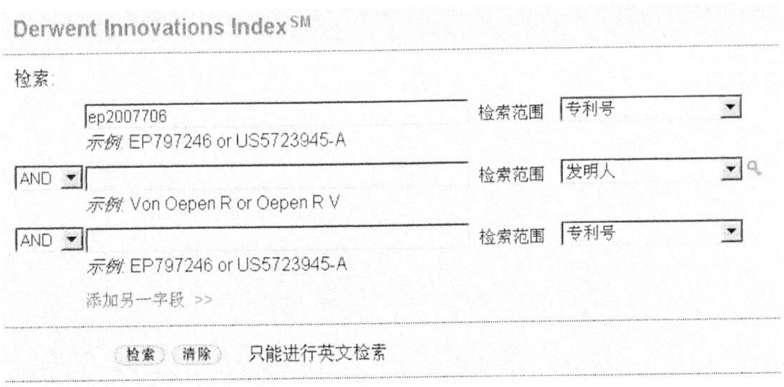

图 6-4-5 检索界面

获得检索结果如下。

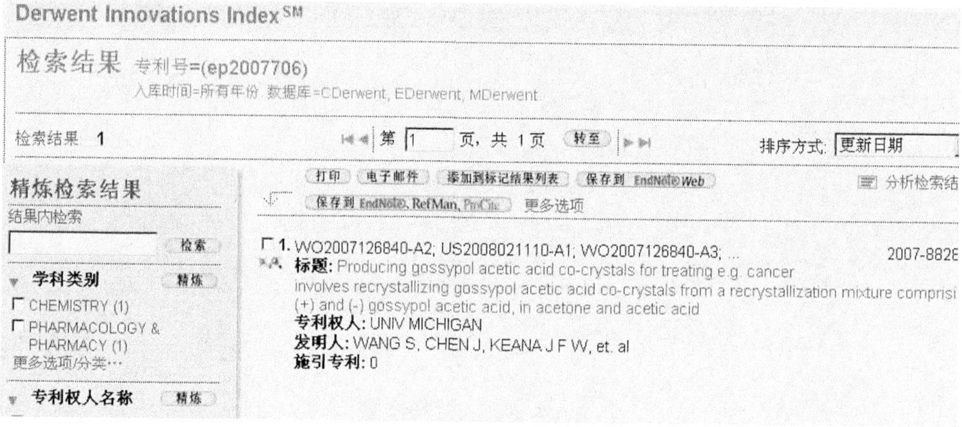

图 6-4-6 检索结果

点击结果选项中的发明名称，获得摘要信息中的分类号信息。

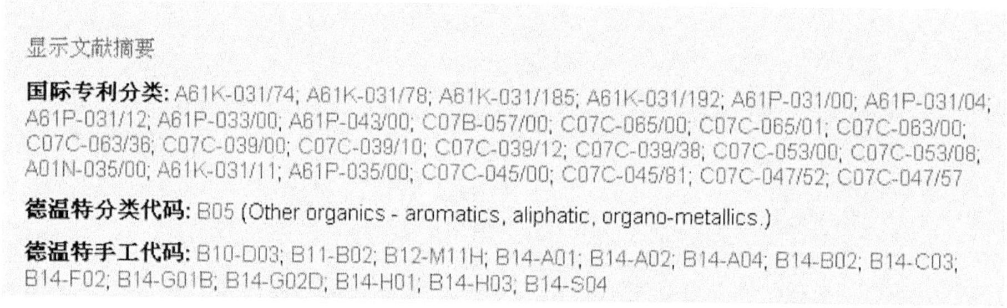

图 6-4-7 获得分类号等信息

对于德温特分类代码，在 DII 中给出的结果信息中已经包括了该代码的含义，而缺少手工代码对应的解释。可以通过将该代码输入检索框获得。

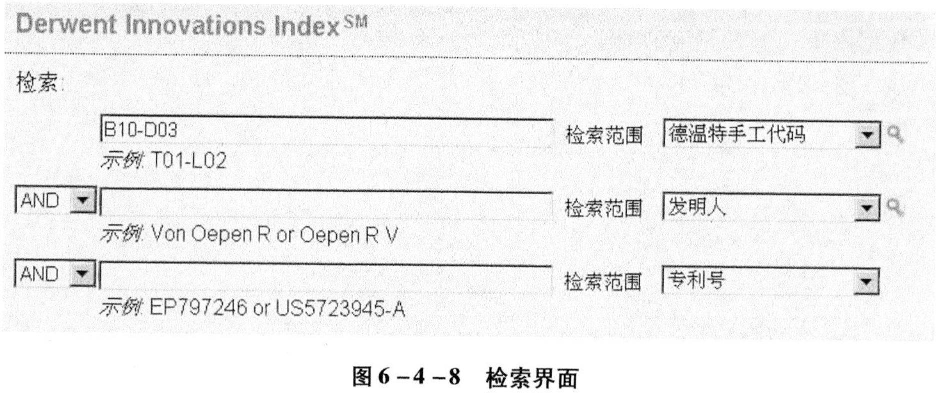

图 6-4-8 检索界面

点击"德温特手工代码"后的放大镜获得该代码的解释，从而确认该手工代码是否合适。

第五节　美国专利分类 UC

美国专利分类 [U. S. Patent Classification (USPC)，简称 UC] 是 USPTO 内部使用的分类体系。目前已经拥有 470 个大类（Class），涉及实用专利、外观专利和植物专利的分类；其中实用专利（相当于中国的发明专利）的分类已达 436 个大类，相应的小类（Sub – class）细分已超过 180 000 个。

一、分类体系简介

下面从分类原则、体系结构、文件体系、优缺点等方面详细介绍 UC 分类体系。

1. 分类原则

与其他专利分类体系相比，美国专利分类体系也是随技术的不断发展而完善起来的。其分类主要依据如下的原则或方式：(1) 产业或用途；(2) 最接近功能；(3) 效果或产品；(4) 结构和 (5) 多方面分类表（Multiple Aspect Schedules）。

(1) 产业或用途原则

产业或用途原则是依据某技术的产业或装置的用途来对该技术进行划分，以确定该技术主题的分类位置。将所有与特定技术相关的设备都分类到一个适当的分类位置。一些早期的大类就是采用该分类原则建立起来的，例如养蜂业（大类 Class 449）、屠宰业（大类 Class 452）等，并且一直沿用至今。不过采用这种分类原则的缺点是会将一些本来完全相似的技术分到了不同的分类位置。

(2) 最接近功能原则

为了避免上述第一种分类原则导致的对技术的分割，USPTO 采用了一种新的分类原则——最接近的功能原则。"最接近的"表示基本的、直接的或必要的，"最接近的功能"意味着这些方法或结构具备相同的基本功用，它们通常将类似的自然法则应用于类似的物质，而获得类似的效果。这些方法或结构将被分在同一类目中。例如，将热交换装置（大类 Class 165）设置成一个分类位置，牛奶冷却器、啤酒冷却器等都将被分入该类目中。然后再根据热交换装置的基本特征对该装置进一步细分。在这样的功能分类位置就可对该技术主题本身进行完整的检索。最接近功能原则是目前主要依据的分类原则。

(3) 效果或产品原则

效果或产品的分类原则是依据技术产生的效果进行分类的。在机械或电学领域中，如大类 Class 12（制鞋）和大类 Class 379（电话通信），对于要求多个动作连续操作的复杂方法或结构，通常采用这种分类原则。而在化学领域中，对于包含化学反应的工艺，通常按照获得的产品进行分类，如大类 Class 423（无机化合物化学）。

(4) 结构

对于没有明显功能特征的简单技术主题，其分类是根据结构形状或物体的物质组成进行的。化合物总是依据结构进行分类，而原材料经常以构成为基础进行分类。化合物的化学结构以及原材料的成分和排列决定它们的分类，而不考虑其包含的效用或用途。由于对混合物或组合物性能的预测不能达到与化合物相同的程度，所以功用通常作为混合物的分类基础。不过在混合物确定的情况下，以成分本身为基础进行分类似乎是最好的分类方式，例如大类 Class 420（合金），采取以成分本身为基础进行分类的方式。

（5）多方面分类表

多方面分类表是 USPTO 最近的研究成果，它试图解决以单一方面或单一原则为基础对技术进行分类所产生的缺点。多方面分类表的小类中的单一发明种类来自两个或两个以上基本原理。例如大类 588 包括用于使有害废物成为无害物的方法，其中小类 300 - 400 根据所使用的方法步骤定义的变废物为无害物的方法，而小类 401 - 415 根据所使用的材料定义的方法。这种分类排列特别适合于采用一种以上的形式，例如结构、性能等来揭示发明技术主题的文献。

最后，如需要对美国专利分类的理论知识作更进一步的了解，可以进一步参考《美国专利分类手册》，该手册详细介绍了美国专利分类体系的分类原则，以及分类表的使用方法。

2. 体系结构

美国专利分类体系共分两个等级——大类和小类。

大类——将类似的技术范围设置成大类，有大类类名和类目。

小类——在大类下继续细分，即根据不同的技术主题划分成不同级别的小类，并以缩位点表示，在其下的任何小类的类目和定义进一步地被大类标题和定义所限定。

美国专利分类号的等级：以"大类号/小类号"形式来表示，单从这种形式看不出分类等级和上下位关系，而分类等级和上下位关系只有通过查看详细分类表才能了解，现举例说明。

大类 2　服饰（APPAREL）

……

455　　防护或保护（GUARD OR PROTECTOR）

456　·身体遮盖物（Body cover）

……

410　·用于穿戴者头部（For wearer's head）

4　··防虫的（Insect repelling）

5　··消防队员头盔（Firemen's helmets）

6.1　··飞行员头盔（Aviator's helmet）

6.2　···有附件的物品（Having article attaching means）

6.3　···有眼罩的（例如护目镜、遮护物件等）［Having eye shield (e. g., goggles, visor, etc.)］

6.4　····有多个护罩（Plural shields）

6.5　····有特殊护罩（Pivotal shield）

……

其中"2"表示大类号，"服饰"表示大类类名。在大类 2"服饰"下面的细分是小类，如455、6.1、6.5等分别表示小类类号，在各小类类号后有各个小类对应的小类类名。与IPC分类表相类似，其中分类表也采用了等级编排的方式，即每一大类内，按主题进一步细分成若干个等级的小类。其中以大写黑体字表示的小类称为主级（mainline）小类，在等级上它被称为二级小类。有一个圆点的称为三级小类，有两个圆点的称为四级小类，以次类推。

其中在该小类下面缩排有其他小类的小类叫做上位小类。例如，小类6.1是小类6.2的上位小类。具有相同上位小类并且具有相同缩排级的小类称为同级小类。例如，小类6.2和6.3是同级小类。下位小类从属于离它最近的上位小类，下位小类的含义要结合离它最近的上位小类的类名来考虑。例如，小类6.2从属于小类6.1，而小类6.1从属于小类410，小类410又属于小类455。如美国专利分类号2/6.3的完整含义应该是2（大类）+455（二级小类）+410（三级小类）+6.1（四级小类）+6.3（五级小类）共五级组成，应理解的类名是"飞行员用的带有眼罩头盔的防护服"。

但是与IPC分类表编排方式不同的是，《美国专利分类表》中存在许多不规整的现象，各类号并非完全按类号数字由小到大顺序排列的，同时类号数字也并非连续性的。类号也并非采用完全相同的标识方式，例如，有的采用纯数字方式，有的采用数字加"."方式，还有的采用数字加1~2位字母方式进行标识。《美国专利分类表》是动态变化的，每季度大约修订5%。变动结果通过《美国专利分类表修正页》反映出来。之后通过再分类的方式将相关文献重新分到新的分类位置，故不存在由于分类表变动给检索带来的问题。

更特别的是，USPTO的审查员有权对分类表中自己所管辖的小类进行临时性细分。由于临时性细分出的小类，是没有经过正式分类法令而产生的，因此被称为非正式小类。这些非正式小类的出现，对加速审查很有帮助。因为审查员在审查过程中，面对不断发展的科学技术，以及越来越多的文献，如果某个分类号下集中过多的文献，势必会给审查员的检索工作造成很大麻烦。若能就技术特点将其细分成几部分，那么检索速度将大大提高。与此同时，非正式小类也为公众充分利用专利文献提供了方便。具体做法是在原小类号后加上英文字母，等到新类号确定后，这些临时性类号即行消失。

正如IPC一样，如果想通过分类表查询到一个具体的IPC分类，需要首先确定其所在的部，然后在该部中查询相关的大类、小类，直至大组、小组，最后找到所需要的分类。这种分类表的编排方式实际上反映出了不同类之间存在相互的联系，为使用带来了方便。《美国专利分类》之间也存在与IPC相类似的关系表——《按关联学科编排的美国专利分类体系的大类关系表》（*CLASSES WITHIN THE U. S. CLASSIFICATION SYSTEM ARRANGED BY RELATED SUBJECTS*）。

下面是从大类关系表中节选的内容：

GROUP II. COMMUNICATIONS, RADIANT ENERGY, ←————组
WEAPONS, ELECTRICAL, AND COMPUTER ARTS
……

MEASURING, TESTING, ←————小组

PRECISION INSTRUMENTS

(See also Group I, Class 436, Chemistry:
Analytical and Immunological Testing.)

73 MEASURING AND TESTING

324. Electricity: Measuring and Testing

250 * Radiant Energy (Radio and Microwave ←――――――大类
/250 Absorption Wavemeters)

356. Optics: Measuring and Testing

……

《按关联学科编排的美国专利分类体系的大类关系表》将美国专利分类划分为四个组（GROUP），每个组中包括若干小组（以下为了清楚起见为小组进行了编号，在该大类关系表中无此编号，而是以黑体字表示），即：

第一组：化学及相关技术

GROUP I. CHEMICAL AND RELATED ARTS

（1）超导技术：设备、材料加工

SUPERCONDUCTOR TECHNOLOGY: PARATUS, MATERIAL PROCESS

（2）纳米技术

NANOTECHNOLOGY

（3）生命、农业科学研究和实验方法

LIFE AND AGRICULTURAL SCIENCES AND TESTING METHODS

（4）原材料；物品（例如层状材料、过滤器、电池）

STOCK MATERIALS; ARTICLES (E. G. LAYERED PRODUCTS, FILTERS, BATTERIES)

（5）合成物；化合物

COMPOSITIONS AND SYNTHETIC RESINS; CHEMICAL COMPOUNDS

（6）化学加工技术：工艺和设备（例如波能、冶金、分离用催化剂）

CHEMICAL PROCESSING TECHNOLOGIES: PROCESSES AND APPARATUS (E. G., WAVE ENERGY, METALLURGY, SEPARATORY CONTACTING)

第二组：通信、辐射能、武器、电气及计算机技术

GROUP II. COMMUNICATIONS, RADIANT ENERGY, WEAPONS, ELECTRICAL, AND COMPUTER ARTS

（1）超导技术：设备、材料加工

SUPERCONDUCTOR TECHNOLOGY: APPARATUS, MATERIAL PROCESS

（2）纳米技术

NANOTECHNOLOGY

（3）计算器、计算机、或数据处理系统

CALCULATORS, COMPUTERS, OR DATA PROCESSING SYSTEMS

（4）信息存储
INFORMATION STORAGE
（5）测量、测试、精密仪器
MEASURING, TESTING, PRECISION INSTRUMENTS
（6）电学、加热
ELECTRICITY, HEATING
（7）机电系统
ELECTRO – MECHANICAL SYSTEMS
（8）电学：子系统、部件、元件
ELECTRICITY: SUBSYSTEMS, COMPONENTS, OR ELEMENTS
（9）弹药、武器
AMMUNITION, WEAPONS

第三组：身体治疗护理、加热冷却、材料加工处理、机械制造、机械动力、静力以及相关技术
GROUP III. BODY TREATMENT AND CARE, HEATING AND COOLING, MATERIAL HANDLING AND TREATMENT, MECHANICAL MANUFACTURING, MECHANICAL POWER, STATIC, AND RELATED ARTS

（1）超导技术：设备、材料加工
SUPERCONDUCTOR TECHNOLOGY: APPARATUS, MATERIAL PROCESS
（2）纳米技术
NANOTECHNOLOGY
（3）身体治疗保健、装饰品
BODY TREATMENT CARE, ADORNMENT
（4）服装及相关技术
APPAREL AND RELATED ARTS
（5）动植物养殖
PLANT AND ANIMAL HUSBANDRY
（6）教学
TEACHING
（7）娱乐装置
AMUSEMENT DEVICES
（8）食品及饮料：设备
FOODS AND BEVERAGES: APPARATUS
（9）加热、冷却
HEATING, COOLING
（10）建筑
BUILDINGS

（11）容器
RECEPTACLES
（12）支撑
SUPPORTS
（13）封装、隔离、面板
CLOSURES, PARTITIONS, PANEL
（14）纺织
TEXTILES
（15）土方工程以及农业机械
EARTH WORKING AND AGRICULTURAL MACHINERY
（16）制动—驱动控制机构
CHECK – ACTUATED CONTROL MECHANISMS
（17）配制
DISPENSING
（18）材料或物品加工
MATERIAL OR ARTICLE HANDLING
（19）流体的处理
FLUID HANDLING
（20）交通工具
VEHICLES
（21）电动机、发动机、泵
MOTORS, ENGINES, PUMPS
（22）包装、印刷以及印刷材料；文具、书
COATING, PRINTING, AND PRINTED MATERIAL; STATIONERY, BOOKS
（23）制造、装配，包括相关各种产品
MANUFACTURING, ASSEMBLING, INCLUDING SOME CORRELATIVE MISCELLANEOUS PRODUCTS
（24）切割、粉碎，以及加工
CUTTING, COMMINUTING, AND MACHINING
（25）各种处理
MISCELLANEOUS TREATING
（26）薄片、网、绳、缆的处理和保存
HANDLING OR STORING SHEETS, WEBS, STRANDS, AND CABLE
（27）机器元件或机构
MACHINE ELEMENT OR MECHANISM
（28）各种五金
MISCELLANEOUS HARDWARE

（29）工具
TOOLS
（30）接合和连接
JOINTS AND CONNECTIONS
（31）固定
FASTENINGS
第四组：工业设计（相当于我国的外观设计，未分小组）
GROUP IV. INDUSTRIAL DESIGNS

所有美国专利分类的大类要么自成一组，要么被纳入一个小组中。被纳入一个小组中的大类也存在着等级关系。此外，由于技术领域存在交叉，同一个大类可能在不同的组中重复出现，一个大类中的小类也可能被纳入不同的组或小组。

可以看出，美国专利分类的大类关系表按照学科的概念将各大类联系起来，其组和小组可以比照成 IPC 分类体系中的部、分部，但不像 IPC 分类体系中的部、分部那样将某分类唯一地纳入其中。下表将美国专利分类体系与国际专利分类体系中的结构进行比照：

表6-5-1 美国专利分类体系与国际专利分类体系的结构对比

美国专利分类（UC）				
组 Group	小组	大类 Class	小类 Sub-Class	分类号的表示
III	动植物养殖	449	1	449/1

国际专利分类（IC）						
部 Section	分部 Sub-section	大类 Class	小类 Sub-class	大组 Group	小组 Sub-group	分类号的表示
A	农业	A01	A01K	47/00	47/02	A01K 47/02

3. 文件体系

为学习和掌握美国专利分类，USPTO 一共出版了 8 种工具书，分别是：

《美国专利分类表》。

《美国专利分类表修正页》（*Classification Orders*），用于报告美国专利分类体系的修改变化。

《美国专利分类手册》，该分类手册介绍了《美国专利分类表》和《美国专利分类表修正页》的使用方法。

《美国专利分类定义表》（*Class Definition*），该书详细介绍了各个主题、主题的详细内涵。

《美国专利分类表索引》（*Index to the United States Patent Classification* (USPC) *System*），按字母排列的美国专利分类表。

《按相关学科编排的美国专利分类体系的大类关系表》（*CLASSES WITHIN THE U. S. CLASSIFICATION SYSTEM ARRANGED BY RELATED SUBJECTS*），用于描述美国专

利分类体系中大类之间的关系表。

《美国专利分类号与国际专利分类号对照表》（USPC-to-IPC8 Reverse Concordance），用于通过 UC 查找 IPC。

《国际专利分类号与美国专利分类号对照表》（IPC8 to-USPC Concordance），用于从 IPC 查找 UC。

在《美国专利分类表》中，对相关分类号的主题表述相对简洁，如果需要详细了解该主题的实际内涵，需要借助于《美国专利分类定义表》。在使用《美国专利分类表》时会发现，除了具体的分类号信息之外，并不能为检索提供更多的帮助，而 IPC 分类表却可以给予检索者更多的帮助。其实这不能说明《美国专利分类表》存在上述缺陷，如果检索者需要获得以上的信息，可查阅《美国专利分类定义表》。

《美国专利分类定义表》是《美国专利分类表》的补充说明，它使用应用性语言，详细描述其分类体系中所有大类及小类所包括的技术范围，并通过检索附注为审查员指出相关的分类位置。这些附注一般通过解释词或举例来补充分类定义。由于功能分类要求类名概念化，使得美国专利分类的类名只对功能作具体说明。这种类名可高度概括其包括的技术，但极不易为人理解，这种现象在 IPC 的功能分类中也是存在的。而《美国专利分类定义表》的出现，给审查员提供了一种帮助，使审查员能过准确而快速地进行分类。IPC 的参见和附注只存在于一些分类的类目中，而《美国专利分类定义表》对所有分类的类目都进行注解，这样不仅方便审查员使用《美国专利分类表》，而且易于沟通分类人员和检索人员。因此，在开始使用《美国专利分类表》时，检索者应当多多关注《美国专利分类定义表》。

《美国专利分类表索引》中有 65 000 多个按英文字母顺序排列的技术名词，在这些技术名词之下，将有关的类目列出。《美国专利分类表索引》只起引导作用，使用者根据主题词尽快查到相关技术主题的分类位置，然后再查阅《美国专利分类表》确定出准确的分类号。与《美国专利分类表》中类名的描述语言比较而言，索引中的主题词更加通俗化，更接近于科研工作中实际检索使用的关键词。当选定一个关键词时，可以按字顺序到《美国专利分类表索引》中进行查询，以获得其所对应的合适的美国专利分类号的大类、小类，再通过查阅相关的分类表，找到最合适的分类位置进行检索。因此对使用者来说是极其方便的。

值得注意的是，《美国专利分类表索引》中并非收录所有相关主题词，因此，如果在《美国专利分类表索引》中未包含所选定的关键词时，需要更换一个新的关键词，有时甚至需要更换思维角度，从另一个角度选择合适的关键词，然后再在《美国专利分类表索引》进行查找，这样才能获得所需要的相关分类。当利用《美国专利分类表索引》中收录的主题词查找美国专利分类时，常常发现一个主题词会有进一步的细分，每一个细分对应于相关的大类或小类。审查员需要在其中找到与实际需要检索的主题最相关的分类位置，然后再查阅相关《美国专利分类表》以获得需要检索的准确分类位置。

为了便于使用《美国专利分类表索引》，对索引表中使用的一些特殊符号作以下简要的说明：

（1）"＋"表示该小类下还有进一步的细分，当查到带有该后缀的分类号时，需要对照《美国专利分类表》进一步查询其中所包括的相关分类，以获得检索最合适的检索分类号位置。

（2）"＊"表示"参见类"。

（3）"D"为外观设计类目符号，表示该类目是外观设计专利的类目。

（4）"PLT"为植物专利类目符号，表示该类目为植物专利的类目。

（5）"DIG"表示别类。

（6）带有"."的类号表示是一些新扩充的类目。

（7）后缀带有"字母"的小类，即上文提到的非正式的小类。

利用《美国专利分类表索引》进行检索是初始阶段重点推荐的方式。

对于美国专利文献来说，其上所给出的IC分类号，并非由审查员根据相关技术主题准确给出的，而是通过内部对照表，即《美国专利分类号与国际专利分类号对照表》给出的。在该对照表中，美国专利分类号与国际专利分类号并非有一一对应的关系，一个美国专利分类号可能对应多个国际专利分类号，反之亦然。由于对IPC存在理解上的差异，使得由对照表获得的IC分类号将不同于审查员实际从该主题出发给出的IC分类号。这也就是为什么美国专利文献上给出的IC分类号不准确的原因之一。这也间接说明了了解美国专利分类体系的必要性。

前文已指出美国《美国专利分类表》是动态变化的，变动结果通过《美国专利分类表修正页》反映出来。《美国专利分类表修正页》在一年中随时都可以公布，它是一个关于美国专利分类体系修改变化的报告，其报告内容如下：

（1）报告分类表的变化情况，修改的部分如删除、转走的大类、小类，新建立的大类等。

（2）小类分类定义的变化，以支持大类、小类的变化所引起的分类位置的变化，如建立新的分类定义，或者对原有分类定义作进一步修改、补充、完善。

（3）告知删除小类的文献已经转入新建立的小类或已有的小类中，列出新建立的小类和IPC相关小类的对照表。

因此，如果要参考《美国专利分类表修正页》的内容，可以从美国专利网站上获取所需资料。

4. 优缺点

美国专利分类细分程度远远超过IPC分类，在检索的时候可以少使用关键词，从而提高检索的效率和准确性。与ECLA分类相比，在很多领域，其细分程度远高于ECLA分类，因此从效率优先原则来看，在很多美国技术领先的技术领域，利用美国专利分类进行检索是更有效的方式，避免了IPC标引不准确给检索带来的问题。同时，美国作为发达国家，其技术发展在很多方面处于世界领先地位，这些先进技术必然也会首先反映在美国专利文献中，影响着美国专利分类表的变化。当这些先进技术的发展在其他国家尚未及时反映到分类表中时，在美国的分类表中已经能够找到相应的分类位置了。因此掌握和使用美国专利分类对于检索美国技术方案是很有必要的。

目前，可使用UC检索美国专利文献的网站除了美国官方网站之外，资源篇介绍的大多数商业数据库（例如 Google Patents、Patentcluster、freepatentsonline 等）均可使用 UC 进行检索，而且这些检索数据库大多都提供权利要求字段、说明书字段、国际专利分类号字段、美国专利分类号等字段单独或组合的检索方式。

不足之处在于，采用 UC 分类可检索的文献仅限于美国专利文献，因此，当需要检索其他国家的专利文献时还需要采用其他的检索方式才行。

二、分类号获取方式及应用实例

1. 分类号获取方式

可通过如下途径获取待检索的技术主题的 UC 分类号：

（1）根据分类表直接确定

在理解发明之后，根据《美国专利分类表》直接确定该申请的美国专利分类号，但是这种方法对初学者比较困难。

（2）利用美国专利同族确定

当待检索的技术主题是专利申请时，利用该专利的美国同族获取美国专利分类信息。图 6－5－1 是美国专利文献中所显示的分类信息实例：

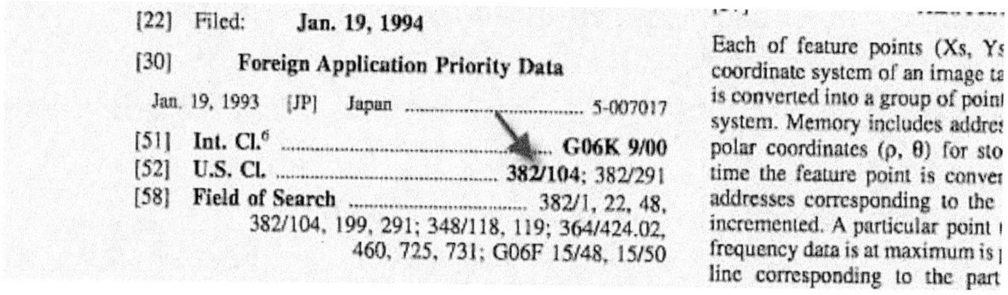
[22] Filed: **Jan. 19, 1994**

[30] **Foreign Application Priority Data**

Jan. 19, 1993 [JP] Japan 5-007017

[51] **Int. Cl.**[6] **G06K 9/00**

[52] **U.S. Cl.** **382/104**; 382/291

[58] **Field of Search** 382/1, 22, 48, 382/104, 199, 291; 348/118, 119; 364/424.02, 460, 725, 731; G06F 15/48, 15/50

Each of feature points (Xs, Ys coordinate system of an image ta is converted into a group of point system. Memory includes addre polar coordinates (ρ, θ) for sto time the feature point is conver addresses corresponding to the incremented. A particular point frequency data is at maximum is line corresponding to the part

图 6－5－1　美国专利文献中所显示的分类信息

（3）利用美国专利分类索引确定

在深入理解待检索的技术主题之后，从其中确定一个技术名称或关键词，利用该技术名称或关键词通过 USPTO 网站上提供的美国专利分类索引查找初步的美国专利分类，根据所查找的初步美国专利分类在《美国专利分类表》中进一步确认。

例如，若希望查找手表（Watch）的 UC 分类号，进入该网站的美国专利分类索引页面后，选择字母“W”，如图 6－5－2 所示：

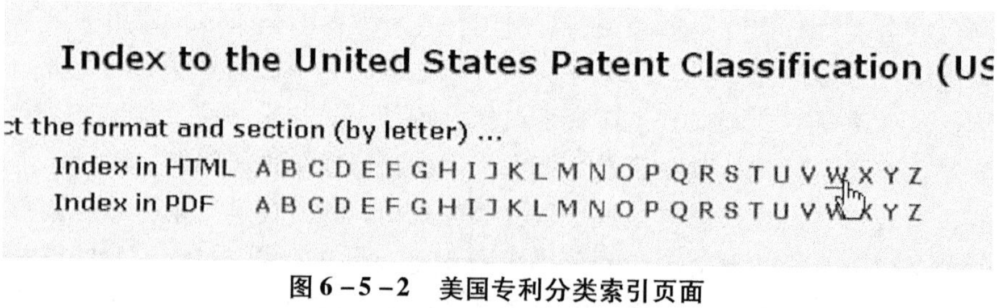

图 6－5－2　美国专利分类索引页面

之后网页会显示所有以 W 字母开头的技术类别及其分类号，使用者可以依字母顺序找到 Watch 所属的分类号，如图 6－5－3 所示：

```
Tall oil ...................... 530 / 205+
Watch ......................... 368 / 62+
    Picture frame combined .... 40 / 728
Watch ......................... 968*
    Assembling
        Of crystal ............ 29 / 807
```

图 6-5-3　查找 Watch 所属的分类号

(4) 利用 IPC 和关键词确定

首先，在理解发明的基础上正确确定该申请的 IPC 分类号（一般只需要到大组即可）和一两个关键词，该关键词最好是能够反映发明点的功能性关键词。然后利用上述 IPC 分类号和关键词在美国专利数据库中进行检索，通过阅读标题和摘要找到几篇与本申请领域相同或相近的专利文献；或者利用 IPC 分类号进行检索，在检索结果中同样找到几篇与本申请领域相同或相近的美国专利文献。

通过检索出的美国专利文献中给出的美国专利分类信息结合《美国专利分类表》，确定出待检索的技术主题的准确的美国专利分类号。

该方法的优点是，检索者可以在不完全了解美国专利分类的基础上，仍然可以有针对性地快速找到合适的美国专利分类号。

(5) 利用《国际专利分类号与美国专利分类号对照表》确定

利用 USPTO 网站上提供的《国际专利分类号与美国专利分类号对照表》，可通过待检索的技术主题的 IPC 直接对应到 UC 分类号。由于 IPC 为广大读者所熟悉，通过本章第二节介绍的方法确定准确的 IPC 分类号之后，即可通过上述对照表获得 UC 分类号。

但需要注意的是，如果待检索的技术主题不存在 IPC 或者其 IPC 不准确时，都无法使用这种获得 UC 分类号。

2. 应用实例

【案例 6-5-1】

待检索的技术方案涉及一种可延伸的衣领，包括与下级领（2）相连的上级领（1）和与下级领（2）相连的衫身（3），其特征在于还包括在下级领（2）的领面内夹层设置松紧带（4）和与松紧带（4）相连接的领布料（5），领布料（5）与在前中（6）之上下级领（2）一端的纽扣（7）相连。

案例分析：

查阅 IPC 分类表，确定该技术方案的 IPC 分类号为 A41B 3/04，相关分类号为 A41B 3/02，关键词为 Collar、Expandable。

检索思路：

在 USPTO 网站上以逻辑"或"的关系输入 IPC 分类号 A41B 3/04 和 A41B 3/02，同时在标题栏中输入 Collar 进行检索，通过阅读标题和摘要，找到 1 篇与本申请领域相同的专利文献 US5274853，其检索领域为 2/141，UC 分类号为 2/141.2、2/141.1、2/

129、2/131、2/115。

借助这些分类信息并结合《美国专利分类表》,最后确定待检索的技术主题的美国专利分类号为 2/116,主要检索领域为 2/116、2/115、2/129、2/139。通过在 2/116 分类号下检索得到 1 篇非常相关的美国专利文献 US2893012A。

【案例 6-5-2】

待检索的权利要求涉及一种具有流量调控装置的筛管,在筛管内壁上开设有集流孔(11),其特征在于:在筛管内设有流体流量调控装置,所述流量调控装置为设在基管(2)内部并可沿基管(2)管体的轴向滑动或绕管体中心轴转动的滑套(13),滑套(13)上设有与集流孔对应的通孔。

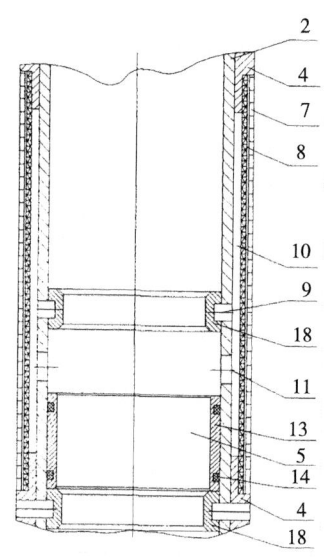

6-5-4 案例 6-5-2 的附图

案例分析:

该权利要求的技术方案涉及石油完井和开采中用到的筛管,在 IPC 分类表中的位置为 E21B 43/08(滤网或衬管),此外,由于该方案中的筛管具有对流入筛管内部的流体进行调控的功能,因而还应当具有分类号 E21B 43/12(控制开采出液体向井内或在井内的流量的方法或设备)。这两个分类号所表述的意思均比较宽泛,而且两个分类号也都没有再进行细分,也就是说两个分类号都没有表示出筛管内具有流量调控功能装置的特征。因此,在检索过程中必然需要用到关键词进行限定,对于该技术方案来说,无论使用功能性限定词(control 或者 adjust),还是使用技术名称关键词(sleeve),都会包含大量和该技术方案很不相关的文献,而且还容易漏检。

检索思路:

基于上述原因采用根据 UC 分类号的方式进行检索。

首先确定 UC 分类号。

在 USPTO 网站,使用 IPC 分类号 E21B 43/08 和 E21B 43/12 进行逻辑"与"检索,如图 6-5-5 所示:

```
Query [Help]
ICL/E21B43/08 AND ICL/E21B43/12

Examples:
ttl/(tennis and (racquet or racket))
isd/1/8/2002 and motorcycle
in/newmar-julie

Select Years [Help]
1790 to present [entire database]    [Search]  [重置]
```

图 6-5-5 检索结果

共得到 26 篇美国专利文献，发现 US6,622,794B2 这篇专利文献与该技术方案比较接近。

参照《美国专利分类表》，比较该文献中的所有 UC 分类号（包括审查员检索用到的分类号），确定待检索的技术方案的 UC 分类号为：166/205（SCREEN WITH VALVE, CLOSURE, CHANGEABLE RESTRICTOR OR PORTION REMOVABLE IN WELL）, 166/386（FLUID FLOW CONTROL MEMBER），相关分类号为 166/227（SCREEN）。

接着使用上述 UC 分类号进行检索。

在 USPTO 网站上使用检索式（CCL/166/205 AND CCL/166/386）进行检索，得到 10 篇文献，通过简单浏览获得非常相关的美国专利文献 US6,745,843B2。

US6,745,843B2 的附图及相关部分：

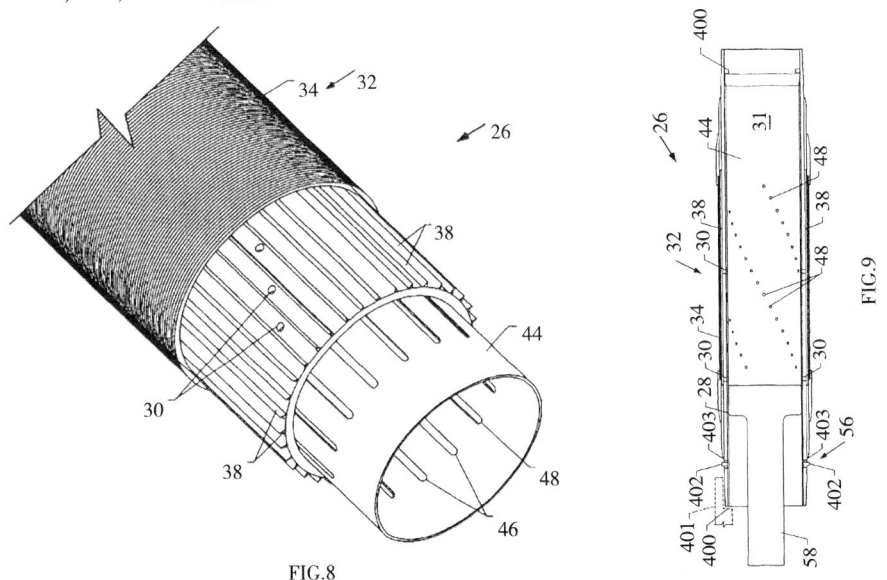

In this embodiment, however, the number and/or area of holes 30 that provide such fluid communication can be modified by rotation of a sleeve 44. The sleeve 44 can be located internally of the base pipe 28. The sleeve 44 includes openings 48 therethrough (which may be in the form of slots 46-see FIG.8) that, depending on the position of the sleeve 44, line up with the holes 30 of the base pipe 28. The sleeve 44 can be rotated so that alignment of the openings 48 and the holes 30 can be varied, thereby modifying the Effective Area of Fluid Communication through each section 26.

图 6-5-6 US6,745,843B2 的附图及相关部分

最后使用检索式（CCL/166/205 AND CCL/166/227）或（CCL/166/386 AND CCL/166/227）进行检索，未获得进一步的相关文献。

从上面的检索实例可以看出，利用准确的 UC 分类号检索美国文献时，检索结果相对较准确，降低了无关文献的数量，从而提高了检索的准确性和效率。

第六节　日本专利分类 FI/FT

作为日本特许厅的内部分类系统，FI/FT 以其独有的特色在世界专利分类体系中占有重要地位。尤其是在 IPC 的 B 部、G 部、H 部的众多领域中，FI/FT 检索体现出相当优势。在日本特许厅内部以及目前承担特许厅检索任务的 16 家委托检索机构（日本称之为"登录调查机关"）中，FI/FT 检索占据核心地位，IPC 检索仅起辅助作用。

目前，FI 分类已发展至大约有 20 万个 FI 细分项目，FT 大约有 34 万个细分项目。可以说，FI/FT 分类系统是世界上分类最细的系统。下面详细介绍 FI/FT 分类体系。

一、分类体系简介

日本专利分类体系包括 FI 和 FT 两部分，下面分别简要介绍，之后介绍两者之间的关系。

1. FI（File Indexing）

FI 是 JPO 将 IPC 细分和扩展得到，用于扩展 IPC 在某些技术领域的功能，其以第 6 版 IPC 分类表为基础编制，但其中一部分也参照了第 4 和第 5 版 IPC 表。

FI 分类号主要有以下几种表现形式：

（1）与 IPC 完全相同，例如 H01L1/04。

（2）IPC + 展开符，例如 H01L1/06,102。

（3）IPC + 展开符 + 分册识别符，例如 H01L1/02,101@ A，其中@ 为分册识别符的标识符。

（4）IPC + 分册识别符，例如 H01L1/00@ B。

2. FT（File Forming Term）

FT 是日本特许厅专为计算机检索而设立的一种多重分类体系，其从技术的多个侧面对由一定范围内 FI 组成的某一个主题进行进一步细分，例如按照发明目的、用途、构造、技能、材料、控制手段等方面对某一主题进行多角度细分。其对专利文献进行 FT 分类时主要是基于对权利要求的拆解来进行，但同时还会根据说明书以及附图的内容进行 FT 分类。

FT 又可以细分为如下三种：

FM 型 FT：对属于同一主题的多个 FI 组成的主题从多个角度（观点）提取发明特征（展开）。

FS 型 FT：对主题内一确定的 FI 仅从单一技术角度展开。

FI 型 FT：无 FT。

表6-6-1 FM型与FS型FT在细分展开上的区别

IPC	1/00			1/02		1/04	1/06			1/08	2/00	2/02				2/04			2/06		
FI	A	B	C	Z	101	102		A	B	Z		A	B	301A	301B	Z	A	B	C	Z	A	B	Z

主题1	主题2	主题3

FM型FT

1/00 A ~ 1/08	AA00	AA01	AA02	AA03	AA04
	BB00	BB01	BB02		
	CC00	CC01	CC02	CC03	
	DD00	DD01	DD02	DD03	

FS型FT

2/04 A	AA00	AA01	AA02	AA03	
2/04 B	BB00	BB01	BB02		
2/04 C	CC00	CC01	CC02	CC03	CC04

根据有无附加码，FT有两种形式：

◆ <u>5D044　　DD　　11</u>
　　主题码　观点符　数字

◆ <u>2E110　　GA　　03　　.W</u>
　　主题码　观点符　数字　附加码

即除了常规的FT形式以外，FT还有另一种表现形式：带有附加码的FT的形式。FT附加码（FT addinional codes）被称为FT多角度细分的终极形式（"ultimate form of multi - aspect viewpoint"）。FT附加码的表现形式为半角句点加一数字0至字母Z的数字或字母。

目前已经制表的总计约1 900个FT主题码中，有73个主题码具有FT附加码，并且大多包含于化学领域。该73个主题码的具体分布情况可查询网址：http://www5.ipdl.inpit.go.jp/pmgs1/pmgs1/add_frame?name=HEAD&gamen1=1。

FT附加码的补充限定作用例示如下：

对于组合物的各组分，当以组分的化学结构或化学性质赋予FT的时候，附加码用以区分组合物中的主成分或副成分，例如主题码4J002中的FT附加码。

对于组合物的各组分，当以组分的化学结构或化学性质赋予FT的时候，附加码用以区分各成分的功能，是起主要作用还是辅助作用，例如主题码4C076中的FT附加码。

对于由多层组成的产品的各层的结构材料，当用构成材料的化学结构或化学性质赋予 FT 的时候，附加码用以区分各构成材料的层级，例如主题码 4F100 中的 FT 附加码。

FT 附加码解释的获得：以 2E110GA03 为例，在 PMGS 的 FT 分类表中并不存在 2E110GA03 的附加码。但查询 PMGS 的 FT 解说（F - Term Description），则可获得 2E110GA、2E110GB 中相关附加码的解释，从而获得相关 FT 附加码 W、X、Y、Z 所代表的分类释义以及赋予原则。

以 FT 主题码 4F100（层压，laminate）为例，说明附加码的表现形式以及它在检索中的作用。

表 6-6-2　4F100 下 FT 分类角度以及附加码解释

观点（角度）	解释	附加码
AA - AT	材料（material）	1 在先程序 2 层压 3 在后程序 A 第一层 B 第二层 C 第三层 D 第四层 E 大于第五层 G 粘接剂 H 填充剂 J 共聚物 K 由下位 term 进一步限定
CA - CC	填加剂、填充剂、粘接剂材料；包涂材料（additives and fillers, adhesives materials, coating materials）	
DA - DJ	形状，结构（shape, structure）	
EA - EG	加工工序（processes）	
JA - JM	性质，功能，状态（properties, functions and states）	
YY	Variables with defined numerical values	

当需要检索双层层压板且其属于一层为聚酯层、一层为聚胺层的结构时，只需输入以下检索式即可：

4F100AK41. A * 4F100AK49. B + 4F100AK49. A * 4F100AK41. B

（注：AK41 为聚酯，AK49 为聚胺；"*"代表逻辑"与"，"+"代表逻辑"或"）

IPDL（工业产权数字图书馆）支持 FT 附加码检索，并同样遵循等级检索原则，适用忽视等级符号"$"。

在 IPDL 的 FI/FT 检索界面中输入以上检索式，检索结果为 292 篇（检索时间为 2008 - 10 - 13）。

需要强调的是，对于有附加码的 FT，不用附加码进行检索可能导致非常严重的检索遗漏：例如，2E110GA03 下具有 W、X、Y、Z 的附加码，此时，在 IPDL 中检索式"2E110GA03"和"2E110GA03. W"的检索结果相差较大。

3. FI 与 FT 之间的关系

为更高效率地利用好 FI/FT 分类体系进行检索，需要充分理解 FI 和 FT 之间的关系。

一般地，由多个 FI 组成一个 FT 主题，然后基于多角度对该主题进行展开或细分，即 FT 是对一定范围的 FI 进行多角度细分。

但是，在 FI 和 FT 之间的关系中，还需要注意如下三点：

其一，存在 FI 与 FT 表示同一技术主题的情形。例如，FI 的 A63B53/12A 与 FT 的 2C002CS01 实质上表述的是同一技术主题；FI 的 E02D5/80,102 与 FT 的 2D041GA03 表述的也是同一技术主题。但需要注意的是，虽然 FI 分类号与 FT 分类号有表述同一技术主题的情形存在，但二者的检索结果却又并不一定相同。

出现这种情况的原因通常有：(1) FI 和 FT 是分别独立进行分类的；(2) FI 和 FT 各自独立的分类变更以及相应 FI/FT 再分类的原因。

因此，为避免检索遗漏，此种情形必须同时用 FI 和 FT 进行检索，只取其一均会造成漏检。

其二，存在"部分 FT"的情形。有些情况下，包含于同一 FT 主题码的所有 FI 文献并不是均要进行 FT 解析［JPO 的 FT 解析即 FT 分类员赋予 FT 分类号的过程，一般由 IPCC（工业所有権协力中心）成员进行分类］，此时，这种 FT 情形被称为"部分 FT"。例如，在 IPDL 的 Patent Map Guidance（PMGS）界面的 FI 栏输入 A23K1/00 后，点击 search 以后可以明显看到，A23L1/18 以及 A23L1/18C 后面的 2B005 与其他 FI 后面的 2B005 颜色是不同的（灰色）。其表示对 FI 为 A23L1/18 以及 A23L1/18C 的文献是不进行 FT 分类的，点击以后也链接不到主题码 2B005 的 FT 分类表。相反，其他显示蓝色 2B005 主题码所对应的 FI 则可以链接到 2B005 的 FT 分类表。在这种情形下，FI 和 FT 同样也要联合检索，否则难免造成检索遗漏。

其三，存在杂合型 FT 的情形。下面以 FT 主题码 2B005 为例进行说明。

表 6-6-3 杂合型 FT 中 FI 与 FT 的关系

FI		标题（Title）	FT 观点（角度）												
			AA 动物	BA 反刍动物	DA 家禽	EA 其他动物	FA 蚕	GA 鱼类蚧类	HA 用途	JA 形态	KA 处理	LA 物源饲料	LB 物源饲料	MA 通填加剂	MB 殊填加剂	MC 结剂	NA 饵集鱼剂
A23K 1/18		·用于特定动物														
	A	宠物	●													
	B	反刍动物		●												
	C	小鸟														
	D	家禽			●											
	Z	其他				●										
01		··蚕类					●									
02		··鱼蚧类						●	●	●	●	●	●	●	●	
	A	鱼用						●	●	●	●	●	●	●	●	
	B	其他水产用						●	●	●	●	●	●	●	●	
	C	鱼用钓饵														●
	Z	其他														●

［FT 分类角度（观点）的 FI 适用范围用 ● 表示］

表6-6-3展示了在典型的杂合型FT情况下FI与FT的关系。由表6-6-3可以看出，在2B005主题码（动物饲料）所覆盖的FI范围内，只有当FI为"A23K1/18,102"、"A23 K1/18,102A"、"A23K1/18,102B"这三个时，其所属的FT从GA、HA、JA、KA、LA、LB、MA、MB的多个角度进行了细分展开，即该部分FT属于对FI进行多角度展开的FM型FT；而除此以外的其他FI则均仅在一个角度进行了展开，属于单角度展开的FS型FT，这就是杂合型FT的表现形式。也就是说，某些FT主题码并不是对进行解析的FI在全部FT分类角度内赋予全部分类角度的Term。理解此点，对全面理解FI/FT关系至关重要，其他是理解一些FT为什么被废止后进而进行FI化的基础。

另外一个需要注意的问题是，未被赋予FT的文献不在少数，而赋予分类的对象等于检索的有效范围，换句话说，未被赋予FT分类的对象无法构成有效FT检索范围。如果需要利用日本FI/FT分类系统进行检索，对此部分文献只能采用FI进行检索。并且，对于赋予FT的文献而言，相较于每一文献往往赋予几个IPC、FI分类号而言，赋予FT分类号的数量往往是十几个或几十个，一方面，其出错频率较高，但另一方面，其分类细度也同时决定，FT分类号检索往往较IPC分类号检索更加容易地支持多重逻辑"与"运算。

4. 检索技巧及一些注意事项

FI/FT主要用于在JPO下属的工业产权数字图书馆（Industrial Property Digital Library，IPDL）上检索日本专利文献。IPDL提供日文、英文两种检索界面，可免费检索从1885年以来所有日本发明专利、实用新型专利、外观设计专利、商标等的电子文献。

在IPDL提供的FI/F-Term search检索界面下，FI/FT的输入格式如下：

表6-6-4 FI/FT的输入格式示例

	FI	FT
示例	H01M2/10@ G B41J3/04,101@ Y	4C084AA01 3G301PA01. A

需要注意的是，IPDL提供的可以使用的FI/FT其他检索工具中，FI/FT输入形式不完全相同。

此外，日、英IPDL界面下均具有Patent Map Guidance（简称PMGS），它是FI/FT分类号查询和理解分类号含义的网络工具。日文界面下PMGS具有IPC-FI交互对照功能（IPC-FI ConCordance），但英文IPDL界面下目前不提供此功能。

例如，如果直接在英文PMGS界面中的FI一栏输入B60W20/00，则显示输入的分类号不存在。但在日文PMGS的IPC-FI交互界面输入IPC分类号B60W20/00以后，交互结果显示，对应IPC为B60W20/00的FI为B60K6/20的很多下位FI。

再例如，如果直接在英文PMGS界面输入G01M7/06，则显示输入的分类号不存在。回到日文PMGS界面，在IPC对照表一栏输入G01M7/06，没有对应的链接，表明无对应的FI。然后上位至G01M7/00大组查询其FI细分，可以获知7/00大组的FI细分情况以及所属FT主题码。

此外，在实际检索中还需要特别注意FI/FT等级检索与自动截词的区别。

IPDL 中的 FI/FT 检索系统在构建中都采用了等级展开概念。FI 检索中，检索上位组时会包含下位组。例如在检索到展开符时，其包含了下位的 FI。如果想单独检索某一等级，但不想要其下位组的结果，检索输入时加一忽视等级记号"＄"即可。当输入分册识别符时，不进行等级检索。

等级检索的日文原文为"阶层检索"，英文被翻译为 Hierachical search。等级检索中常常使用的两个符号是 FI 和 FT 中均适用的忽视等级符"＄"和仅在 FI 中适用代表该 FI 本身的符号"@\"。

在 IPDL，当输入待检索的 FI 或 FT 分类号时，如果该分类号还具有下位分类号，该检索式的检索结果包含了该分类号本身以及隶属于其的所有下位分类号的文献。

如果只想获得该分类号本身所包含的文献而不想包含其下位分类号所包含的文献，需要在该分类号的前面输入忽视等级检索符"＄"，其用于排除下位分类号的文献。

但需要注意的是，不能就此认为 IPDL 的这种等级检索功能等同于自动截词功能。例如，对于具有附加码的 FT 而言，AA00 的检索结果并不包含其带有下位附加码 FT 例如 AA00.Z、AA00.A、甚至 AA05.A 等的检索结果。

下面以如下 FI 为例进一步说明：

A01B 69/00　农业机械或器具的方向控制；沿所要求的路线
　　A01B 69/00，A　采用轨道、导向体的作业机械的方向控制
　　A01B 69/00，B　通过遥控进行方向控制
　　A01B 69/00，Z　其他
A01B 69/00，301　·用于方向控制的标识与警报
A01B 69/00，303　·具有自动控制方向的装置
　　A01B 69/00，303A　自动控向装置的开关与手动操作
　　　　…………

A01B 69/02　·隆起装置或类似装置

…………

不同检索式代表的检索结果如下：

（1）A01B 69/00：检索结果包含其所有下位分类号（包括69大组的所有下位分类，例如 69/02）。

（2）＄A01B 69/00：检索结果类似于前方一致检索，即包括 69/00@A、69/00@B、69/00@Z 以及 69/00,301、69/00,303、69/00,303@A、69/00,303@B、69/00,303@C 的结果。

（3）A01B 69/00@\：检索结果最小，仅 69/00 自身，不包括 69/00A、69/00B、69/00Z 等前方具有 69/00 的分类。

可以看出，对于带有忽视等级符号"＄"的检索式 ＄A01B69/00 而言，其检索结果虽然不包括其直系下位分类（比如 69/02 组、69/04 组、69/06 组、69/08 组）的检索结果，但仍然包含了其下位分类 69/00@A、69/00@B、69/00@Z 以及 69/00,301、69/00,303、69/00,303@A、69/00,303@B、69/00,303@C 的检索结果。

此外，对于具有附加码的 FT 而言，检索中附加码的句点是否引入也会导致检索结

果不同。比如，在某一主题码下输入 BC00. A、$ BC00. A、BC00.、$ BC00. 四种不同检索式，检索结果各不相同。

关于等级检索中不同检索式的检索范围，如图 6-6-1 所示：

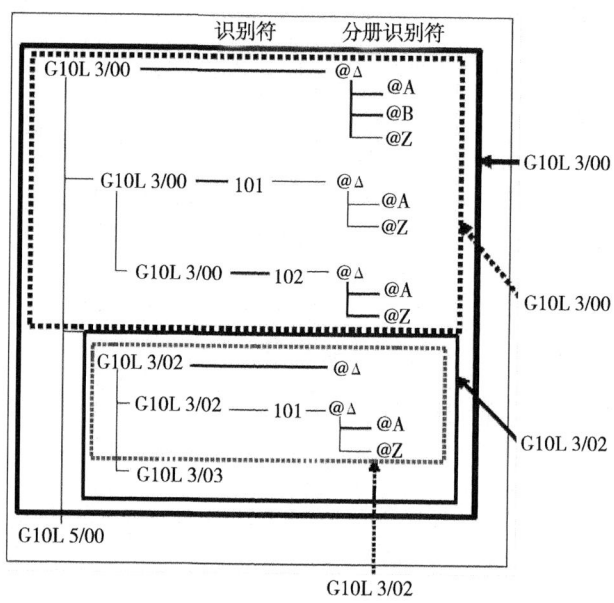

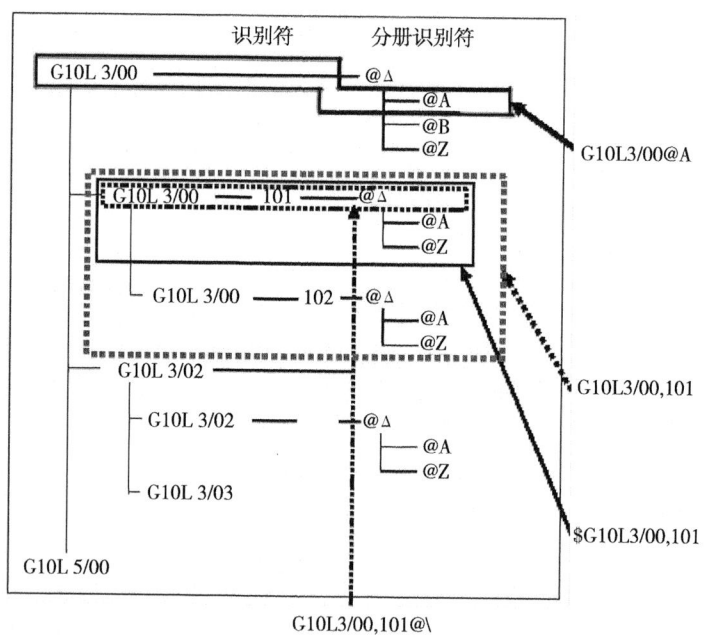

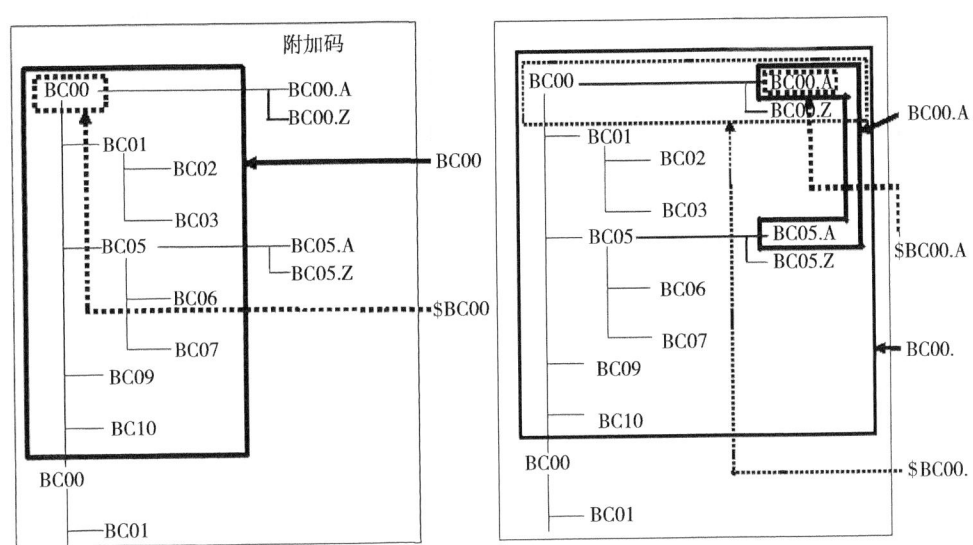

图 6-6-1 等级检索中不同检索式的检索范围

在以上图示中,相应的 FI 或 FT 检索式的不同检索范围使用不同的框线以及箭头指引标示。从中可以看出,FI/FT 等级检索并不完全等同于 IPDL 支持自动截词的检索功能。

此外,在实际检索中还可以采用一些简化的输入方式。具体可采用的简化形式如下:

AA01 + AA02 * AA03 可以简化为 AA(01 + 02 * 03);
H01L21/76 * H01L21/78 可以简化为 H01L21/(76 * 78);
H01L29/78,612 * H01L29/78,613@A 可以简化为 H01L29/78,(612 * 613@A);
H01L29/78,612@A * H01L29/78,612@Z 可以简化为 H01L29/78,612@(A * Z)。

二、分类号获取方式及应用实例

1. 分类号获取方式

目前,日本特许厅专利文献的 FI/FT 分类工作基本由"工业所有権协力中心"(IPCC)进行,当检索者想要对 FI/FT 具体分类主题的分类原则进行了解时,可以通过知识产权数字图书馆(IPDL)网站日文界面下"特许/实用新案检索"下设有的"パテントマップガイダンス"(Patent Map guidance,PMGS)工具进行查询了解,其中,"FIハンドブック"(FI Handbook,HB)功能会对某一具体 FI 有"说明"、"补充说明"、"相关领域"等解释,还具有一些附注和索引;在 FT 查询状态下则设有"Fターム解说"(F-term Description)查询功能,可供查询 FT 表中所没有体现出的一些分类原则,从而有助于在 FT 分类表的基础上更加全面地理解 FI/FT 分类原则,并直接有助于检索者进行针对性检索。需要注意的是,目前,英文 IPDL 界面下 Patent Map Guidance 仅仅能够获取 FI 分类表,不设有 FI 手册的查询功能,但具有 FT 解说(F-term Description),其也可以有助于理解 FT 分类下不同主题进行 FT 分类的基本原则。

具体参见如下页面（图 6 - 6 - 2）：点击"Patent Map Quidance（FI/F - term 分类表）"，即可进入英文版 PMGS：

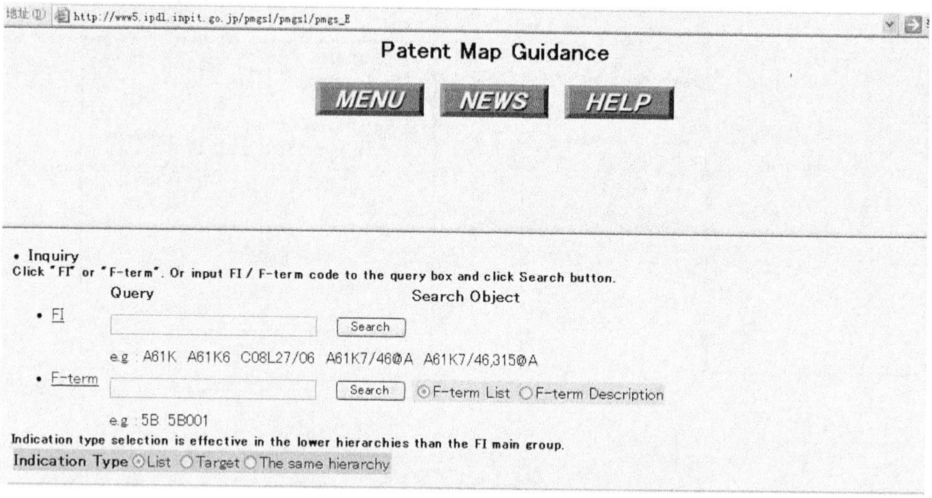

图 6 - 6 - 2　英文版 PMGS 的检索界面

选中 F - term Description，输入相关 FT，即可对该 FT 主题码下各 term 的分类赋予原则进行查询了解。

此外，还可以通过以下方式来获取日本专利分类号：

（1）通过本书第四章中介绍的同族检索方式检索日本同族专利文献，通过该日本同族专利文献获取日本 FI 和 FT。

（2）如果在同族数据库中发现当前申请不存在日本同族，或者日本同族给出的 FI/FT 分类号不是很确切的情况下，可以结合发明要解决的技术问题通过查阅 FI/FT 分类表来确定 FI/FT 分类号，分类表可通过日本特许厅工业产权图书馆的网站来获取（http：//www4. ipdl. ncipi. go. jp/Tokujitu/tjftermena. ipdl？N0000 = 114）。

（3）根据 IPC 分类号来大致确定 FI/FT 分类号可能出现的位置。首先根据 IPC 分类号来确定 FI 分类号，再根据与 FI 分类号对应的 FT 分类号来确定对应的 FT 分类号。

2. 应用实例

【案例 6 - 6 - 1】

待检索的权利要求涉及一种可方便缠绕电源线的电熨斗及电源线收线方法，其特征是"将电源线卷绕在熨斗手柄手握部与熨斗主体之间"，有益效果是结构简单。

案例分析：

该案 IPC 分类号为 D06F75/28（电缆的连接、保护和支撑装置）、D06F75/34（手柄、手柄架），可以判定此主题的大致 FI 分类在 D06F75。

检索思路：

通过 IPDL 查询 FI 分类表与 FT 分类表（PMGS），发现主题码 4L029 的主题为"Irons"，而查找该表发现视点符 HA 为"ATTACHMENT OF WIRES"，数字位符 05 为"..Cords that wind onto the iron unit itself"，从而可以得到一个非常相关的 FT 分类号

4L029HA05，使用该分类号在 IPDL 网站的 FI/FT 检索界面上检索"4L029HA05"，即可得到非常相关的文献，检索效率很高。

【案例 6-6-2】

待检索的权利要求 1 涉及一种用于预防龋齿的冰淇淋，其特征在于由雪糕冰淇淋 1 000 重量份、抗龋齿卵黄免疫球蛋白 0.1~50 重量份、抗龋齿卵黄免疫球蛋白稳定剂和冷冻保护剂组成。

案例分析：

权利要求 1 的技术方案中包括了以下几个技术特征：(1) 预防龋齿；(2) 冰淇淋；(3) 添加剂为卵黄免疫球蛋白；(4) 稳定剂；(5) 冷冻保护剂。由于冰淇淋的表达方式非常多，例如冰棍、冰糕、雪糕、冰砖、冰块，甚至冷饮等，很难穷尽其关键词。因此，该技术特征主要依据分类号进行确定，经查询，相关的 IPC 分类号主要涉及：

A23G9/00 、A23G9/02　冰冻甜食，例如冰糖食、冰淇淋

A23G9/32　以成分为特征的

A23G9/36　含辅助医用或食疗成分

A23G9/38　含肽或蛋白

并且龋齿也有很多表达方式，例如牙洞、坏齿、虫蛀等，利用关键词也很难穷尽，分类号 A61P1/02 包括了所有的口腔用制剂，例如治疗龋齿、口疮或牙周炎的药物。利用分类号检索可能更易于全面检索。

检索思路：

经关键词初步检索未获得满意结果以后，考虑关键词检索可能由于无法穷尽同义或近义词语而可能漏检，因此决定尝试性使用 FI/FT 分类进行检索。

根据 PMGS 查询获得 A23G9/00、A23G9/02（冰淇淋）对应的 FT 主题码为 4B014，进一步查 4B014 主题码所在的 FT 分类表发现 GB18 为冰淇淋。

进入日本特许厅 IPDL 特许分类检索界面，在主题码一栏输入 4B014，在检索式一栏输入：4B014GB18 * A61P1/02。执行检索获得 18 篇检索结果，浏览结果后获得非常相关的三篇文献：JP05-227916A，JP04-071465A，JP05-032561A。

【案例 6-6-3】

待检索的权利要求 1 涉及一种在武术、散打等技击类训练和比赛中可以十分方便穿脱的脚保护套，其特征在于：在脚腕部的后面分为左右两部分（1、2），左右两部分（1、2）上分别设有将脚保护套固紧于脚腕的固紧件（4、5）。其附图如下：

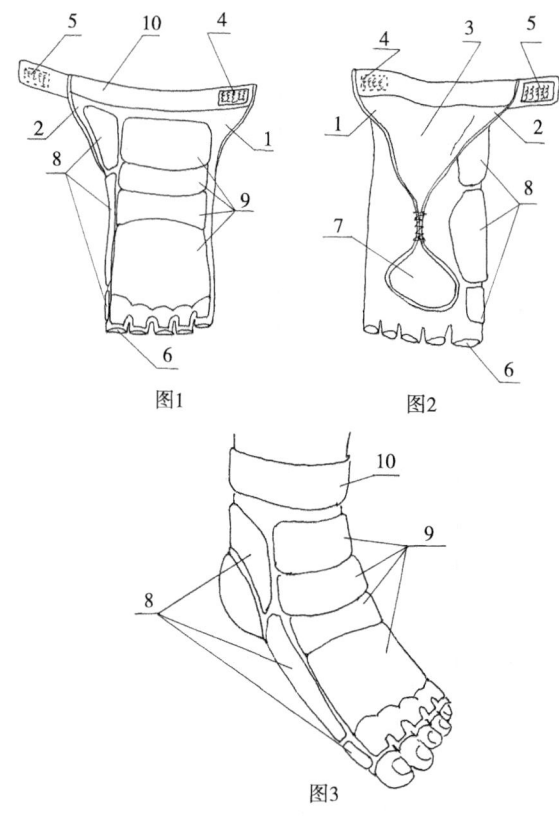

图 6-6-3 案例 6-6-3 的相关附图

案例分析：

经分析，该技术方案涉及一种在训练和比赛中可以十分方便穿脱的脚保护套，解决的技术问题就是穿脱费力问题，改进的方式就是采用后开口的方式。

分析待检索的技术方案发现，此技术方案的关键词难以确定，以关键词作为检索入口效率较低。此时想到日本是空手道运动的发起国，并与我国有着同样的东方保健文化背景，因此，日本可能存在与此相关的发明或实用新型。至此，把检索思路转移到 FI/FT 分类体系。

经查询 IPC 分类号，可以发现了一个分类准确的 IPC 分类号 A41D13/06（护膝或保护足部的）。经 IPDL 的 PMGS 查询，获得 A41D13/06 对应的 FT 主题码是 3B011。查找主题码 3B011 的 FT 分类表，发现两个 FT 分类号与该实用新型专利相关，在护具或保护衣种类/类别一栏有 AA14（Foot protectors）、AA15（Leg and foot protectors）与本案相关。

检索思路：

用 FT 分类 3B011AA14 进行检索，结果不到 300 篇。进入全文浏览页面附图，主要查看早期的实用新型，很快找到非常相关的日本专利文献 JP 昭 59-196239U。该文献公开了一种脚保护套，其附图如下：

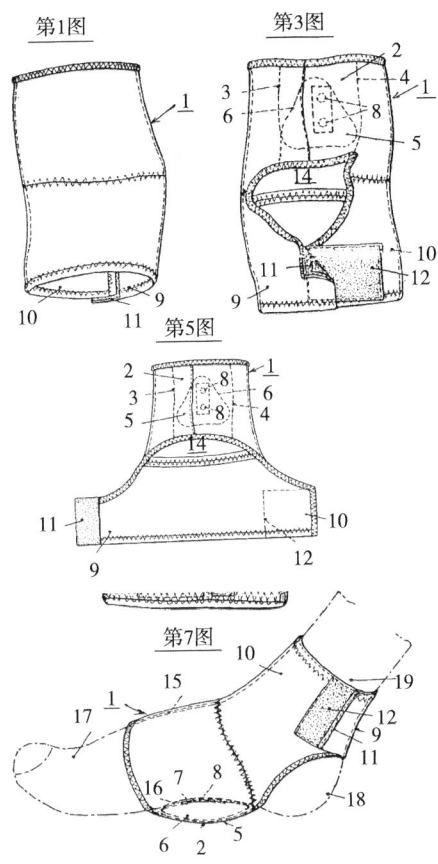

图 6-6-4　JP 昭 59-196239U 的相关附图

通过进一步阅读可知，该文献公开了待检索的技术方案的全部技术特征，非常相关。

第七节　各分类体系的综合应用

本章前面已经介绍了目前主要的专利分类体系：IPC、ECLA、DC/MC、UC 和 FI/FT，本节将进一步介绍在实际检索中如何根据具体的检索需求选择合适的分类体系进行检索。

由于 IPC 能够检索到目前世界上绝大部分专利文献，且大部分检索数据库中除了能够使用 IPC 进行检索之外，一般还能够使用一种其他特定的分类体系，因此下面在介绍分类体系选择的一般要求之后，通过实例介绍 ECLA、DC/MC、UC 或 FI/FT 分别与 IPC 的综合应用。

一、分类体系选择的一般要求

总的来说，检索者需要根据检索任务的要求，结合各分类体系的分类原则、覆盖范围、分类角度、细分程度等因素综合考虑选择一种或多种分类体系进行检索。当选择一种分类体系不能进行全面检索时，还需要考虑选择其他分类体系进行补充检索。

检索者所选择使用的分类体系应当能够全部覆盖希望重点检索的国家、组织或地区的文献。目前 IPC、ECLA 和 DC/MC 三种分类体系均属于通用型分类体系，其可检索的专利文献不局限于某一国家、组织或地区的专利文献，尤其是 IPC。IPC 分类体系系统是目前世界上应用最为广泛的分类体系，几乎世界各国专利文献目前都带有 IPC 分类号。相反，UC 和 FI/FT 则是分别针对美国专利文献和日本专利文献的专用型分类体系，由于美国和日本属于专利大国，其专利文献是许多领域的技术检索不可不检索的内容，而使用其专用的专利分类是实施这种检索的有效手段。

当所选择的检索用数据库中可使用多种分类体系时，由于不同的分类体系的分类角度、细分程度等各不相同，检索者应当尽可能选择具有能够准确、全面地反映待检索的技术主题的分类号的分类体系进行检索。例如，假设检索者需要检索钛的氧化物时，则可以在 DII 数据库使用手工代码进行检索，因为该数据库中提供有专门的钛的氧化物的手工代码，而 IPC 中没有这方面的专门分类。

当不同的分类体系均涉及待检索的技术主题，而且分类角度和细分程度均相同时，一般选择先使用分类质量较高的分类体系进行检索。例如在 esp@cenet 上检索时，部分 ECLA 分类号和 IPC 分类号完全相同，但是由于 IPC 由不同的国家分别给定，分类质量不高，相反 ECLA 由 EPO 统一分类，分类质量较高，因此一般选择先使用 ECLA 进行检索。类似地，在 DII 数据库中检索时，如果某待检索的技术主题在 DC/MC 和 IPC 中均能够找到准确的分类号时，一般选择先使用 DC/MC 进行检索。

当需要专门针对特定的国家或地区进行检索时，优先使用特定国家或组织自己的专利分类体系进行检索。例如，需要专门检索美国专利文献时，可先使用 UC 检索，需要专门检索日本专利文献检索时，可先使用 FI/FT 检索，当需要专门检索韩国专利文献、中国专利文献时，则只能使用 IPC 进行检索。当然，由于 ECLA 分类对于美国专利文献覆盖度也较高，因此如果不熟悉 UC，也可以选择在 esp@cenet 上使用 ECLA 检索。

此外，由于专利文献分类体系通常非常复杂，使用的专业性较强，因此检索者首先应当尽可能选择使用自己熟悉的分类体系进行检索。但由于一些分类体系本身存在的缺陷，为进行全面的检索，有时需要使用陌生的分类体系进行检索，检索者这时可以选择从 IPC 出发，借助 IPC 查找其他分类体系中合适的分类进行检索。

二、综合应用实例

以下通过几个检索实例介绍各个分类体系在检索中的综合应用。

1. ECLA 与 IPC

ECLA 分类系统是由 EPO 建立的专利分类系统，其一开始就遵循 IPC 的一般分类原则，因此与 IPC 分类系统相比，二者分类思想相近。但相比之下，ECLA 分类系统更为详尽，对应于技术的发展有更多的分类位置，其分类也更加准确。同时，ECLA 分类的一致性更高，其分类表动态调整，并且当分类号有变化时会对所有的专利文献进行重新分类，只保留一个当前版本。

鉴于 ECLA 分类的以上特点，一般当 ECLA 分类和 IPC 分类都存在涉及待检索的技术主题分类时，优先采用 ECLA 分类进行检索，以期高效地获得相关文献。当 ECLA 分类未能检索到合适的文献时，可考虑借助 IPC 分类进行有益的补充。以下通过案例辅以说明。

【案例 6-7-1】

待检索的权利要求涉及一种实现基于策略的网络业务管理的方法，该方法包含在一个网络业务管理器处接收与一个网络设备有关的第一数据，该第一数据是在网络业务的带外接收的；从网络业务中提取第二数据；以及利用第一数据和第二数据在网络业务管理器中实现一种网络业务管理策略。

案例分析：

本发明主要涉及网络业务管理领域。背景技术中，希望在高度网络化环境中对各种网络实体提供不同的服务等级。为解决该技术问题，本发明提出了一种基于策略的网络业务管理，其中策略管理就是本发明的发明点。

待检索的技术方案对应的 IPC 分类号为 H04L12/16。

从权利要求可以看出，除了"策略"这一反映发明点的关键词外，整个权利要求都是"管理"、"接收"、"第一数据"等通信领域最常用的词汇。因此单独采用关键词进行检索噪声必然很大，需要采用关键词结合分类号的检索思路。本申请给出的 IPC 分类号为：H04L12/16 "数据开关网络中向分局提供特殊业务的装置"。

检索思路：

（1）经分析可知，本申请给出的分类位置"H04L12/16"是介绍分局特殊业务的，并不直接涉及网络业务管理，因此试图寻找其他分类体系进行补充。

通过 esp@cenet 的号码检索（Number Search）发现本申请存在欧洲同族，并给出了相应的 ECLA 分类位置：H04L12/24E、H04L12/24A2、H04L12/24C4、H04L12/24E3、H04L12/56D（图 6-7-1）。

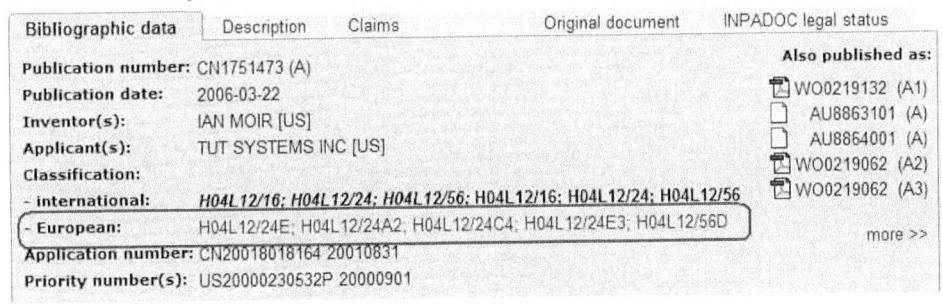

图 6-7-1　获得 ECLA 分类位置

（2）根据欧洲同族给出的分类位置可知，其与 IPC 分类不同，其分类位置集中于 H04L12/24 "数据开关网络中用于维护或管理的装置"。利用欧洲同族给出的该 ECLA 分类位置，继续在 esp@cenet 的高级检索（Advanced Search）中进行检索。选择 "Worldwide" 数据库，在"标题或摘要中的关键词"（Keyword in title or abstract）一栏输入关键词"Policy",并在 ECLA 分类(European Classification)一栏输入分类号"H04L12/24 +",具体检索式如图 6-7-2:

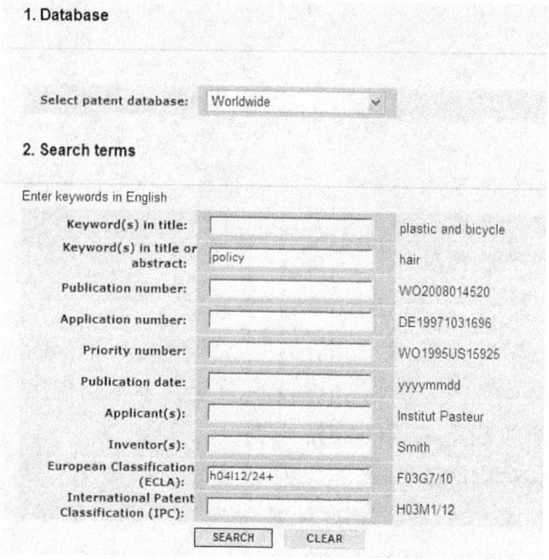

图 6-7-2　ECLA 分类号检索

获得 39 篇检索结果,通过阅读标题和摘要,找到一篇相关对比文献 EP1026867A2。

(3)若利用 IPC 分类结合关键词在 esp@cenet 中的高级检索(Advanced Search)进行检索,选择"Worldwide"数据库,在"标题或摘要中的关键词"(Keyword in title or abstract)一栏输入关键词"Policy",并在 IPC 分类(International Patent Classification)一栏输入分类号"H04L12/16",具体检索式如图 6-7-3:

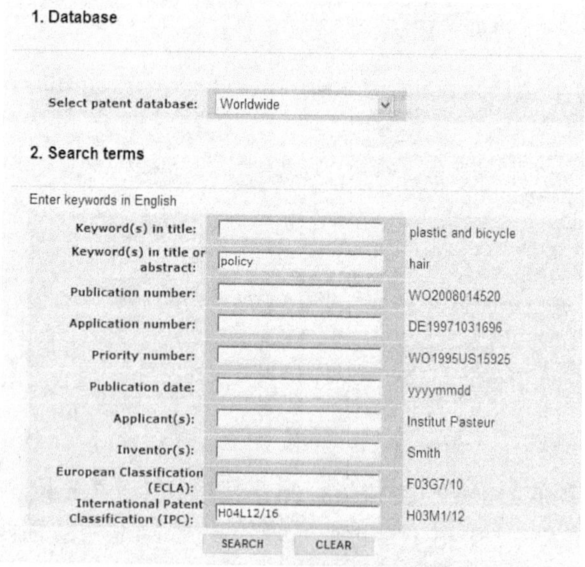

图 6-7-3　IPC 分类号与关键词结合检索

获得54篇检索结果,通过阅读标题和摘要,未能找到影响权利要求新颖性/创造性的专利文献。

若将分类号输入改为"H04L12/16 OR H04L12/24",则得到1 132篇文献,其中存在相关对比文献EP1026867A2。

由于各个国家的分类习惯不同,给出的IPC分类位置可能并不一致,仅仅根据IPC分类进行检索有时较为低效,甚至无法找到相关文献。一般来说,ECLA分类位置更细,能更好地反映发明的技术领域和发明点,并且ECLA分类更新迅速,对以往文件重新分类,因而其一致性较高,检索时应当优先采用。

但是由于ECLA分类相对较细,当直接采用无法得到相关文献时,可以对欧洲同族给出的ECLA分类位置进行简单的修正,例如采用截词符进行上位化处理,将本案中H04L12/24E、H04L12/24A2等,上位化为H04L12/24+。或者也可以结合技术领域或发明点,选择其中一两个ECLA分类位置进行检索。

此外,在采用ECLA进行检索时,应当注意到ECLA分类系统也存在一定的局限性。ECLA主要对下列14个国家和地区的专利文献进行分类:EP、DE、FR、GB、US、WO、AP、AT、AU、BE、CA、LU、NL、OA等,即对几乎所有的德语、英语、法语和荷兰语的专利文献都进行分类;对于RU、CN、KR、JP、TW等国家或地区的专利文献EPO不对其进行分类。因此,采用ECLA分类检索时检索不到这些文献,除非其存在以上14个进行分类国家或地区的专利同族。此时,还需要采用其他检索手段进行补充。

2. DC/MC 与 IPC

DC/MC是德温特公司使用的专利文献分类体系,其分类位置由专业分类人员给出,可避免不同专利局针对同一发明给出分类位置不一致的缺陷,有效降低漏检率。同时,DC/MC分类体系涉及多个专业技术领域,对于某些领域分类非常细致,存在一定的优势。

对于非美国、日本、欧洲的专利文献,当IPC分类没能给出准确的分类位置时,应当优先选用DC/MC进行检索。

【案例6-7-2】

待检索的权利要求涉及一种用于选择便携式通信终端的无线路径的方法,所述便携式通信终端能够使用其上应用定额费率计费系统的第一无线路径和其上应用按量费率计费系统的第二无线路径,所述方法包括:检测在当前位置处可用的无线路径候选;以及当所述第一无线路径被检测为无线路径候选时,使用所述第一无线路径在所述当前位置处进行通信。

案例分析:

现有的移动通信终端只能采用按时间/数量计费方式,不能降低通信的成本,而按照定额费率计费的用户不能脱离特定区域的限制。本发明使用户在两种计费方式同时存在时选择定额费率计费,没有定额费率时采用按时间/数量计费,降低了通信的成本,并扩大了用户的活动范围。本发明的关键点涉及蓝牙及多模通信中的计费问题。

待检索的技术方案对应的IPC分类号为H04L12/14。

检索思路:

(1) 通过ISI Web of knowledge中的DII对"蓝牙"主题进行查询,可获得相关主题的 MC 大多为"W01 – A07H2A"（图 6 – 7 – 4）。

国际专利分类: H04L-012/56; H04L-029/06; H04Q-011/06; H04B-007/26
德温特分类代码: W01 (Telephone and Data Transmission Systems)
德温特手工代码: W01-A07H2A; W01-C01D3C; W01-C01R

图 6 – 7 – 4　获得 MC 分类号

经查询 MC 分类表可知，W01 – A07H2A 表示的技术主题为 Bluetooth® radio interface。

采用 MC 分类位置"W01 – A07H2A"，和关键词"multi and mode"（多模）在 DII 中进行检索，具体检索式如图 6 – 7 – 5：

检索:
| | multi and mode | | 检索范围 | 主题 |
| 示例: recharg* lithium batter* |
| AND | W01-A07H2A | | 检索范围 | 德温特手工代码 |
| 示例: T01-L02 |

图 6 – 7 – 5　使用 MC 和关键词结合检索

通过上述检索过程可以获得 26 篇文献，通过阅读标题和摘要，找到一篇相关对比文件 US2002/0059434。

（2）若采用 IPC 分类体系，由于 IPC 中没有与蓝牙和多模直接相关的分类位置，只好使用表示"数据开关网络计费装置"的分类号 H04L12/14 进行检索，同时结合关键词"multi and mode"。具体检索式如图 6 – 7 – 6：

检索:
| | multi and mode | | 检索范围 | 主题 |
| 示例: recharg* lithium batter* |
| AND | H04L-012/14 | | 检索范围 | 国际专利分类 |
| 示例: G06F-001/16 |

图 6 – 7 – 6　使用 IPC 和关键词结合检索

通过上述检索式获得 7 篇文献，通过阅读标题和摘要，未能找到影响权利要求新颖性/创造性的专利文献。

由于 DC/MC 分类体系的分类思想不同于 IPC 和 ECLA，其往往对某些技术主题给出不同的分类角度，与 IPC 和 ECLA 分类体系互为补充。对于 IPC 和 ECLA 分类体系中没有准确分类位置的技术主题，可以优先查找 DC/MC 中是否存在合适的分类位置。

3. UC 与 IPC

美国作为技术发达国家，其先进的技术发展必然体现在美国专利文献中，也对分类系统起着举足轻重的影响。USPTO 采用其特有的分类系统——UC 分类系统，UC 分类系统是一种完全不同于 IPC 的分类系统。

首先，UC分类系统的分类原则与IPC不同。IPC分类更多以应用为主；而UC分类采用以功能为主的分类原则。例如，对于"除草喷雾"这一技术主题，若按照功能为主进行分类，其对应的IPC分类位置为B05B（喷射装置；雾化装置），对应的UC分类位置为239（Fluid sprinkling, spraying, and diffusing）；若按照应用为主进行分类，其对应的IPC分类位置为A01M21/00（消灭无用之物；如杂草的设备），对应的UC分类位置为47（plant husbandry）。由于分类原则的不同，可以借助UC分类系统分类原则的差异来对IPC分类进行补充检索。

其次，UC分类系统与IPC相比，其细分程度较高。在某些领域UC分类系统的细分程度甚至高于ECLA分类系统，尤其是美国技术发展较快的领域。例如，IPC分类系统中的G06Q（专门适用于行政、商业、金融、管理、监督或预测目的的数据处理系统或方法），其下共具有9个细分分类位置；与此相应，UC分类系统中的大类705（Data processing: financial, business practice, management, or cost/price determination），其下工具有97个细分分类位置。可见，对于此类技术主题，UC分类系统是有益的补充。

此外，UC分类系统每隔一段时间都会对分类位置进行修订，其修订周期比IPC分类系统更短，更有利于体现技术发展的新趋势。

鉴于UC分类的以上特点，当采用IPC分类难以检索到相关文献时，尤其是对于美国相关技术，可以考虑借助UC分类的特点对IPC分类进行有益的补充。以下通过案例辅以说明。

【案例6-7-3】

待检索的权利要求涉及一种光驱的检测盘片偏轨方法，包括：根据在一单位时间内该读写头在该盘片上的跨轨数来检测该盘片是否偏轨。

案例分析：

本申请所要解决的技术问题是提供一种光驱的检测盘片偏轨方法，能有效地检测出盘片偏轨的情况，以使得光驱能够以最佳的速度且正确地读/写其所承载的光盘。

待检索的技术方案对应的IPC分类号为G11B7/00、G11B7/09和G11B7/095。

检索思路：

从权利要求可以看出，关键词"偏心"和"跨轨"为反映发明点的关键词。首先利用IPC分类结合关键词在USPTO的数据库中进行检索。

进入USPTO的PATFT数据库（http://patft.uspto.gov），选择高级检索（Advanced Search）进行检索。利用以上确定的IPC分类位置和关键词。具体检索式如下：

(icl/G11B7/00 or icl/G11B7/08 or icl/G11B7/09) and (eccentric$ and cross$) and isd/1/1/2000->7/13/2006

通过上述检索式共获得256篇检索结果，通过阅读，找到一篇相关对比文献US6256275B1。

本发明的IPC分类号为G11B7/00，查找IPC-UC对照表可知，对应的UC分类位置为大类369。通过对照UC分类表中与光存储相关的大类369下面的小类可知，与本案发明点"通过跨轨数检测盘片的偏轨"相关的分类位置为369/44.32。利用确定的该UC分类位置结合关键词进行检索，具体检索式如下：

ccl/369/44.32 and (eccentric $ and cross $) and isd/1/1/2000 – >7/13/2006

通过上述检索式共获得 50 篇检索结果，通过阅读同样可以找到相关对比文件 US6256275B1。

通过上述在美国专利网站上利用 IPC 分类和 UC 分类进行检索的过程可以看出，虽然利用两种不同的分类系统均能够检索到影响新颖性/创造性的对比文件，但是利用 IPC 检索过程中命中的检索结果过多，造成了检索时间和精力的耗费。相比之下，UC 分类比较准确和细致，其给出的 UC 分类号所覆盖的文献数量并不大，从而大大减少了检索过程中的噪声，在一定程度上提高了检索效率。

4. FI/FT 与 IPC

FI 是 JPO 对 IPC 的细分和扩展，用于扩展 IPC 在某些技术领域的功能。它同样采用 IPC 分类表的等级结构原理，按部、大类、小类、大组、小组，按层次递减顺序分割技术知识的整体。相比较而言，FI 比 IPC 更加详细，使某一组下的几十万篇文献经细分后，在 IPC 细分类号下或文档下的文献一般在数百篇之内。

FT 是 JPO 为适应计算机检索而建立的多面分类系统。它借助特殊的技术术语，根据不同的技术主题，例如目的、用途、结构、材料、制造方法、使用或运行方法、控制装置等，在 IPC 和 FI 分类系统的基础上进行再分类或细分类。对于一篇专利文献来讲，FT 分类主要基于其权利要求，在权利要求中出现的任何技术内容都有可能成为技术条目，并且这些 FT 分类号没有主副之分，每个分类号都是从与本发明相关的不同的技术角度来给出的。FT 与 IPC、ECLA、UC、FI 等分类系统相比具有以下几个特点：第一，多重性，对于同一内容从多个不同角度给出分类号，便于检索时也可以从多个角度定位该文献；第二，更详细，从权利要求的具体技术特征中提炼分类号，可以获得比较多的分类号。

由于 FT 采用完全不同于 IPC 的分类思路，构建了截然不同的分类体系，是对 IPC 分类的有益补充。对于日本专利申请或者日本技术活跃的领域，应当采用 FI/FT 进行补充检索。以下通过具体案例进行说明。

【案例 6-7-4】

待检索的权利要求涉及一种显示装置，其具有自动调整显示设定的功能，至少包括：至少一亮度感测元件，其用以检测环境亮度并送出一亮度讯号；以及一显示控制电路，耦接于上述亮度感测元件，其用以处理接收自上述亮度感测元件的上述亮度讯号，并且根据处理结果自动调整一显示装置的初始显示设定。

案例分析：

本发明涉及一种依据其所在的环境亮度自动调整显示亮度与对比强度的显示装置，其可提供使用者舒适的视觉品质以及降低因环境亮度变化造成的视觉差异。现有的显示装置都具备亮度与对比强度调整的功能，但无法根据环境亮度作自动调整，使用者必须手动调节，对使用者而言非常麻烦。

待检索的技术方案对应的 IPC 分类号为 G09G5/10。

检索思路：

在显示技术方面，日本发展较为迅猛，并且在 FI/FT 分类体系中也有相对较细致的分类。本案试借助 FT 分类系统进行检索。

首先根据权利要求的技术方案、应用领域、发明目的等确定 FT 分类位置。

查询 IPC 与 FT 之间的对照表，可知 G09G5/10 对应 FT 分类号 5C082 "显示装置电路和控制"，查看 5C082 下的具体细分类位置，以下几个 FT 分类位置与本案密切相关：

➢ 5C082/AA0　应用领域、使用环境、外部设备和附件/用于个人电脑
➢ 5C082/AA21　应用领域、使用环境、外部设备和附件/和传感器连接
➢ 5C082/CB03　控制系统或命令系统的独有特征/基于外部环境自动控制
➢ 5C082/CA81　特殊显示功能、图像处理和控制、图像－信号转换功能/整个屏幕的调节或者控制
➢ 5C082/MM10　目的和效果/改善可见性

利用以上多个与本发明密切相关的 FT 分类位置进行检索，具体检索式如图 6 - 7 - 7：

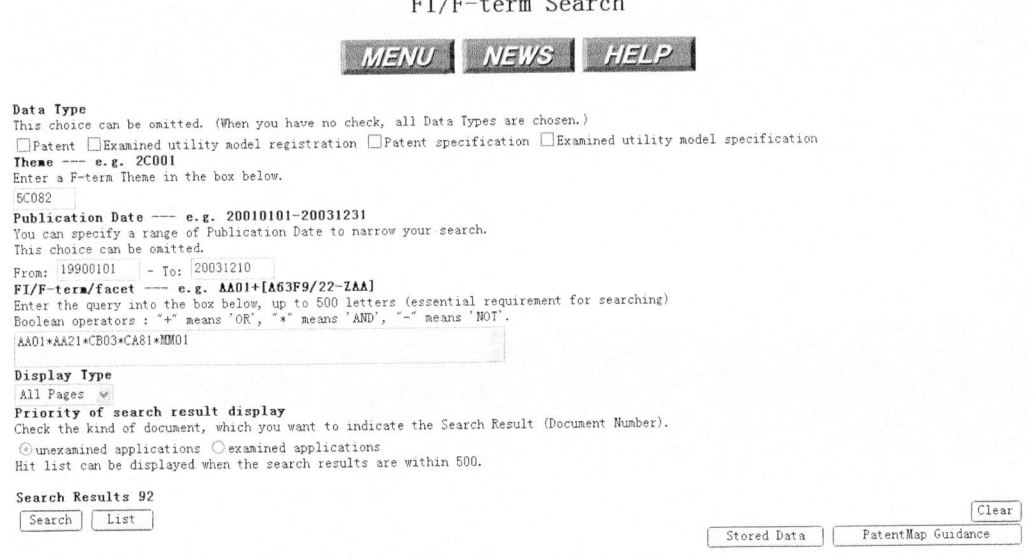

图 6 - 7 - 7　使用 FI/FT 检索

获得 92 篇检索结果，浏览后可得到相关对比文件 JP10 - 039847A。

提 高 篇

第七章 现有技术

对于涉及专利性判断的检索来说,例如专利申请前的查新检索、专利性检索等,必定要涉及现有技术的概念,本章将简要介绍现有技术的种类、作用以及如何认定其公开的技术内容。

第一节 现有技术概述

一、现有技术的种类

依据《专利法》第22条第5款的规定,现有技术是指申请日(有优先权的,指优先权日)前为公知所知的技术。

现有技术的公开形式包括出版物公开、使用公开、其他方式公开,其中网络公开属于一种特殊形式的出版物公开。

出版物公开是现有技术公开的主要形式。对于除了以网络形式公开的一般出版物(包括纸件载体和电子载体),其印刷日视为公开日,没有印刷日的,如果有出版日,则该出版日视为公开日,但有其他证据证明出版物实际公开日的除外。对于不具有保密性质的会议论文,如果该会议论文在会前印刷的,以会议首日作为公开日,会议论文在会后印刷的,以印刷日为公开日,但有证据证明其实际公开日的除外。

对于网络形式公开的出版物,如果能够确定网络上的内容在申请日以前处于能够为公众所知的状态,则该内容属于现有技术。具有高可信度的网站所发布内容〔一般含技术(设计)内容和发布时间〕通常具有较高的真实性。一般来说,包括政府类、地区或国际性组织的官方网站、知名的专业数据库网站、知名的专业在线期刊网站、知名的商业网站、知名的非政府国际组织网站、正规大学、大型科研院所网站等。在检索过程中,检索者可以根据需要选择检索上述具有高可信度网站的内容。

网络公开日指的是网络上公开的技术内容可以被公众浏览到的日期,一般应当以网页上所载相关技术(设计)内容的电子公布时间为公开日。当某一技术内容既存在网络公开也存在纸件公开两种形式时,最先的公开日作为该技术的实际公开日。

从现有技术的内容性质看,现有技术可以分为公知常识和除公知常识以外的一般现有技术两种。公知常识不仅包括广为人知的各种生活常识,还包括在各种正规教科书、字典、行业技术标准、技术手册等中记载的技术内容。除公知常识以外的一般现有技术通常包括在先公开的专利文献、论文、专著、期刊等载体中记载的技术内容等。

随着时间的推移,除公知常识以外的一般现有技术也可能转化为公知常识。例如在通信上使用的CDMA(码分多址)技术,在最初提出的几年中可能仅仅出现在一些专著、文章或专利申请中,此时属于一般现有技术;随着时间的推移,CDMA 技术被普及应用(例如 CDMA 手机),该技术逐渐出现在通信专业的教程中或者其成为通信行业标准时,就转变为公知常识。

背景技术是与现有技术非常接近的概念。各个专利局一般要求申请人在专利说明书的背景技术部分应当写明对发明或者实用新型的理解、检索、审查有用的背景技术。但需要注意的是,在说明书中引用的背景技术不一定都是在申请日或优先权日之前公开的现有技术,也可能是在申请日之后公开、甚至没有公开的非现有技术内容。在检索时,通常不需要检索那些不属于现有技术的背景技术文件,但是通过阅读这些不属于现有技术的背景技术文献有助于对该申请的理解,有时候还可以借助于这些文献通过追踪等方式检索现有技术。

二、现有技术的作用

1. 在科研立项时,通过对现有技术的分析,确定某技术的发展状况以及课题主要的研究点。

在某一技术准备进行科研立项时,通过对检索的现有技术进行深入分析,在准确把握现有技术发展状况之后,可以准确找到本课题的主要研究点,从而节省课题研究时间。

在现有技术中,专利文献占有非常重要的位置。通过对某一技术下全部的专利文献的分析,可以挖掘出关于某一技术大量相关信息。例如,通过对申请的数量、年代等的分析,可以大致了解该技术发展的起始年代、成熟年代甚至今后的发展趋势;通过对申请人的分析,可以准确了解掌握该技术的主要申请人,通过对某申请人所申请全部专利的同族、引文分析,并结合申请的数量、年代、申请国别等分析,可以了解该申请人的专利布局,并从中大致可以推测出该申请人的专利战略。

2. 在专利审查过程中,现有技术的状况对审查结果具有重要的作用。

现有技术的发展状况直接决定着发明申请要求保护的技术方案是否具有新颖性和创造性。

例如,在现有技术中存在一种"包覆笔芯的木材表面上涂布有涂料的铅笔",并且大家熟知此涂料是为了防止木材变色而涂布的。如果仅仅为节省成本而省去该涂料,该保护功能也同时随之消失,则省去该涂料的发明实际上属于单纯删除了公知、惯用技术的发明,没有创造性。然而,在另一实例中,由于人们一直认为在机车的轨道间铺设的齿轨是专门用于降低或减少摩擦的手段,如果某发明人发现不铺设齿轨的轨道仅靠轨道与车轮的相互黏性也可以使机车行走,并申请省略了轨齿的专利,则这种要素省略的发明由于克服了现有技术中的技术偏见而具有创造性。由此可见,现有技术的发展状况对于评价发明是否具有创造性至关重要,现有技术检索是整个专利审查的基础。

在专利法中,现有技术的概念主要是为判断新颖性和创造性而设立的,但是其作用显然不仅仅限于此。在很多情况下,说明书是否充分公开、权利要求之间是否缺乏单一性以及是否得到说明书支持等问题的判断也都与对现有技术的水平的掌握密切相关。

第二节 现有技术的认定

现有技术文献总是根据其本身的需要记载相关技术内容。在专利审查中,在评价新颖性时,除了技术方案本身之外,还需要考虑技术领域、要解决的技术问题和技术效果,在两篇或多篇对比文件评述创造性时,还需要结合技术启示等,而这些内容通常并没有直接记载在对比文件中。如果简单地认为在对比文件中有明确的文字记载的内容才算是对比文件公开的内容,则很难评述专利申请的新颖性和创造性。例如,国家知识产权局制定的《专利审查指南》中就明确指出,对比文件公开的内容"不仅包括明确记载在对比文件中的内容,而且包括对于所属技术领域的技术人员来说,隐含的且可直接地、毫无疑义地确定的技术内容"。

如上文所述,现有技术可以分为一般现有技术和公知常识,下面分别介绍一般现有技术的认定和公知常识的认定。

一、一般现有技术的认定

通常,认定一般现有技术文献中有明确的文字记载的技术内容相对较容易,但是现有技术文献所公开的内容通常并不限于明确的文字记载的内容,还包括其中引用的内容、隐含公开的内容、附图中公开的内容或其他特殊内容,而这些内容的认定相对比较困难,下文分别给出了在认定这些内容时需要注意的问题。

1. 引用的内容

当现有技术文献中的引用明确且具体时,所引用的文件中公开的内容可认为属于该文献中所公开的内容。但是,如果该文献中所引用的技术内容不够清楚具体,例如虽然引用了另一现有技术文献,但是由于该另一现有技术文献记载了多个不同的技术方案,且使用不同的技术方案具有完全不同的技术效果,或者部分技术方案达不到相应的技术效果,则仍然不能视为该现有技术文献公开了相关内容。

【案例7-2-1】

某文献公开了一种影响彩色扫描矫正方法,包括彩色板的影像扫描器、读取数据、转换R、G、B计数值、加总取平均等步骤,但其中涉及加总取平均步骤的具体内容以引用另一A专利的方式公开。

案例分析:

上述文献虽然公开了该影响彩色扫描矫正方法的大部分步骤,但是由于没有直接公开加总取平均的步骤,而是采用引用另一专利A的方式撰写,而A专利所公开的"加总取平均"只适用于白色矫正,不能直接应用于上述文献中的彩色校正处理,因此不能认为上述文献以引证文件的方式公开了"加总取平均"这一步骤。

2. 附图中公开的内容

在专利审查中,一般文献的附图属于该文献的一部分,其公开的内容可以用以评价专利申请的新颖性和创造性。但说明书附图作为一种图形语言,其公开的内容应以本领域技术人员能够从附图中直观地、明显地看出的技术内容为准，不包括从附图中推测的内容，或无文字说明、从附图中测量得出的尺寸及其关系。

一般而言，对于一些定量关系的内容，例如具体尺寸、质量以及精确的形状等，通常难以从附图中得出。但是，对于某一特征的存在性、特征之间的方位关系（例如上下、左右等）和包含关系（例如里面或外面）、相对大小或长度关系等定性而非定量的技术内容，通常比较容易从附图中得出。

【案例7-2-2】

待检索申请的技术方案中限定"主动轮8的直径大于转轮A、B和被动轮9的直径"。针对以上技术特征，作为该申请的文献中没有相关的文字记载，只有以下附图作为证据，能否根据申请文件的附图直接地、毫无疑义地确定出上述信息？

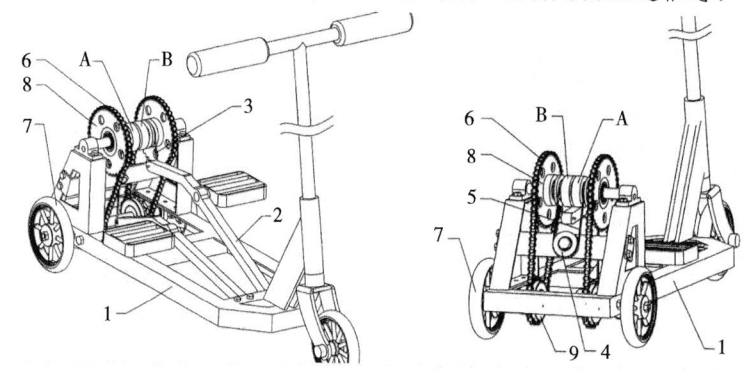

图7-2-1　案例7-2-2附图

案例分析：

在文献中，应当认为说明书附图是采用相同比例绘制的，虽然文献中的说明书文字部分对主动轮8、转轮A、B以及被动轮9的直径大小关系没有文字描述，但从本领域技术人员的角度同时结合说明书的内容，审查员可以直接地、毫无疑义地确定出附图中"主动轮8的直径大于转轮A、B和被动轮9的直径"这样的定性关系。

3. 隐含公开的内容

只有"隐含公开的内容"属于可直接地、毫无疑义地确定的技术内容，才可以认定为被文献公开的技术内容。固有特征是隐含公开的内容的一种常见表现形式。

【案例7-2-3】

一种多水套连环暖炉，由位于炉体下端的炉门体水套及炉体上部的炉盘所组成，其特征在于在炉膛吸热板内设有一小水套。

案例分析：

某文献公开了一种双水套暖炉，该炉具有两个水套，即炉体水套和筒形内水套，炉体水套与内水套通过连接管连通，内水套位于炉膛口吸热板内。该申请的权利要求与文献的主要区别在于文献没有明确地披露"炉体下端的炉门体水套及炉体上部的炉盘"。但是，炉门和炉盘是水暖炉中不可缺少的固有部件，而且从古至今一直沿用，因此文献中虽然没有明确记载上述两个部件，仍然可以认为该文献中隐含地公开了上述两个部件。

在认定文献隐含的内容是否属于可直接地、毫无疑义地确定的技术内容时，要注意以下两个条件：（1）该隐含的技术内容是否是公知的；（2）该隐含的技术内容是否是唯一确定的。这两个条件缺一不可。

此外，隐含公开的内容的另一种表现形式是该术语在申请日之前的公知的、确定的解释内容。公知的、确定的解释可以是作为现有技术的技术词典、技术手册、教科书、行业标准、国家标准对技术术语的解释。

4. 推定的内容

虽然有些特定技术内容没有明确记载在文献中，但是仍然可以认定已被文献公开，从而推定所检索的技术方案不具备新颖性或创造性。

这种情况在化学领域中比较常见，例如国家知识产权局制定的《专利审查指南》第二部分第十章中规定，如果专利申请要求保护一种化合物，而在某文献中已经提到该化合物，则推定该化合物不具备新颖性，除非申请人能提供证据证明在申请日之前无法获得该化合物。

这里所谓"提到"的含义是：明确定义或者说明了该化合物的化学名称、分子式（或结构式）、理化参数或制备方法（包括原料）。化学领域经常出现这种情况的主要原因在于，化学领域中对于化学产品的充分公开有特殊的要求，即充分公开化学产品要求从产品的确认、产品制备和产品的用途和/或效果三方面进行描述。

5. 存在多种选项的内容

当文献中公开的技术方案包含多种选项时，该文献是否公开了该技术方案包含的全部具体技术需要根据具体情况具体分析。

一般，如果文献中仅仅是给出了某技术特征的一个选择范围，且该范围中包含了无数选项时，则不能认为该文献中公开了该范围内的每种具体技术方案。例如文献公开了加热温度为5℃～10℃，则不能认为该文献公开了6℃，除非该文献中具体提到了6℃。对于某一存在多种选项的技术特征，如果文献中明确列出了多种选择，则认为文献公开了明确列出的多种技术方案。但是，如果某一技术方案中存在多个具有多种选项的技术特征，通过这多个具有多种选项的技术特征的不同的组合而构成的不同技术方案是否属于文献公开的内容，则需要具体技术领域以及技术方案的复杂程度具体分析。

6. 关于摘要的内容

一般摘要与正文同时公开，两者具有相同的公开日，且摘要的内容完全源自正文，因此在使用时可根据需要选择使用摘要还是正文。但如果有证据表明摘要是其后另行撰写的，例如某些专业的数据库商业机构，有专业的摘要撰写人员对收集的文献重新撰写摘要，则摘要的公开日以实际公开日为准。在专利审查中，审查员一般首先推定摘要的公开日与正文的公开日相同。

二、公知常识的认定

公知常识是现有技术的一种重要的表现形式。在专利审查中，审查员经常需要引用公知常识来评述权利要求的创造性。当公知常识本身属于如下内容时一般勿需举证：（1）众所周知的事实；（2）自然规律及定理；或（3）根据法律规定或者已知事实和日常生活经验法则能推定出的另一事实。

当某技术特征涉及自然规律或定律在某一特定领域的应用时，只有在该自然规律或定理本身是公知的且该规律或定律的这种特定应用及其效果都是公知的情况下，才可认定该技术特征属于公知常识。反之，如果自然规律的特定应用带来意想不到的技术效果时，不仅不能认定为公知常识，而且它还可能会给发明带来创造性。

例如，水结成冰时体积会膨胀是公知常识，如果某一发明涉及改进物品的膨胀方式，其采用将水冷却成冰的方式替代过去热胀冷缩的方式，起到了更好的效果（例如降温的效果），此时不能简单地认定这种替代方式为公知常识，除非能够证明在该领域中，为解决相同的问题和达到相同的效果，采用将水冷却成冰的方式属于公知常识。

对于涉及特定领域或行业的常规技术的公知常识，通常可以通过检索该领域或行业的专业教科书、技术手册或字典获得。

第八章 检索策略与新颖性/创造性的判断

正如本书第一章所指出,专利文献检索包括查新检索、专利性检索、侵权检索等,当专利文献检索是为了评判检索主题是否具有专利法意义上的新颖性或创造性时,检索者不但需要了解专利法意义上新颖性、创造性的概念及其判断标准,还需要借助这些内容有针对性地制定检索策略以便进行深入的检索。

因此,本章第一节先简单概述主要国家关于新颖性和创造性的概念及其判断,之后在第二节着重探讨如何基于创造性的判断标准有针对性地制定检索策略。

第一节 新颖性和创造性的概念及其判断

尽管实行不同专利制度的国家/国际组织的有关新颖性/创造性的规定存在一定程度的不同,但新颖性、创造性是获得专利的必备条件已成为各国的共识,下面主要介绍中国、美国、欧洲和日本关于新颖性和创造性的概念及其判断方式。

一、中国

1. 新颖性的概念

根据《专利法》第 22 条第 1 款的规定,授予专利权的发明和实用新型应当具备新颖性、创造性和实用性。

同时,《专利法》第 22 条第 2 款规定,新颖性是指该发明或者实用新型不属于现有技术;也没有任何单位或者个人就同样的发明或者实用新型在申请日以前向国务院专利行政部门提出过申请,并记载在申请日以后公布的专利申请文件或公告的专利文件中。

我国《专利法》第 22 条第 5 款规定:"本法所称现有技术是指申请日以前在国内外为公众所知的技术。"

现有技术与时间、地域和公开方式有关,以下分别予以说明。

现有技术的时间界限是申请日,享有优先权的,则指优先权日。广义上说,申请日以前公开的技术内容都属于现有技术,但申请日当天公开的技术内容不包括在现有技术范围内。

现有技术不存在地域性限制。无论属于出版物公开的,还是属于使用公开和以其他方式公开的,该地域指全世界范围。发生在外国的公开使用或者以其他方式为公众所知的技术内容构成现有技术。

现有技术公开方式包括出版物公开、使用公开和以其他方式公开三种。

根据《专利法》第 22 条第 2 款的规定,判断一项发明或者实用新型专利申请是否具有新颖性，除了与现有技术相比之外，还要看是否存在与该申请的技术内容相同的在先提出在后公布或者公告的申请，即抵触申请。构成抵触申请的发明或者实用新型虽然不是在后申请的申请日以前已经公开的技术，不能按照现有技术的概念影响在后申请的新颖性，但是如果对申请日不同但内容相同的两份申请都授予专利权，就会导致对同样的发明创造重复授予专利权的结果，这不符合"禁止重复授权原则"。

2. 创造性的概念

《专利法》第22条第3款规定，创造性是指与现有技术相比，该发明具有突出的实质性特点和显著的进步，该实用新型具有实质性特点和显著的进步。

发明有突出的实质性特点，是指对所属技术领域的技术人员来说，发明相对于现有技术是非显而易见的。如果发明是所属技术领域的技术人员在现有技术的基础上仅仅通过合乎逻辑的分析、推理或者有限的实验可以得到的，则该发明是显而易见的，也就不具备突出的实质性特点。

发明有显著的进步，是指发明与现有技术相比能够产生有益的技术效果。例如，发明克服了现有技术中存在的缺点和不足，或者为解决某一技术问题提供了一种不同构思的技术方案，或者代表某种新的技术发展趋势。

发明是否具备创造性，应当基于所属技术领域的技术人员的知识和能力进行评价。所属技术领域的技术人员，也可称为本领域的技术人员，是指一种假设的"人"，假定他知晓申请日或者优先权日之前发明所属技术领域所有的普通技术知识，能够获知该领域中所有的现有技术，并且具有应用该日期之前常规实验手段的能力，但他不具有创造能力。如果所要解决的技术问题能够促使本领域的技术人员在其他技术领域寻找技术手段，他也应具有从该其他技术领域中获知该申请日或优先权日之前的相关现有技术、普通技术知识和常规实验手段的能力。

判断要求保护的发明相对于现有技术是否显而易见，通常可按照以下3个步骤进行。

（1）确定最接近的现有技术；

（2）确定发明的区别特征和发明实际解决的技术问题；

（3）判断要求保护的发明对本领域的技术人员来说是否显而易见。

在该步骤中，要从最接近的现有技术和发明实际解决的技术问题出发，判断要求保护的发明对本领域的技术人员来说是否显而易见。判断过程中，要确定的是现有技术整体上是否存在某种技术启示，即现有技术中是否给出将上述区别特征应用到该最接近的现有技术以解决其存在的技术问题（即发明实际解决的技术问题）的启示，这种启示会使本领域的技术人员在面对所述技术问题时，有动机改进该最接近的现有技术并获得要求保护的γ发明。如果现有技术存在这种技术启示，则发明是显而易见的，不具有突出的实质性特点。

下述情况，通常认为现有技术中存在上述技术启示：

（1）所述区别特征为公知常识，例如，本领域中解决该重新确定的技术问题的惯用手段，或教科书、工具书等披露的解决该重新确定的技术问题的技术手段。

（2）所述区别特征为与最接近的现有技术相关的技术手段，例如，同一份对比文件其他部分披露的技术手段,该技术手段在该其他部分所起的作用与该区别特征在要求保护的发明中为解决该重新确定的技术问题所起的作用相同。

(3) 所述区别特征为另一份对比文件中披露的相关技术手段,该技术手段在该对比文件中所起的作用与该区别特征在要求保护的发明中为解决该重新确定的技术问题所起的作用相同。

二、美国

《美国专利法》第101条规定,专利权颁发给"任何新颖和实用的方法、机器、制品、合成物或它们的任何新颖而实用的改进"。第102条从(a)-(g)共7款规定了不能被取得权利的7种情形,即:

如果没有下列任何一种情况,有权取得专利权:

(1) 在专利申请人完成发明以前,该项发明在本国已为他人所知或使用的,或者在本国或外国已经取得专利或在印刷的出版物上已有叙述的。

(2) 该项发明在本国或外国已经取得专利或在印刷出版物上已有叙述,或者在本国已经公开使用或出售,在向美国申请专利之日以前已达1年以上的。

(3) 发明人已经放弃其发明的。

(4) 该项发明已经由申请人或其法定代理人或其承受人在外国取得专利权,或使他人取得专利权,或者取得发明证书而向外国提出的关于专利或发明证书的申请是在向美国提出申请以前,而且已达12个月以上的。

(5) 在专利申请人完成发明以前,该项发明已经在根据他人向美国提出的专利申请而批准的专利说明书中加以叙述的。

(6) 请求给予专利权的发明并非申请人自己完成的。

(7) 在申请人完成发明之前,该项发明已由他人在美国完成,而且此人并未放弃、压制或隐瞒该项发明的。

由于美国是实行所谓"先发明制"的国家,这里不再赘述。

《美国专利法》中使用"非显而易见性"(nonobviousness)一词来描述发明的创造性。《美国专利法》第103条(a)款对"非显而易见性"进行了详细规定:"一项发明,虽然与第102条所规定的已经有人知晓或者已有叙述的情况并不完全一致,但申请专利的内容与其已有的技术之间的差异甚为微小,以致在该项发明完成时对于本领域普通技术人员是显而易见的,则不能取得专利。"美国专利商标局的审查指南规定了作为判断非显而易见性前提的4个需要审查的事实:

(1) 确定在先技术的范围和内容;

(2) 确定在先技术与权利要求之间的区别;

(3) 决定有关技术领域里的一般技术水平;和

(4) 评估作为证据的辅助考虑因素。

同时,美国专利审查指南还规定,判断非显而易见性时,应当坚持以下原则:

(1) 要求保护的发明必须作为一个整体来看待;

(2) 在先技术必须作为一个整体来考虑,必须暗示技术教导,因此使得该组合变得显而易见；

（3）在先技术必须是在不受要求专利权的发明本身的"事后诸葛亮"影响的条件下考察；

（4）对成功合理的预期是决定显而易见的标准。

三、欧洲

《欧洲专利公约》第 54 条规定：

（1）如果一项发明不属于现有技术，该发明应当认为是新颖的。

（2）现有技术应当认为包括在欧洲专利申请日以前，依书面或者口头描述的方法，依使用，或者依任何其他方法，公众可以得到的一切东西。

（3）此外，已经提交的欧洲专利申请的内容，如果该申请的申请日是在第 2 款所述的日期以前，并且该申请在该日或该日以后公布的，应当认为包括在现有技术以内。

（4）第 2 款和第 3 款的规定，不应排除属于现有技术中的任何物质或者组合物在第 53 条（c）项所述方法中的用途的可享专利性，但以该物质或者组合物在任何这种方法中的用途没有包括在现有技术内为限。

（5）第 2 款和第 3 款的规定，还不应排除第 4 款所述的任何物质或者组合物在第 53 条（c）项所述的任何方法中的任何特定用途的可享专利性，但以这种用途没有包括在现有技术内为限。

《欧洲专利公约》第 56 条规定：如果一项发明与现有技术相比，对所属技术领域的人员来说是非显而易见的，则该发明具备创造性。

发明创造性的判断方法：

欧洲专利局的审查指南规定，在评定创造性时，审查员通常应用问题—方案法。

问题—方案法有三个主要的步骤：

第一步：确定最接近的在先技术。最接近的在先技术是指提供了考虑非显而易见性问题最佳基础的单份在先技术。例如，最接近的在先技术可能是：

（1）披露了与要求专利权的发明最相似的技术效果、目的或者用途的相关技术领域中的一项已知技术。

（2）与该发明共有最多技术特征并能执行该发明的功能的一项技术。

选择最接近的在先技术，第一要考虑的是它必须与发明有同样的目的或者效果，否则，它不能引导技术人员以明显的方式得到要求专利权的发明。当几个被引用的文献与发明同属于一个技术领域，最接近的技术是在申请日最容易使技术人员从中得到申请专利的发明的那个在先技术。

第二步：确定所要解决的技术问题。要客观地确定所要解决的技术问题，就要研究申请、最接近的现有技术和在技术特征方面（结构的或者功能的）该发明与最接近的在先技术之间的区别，然后形成技术问题。

第三步：从最接近的在先技术与所要解决的技术问题出发，确定该要求专利权的发明对于技术人员来说是否是显而易见的。这一步是回答在先技术作为一个整体是否存在任何教导，使技术人员在面临该技术问题时，根据该教导，通过修改该最接近的在先技术迅速获得该发明所实现的技术方案。

欧洲专利局的审查指南解释说，在判断是否存在创造性时，允许组合两份文献或者更多文献披露的东西或组合它们的各个部分，或者同一文献的或其他在先技术的不同部分，但这样的组合必须是在发明的申请日对于所属技术领域的技术人员来说是明显的。在确定两个或者更多不同的披露的组合是否明显时，审查员应当考虑下列情况：

(1) 文献的内容对于要解决该技术问题的所属技术领域的技术人员来说，组合是可能还是不可能。

(2) 文献是否来自相似、相邻或相远离的技术领域。

(3) 如果存在可信的基础让所属技术领域的技术人员把同一文献中的不同部分组合起来，那么把同一文献的两部分或者多个部分组合起来就是显而易见的。一般来说，两份文献相组合，其中一份文献清楚无误地提到了另一份文献（提及的参考文献被作为是披露的组成部分），该组合是显而易见的。

四、日本

《日本专利法》第29条之1规定，完成具有工业实用性之发明，除下列记载的发明之外，可以就其发明获得专利。

(1) 专利申请日之前在日本国其他地方已是众所周知的发明。

(2) 专利申请日之前在日本国或其他地方已是公开实施的发明。

(3) 专利申请日之前在日本国或其他地方的公开刊物上已有刊载的、或公众通过电信线路可以获得的发明。

《日本专利法》第29条之2规定，在载于前款1中任一情况之发明的基础上，尽管符合前款1中的要求，但在专利申请日之前，对具备该发明所属技术领域的普通知识的技术人员来说，容易实现其发明的，不能给以专利。

从上文的规定中可以看出，《日本专利法》对创造性标准在表述上采用了一种排除方式。根据《日本专利法》第29条之2，一项发明，在专利申请提出之前由所属领域的技术人员容易作出的，则不具备创造性。

《日本专利审查指南》第二部分第2.2节对《专利法》第29条（2）作了进一步解释，其中第（3）条指出：本领域技术人员在第29条（1）所说的在本发明申请之前的发明的基础上，运用普通创造力（ordinary creativity）能够容易得出要求的发明。

《日本专利审查指南》规定了判断发明是否具有创造性的如下原则：

(1) 发明是否具有创造性，是在申请日，考虑了本领域技术人员通过准确理解发明所属领域的现有技术状态后所能做到的，是否可以推断出本领域技术人员能够容易地实现要求保护的发明来确定的。

(2) 具体来说，在确定所要保护的发明和引用的一篇或多篇对比文件后，选择一篇最适合于用来进行推断的引用的对比文件。将所要保护的发明与一项引用的对比文件进行比较，阐明定义发明的主题中所确定的相同点与不同点，然后，在所选择的对比文件中的内容、引用的其他对比文件（包括公知公用的技术）以及公知常识的基础上，进行缺乏创造性的推断。推断可以从不同的多个方面进行。

在理论上，日本认为发明的创造性是构成发明的难易问题，在判断创造性时，要以发明的构成为对象。同时，因为发明的目的是发明的起因，发明的效果是发明的结果，发明的目的和效果与发明构成有不可分的关系（有时目的和效果完全包含在构成之中，成为有机的整体），因此，判断创造性的方法就是根据发明的难易程度并同时参考发明的目的和效果来判断发明有无创造性。

参考发明目的的着眼点，主要看其目的是否有可预测性。目的无可预测性时，达到目的的手段（构成）也将不具有可预测性，因此，发明构成也就具有困难性。参考效果的着眼点，主要视其效果是否有预测性。在具有显著性效果的情况时，产生该效果的构成原则上是具有难度的。

但是，当很明显不存在发明构成的难度时，就没有必要参考发明的目的和效果，因为目的和效果都仅仅是参考的事项。因此，比如仅属于同行业者为了追求一定的效果而通常会采用的手段，发明构成明显没有难度，在这种情况下，即使产生显著效果，也不认为它具有发明的创造性。

第二节　检索策略的制定

从上文可知，尽管不同国家在新颖性和创造性的法律规定、具体判断方法以及判断步骤和标准的规定不尽相同，但均存在非常明确的具体判断做法及判断标准。从检索的角度看，新颖性或创造性的这些判断标准同时也是对所使用的文献或文献组合的要求。基于这一思路，对于涉及专利性的检索任务，要想实现高效的检索，需要在检索时直接应用新颖性和创造性的判断标准并结合对新颖性和创造性的合理预期来有针对性地制定检索策略，从而为新颖性和创造性的判断提供合用的文献。

下面在介绍基于新颖性和创造性预期分析判断制定检索策略的一般方法之后，重点介绍在创造性判断中多篇文献结合时如何考虑技术启示的问题。

一、检索策略制定的一般方法

从基本检索要素的使用看，检索过程可以分为全要素组合检索和部分要素组合检索。

检索时通常先进行全要素组合检索。在选定待检索方案的基本检索要素后，使用全体检索基本检索的各种表达方式进行检索，不同基本检索之间是逻辑"与"的关系，而同一基本检索要素的不同表达方式，例如表达同一基本检索要素的不同关键词、不同分类号等之间是逻辑"或"的关系。关于基本检索要素的选择以及检索式的构造详见本书第四章。

如果仍然没有检索到合适的对比文件，还需要根据对待检索的技术方案的创造性的预期评判方式选择部分检索要素以进行部分要素组合检索。但是，所有这些由严至宽逐级制定的检索策略中，一个不可忽视的因素就是：要充分注意创造性判断中的整体考虑或整体判断原则。即，现有技术的整体性、权利要求的整体性以及现有技术整体上是否存在技术启示。

【案例8-2-1】

某待检索的权利要求涉及半导体工厂水处理中分解三氯甲烷的方法，所述方法为：在添加氧化剂以后，进行紫外线照射。

说明书记载有如下内容：

比较例1：只有氧化剂：分解率20%。

比较例2：只有紫外线：分解率30%。

实施例：氧化剂+紫外线：分解率90%，效果显著。

案例分析：

在此技术方案中，根据说明书的记载可知，氧化剂和紫外线的组合对于三氯甲烷的分解率（90%）远远大于两者单独使用时的分解率之和（20%+30%），因此，可以认为两者在功能上相互促进，产生了协同作用。如果需要通过对比文件的结合评述该发明的创造性，需要充分考虑这种协同作用。因此，在检索时如果设想检索可相结合的多篇对比文件，需要重点关注对比文件间的结合启示。此外，虽然权利要求限定了该方法属于"半导体工厂水处理"的技术领域，但是发明的实质是氧化剂和紫外线对于三氯甲烷的分解作用，由此可见，技术领域不仅可以为半导体领域中废水的处理领域，也可以为其他含有三氯甲烷的水处理领域。

策略1：半导体工厂水处理＊三氯甲烷＊氧化剂＊紫外线

首先，直接检索在半导体工厂水处理中利用"氧化剂"和"紫外线"分解三氯甲烷的文献，其完全披露了与该申请相同的技术方案，技术领域和解决的技术问题也相同，可用于评价该申请的新颖性。

若未检索到含有以上检索要素的文献，可以考虑将"半导体工厂水处理"的水处理扩展到一般的"水处理"领域。如果通过将技术领域扩展到相近或相似的领域，如常规的"水处理"领域检索到文献D1，且待检索的方案与D1的区别仅在于技术领域为"半导体工厂"的水处理，而解决的技术问题完全相同，则考虑评述其创造性。

策略2：三氯甲烷＊氧化剂＊紫外线　　　　【文献D1】
　　　　水处理＊三氯甲烷　　　　　　　　【文献D2】

本策略的思路在于，设想在非"水处理"技术领域检索得到采用氧化剂＊紫外线组合以分解三氯甲烷的技术方案，得到文献D1。该申请与文献D1的区别在于技术领域不同，则再需要检索到水处理中涉及三氯甲烷处理的技术启示，在此基础上结合文献D1亦可以用于评价其创造性。

在实际检索中，本策略中文献D2的检索还可以进一步细分为如下三种情况：

水处理＊三氯甲烷＊氧化剂；

水处理＊三氯甲烷＊紫外线；或

水处理＊三氯甲烷。

可以看出，上述不同检索策略的制定都充分考虑到了新颖性/创造性的相关判断标准，并充分考虑到各技术特征的关联关系以及权利要求作为一个整体技术方案的特点，而不是孤立地考虑各区别特征及其本身所起的作用。

二、关于技术启示的考虑

为了有针对性地获得技术启示，检索时既要关注权利要求与最接近文献的区别特征本身，也要关注权利要求的技术方案整体上实际所解决的技术问题，以及区别特征所起的作用，因此，可以用以下方式进行检索：

相应技术主题/领域 * 区别特征 *（技术问题+功能/作用）

如果这种检索仍然无法获得合适的文献，比如文献中仅记载了区别特征和其效果时，但没有其所解决的技术问题的描述时，那么，不排除根据技术效果推知其所解决的技术问题的可能，此时，检索中可以单独考虑"相应技术主题/领域 * 区别特征"或者"相应技术主题/领域 * 区别特征 * 技术效果"等检索方式。甚至当技术效果也没有记载时，本领域技术人员根据该领域的技术知识，也有可能可以推定其相应的功能或效果，从而得到结合启示。

例如某待检索方案涉及一种 PIN 结构的金刚石二极管。该技术方案所针对的背景技术是：现有技术中已知的 PN 结构的金刚石二极管的逆结合特性不佳，因此，改变为 PIN 结构，由此改善了其特性。

在实际检索中，如果找到公开了一种 PN 结构的金刚石二极管的文献 1。根据文献 1 公开的内容，可以确定区别技术特征在于将 PN 结构变为 PIN 结构，这时实际要解决的技术问题在于"改善二极管逆结构的特性"。

因此，下一步需要检索的目标文献应该是具有如下技术内容的文献 2：一种在二极管中，为了改善 PN 结构的特性，制作成 PIN 结构。结合"改善 PN 结构逆特性"的启示，继续检索的策略应是从区别特征和技术问题角度制定：

PIN * PN *（特性+改善+逆结合）；

因此，检索中需要精读最相关的文献，比较与待检索技术方案的区别，把握其区别特征，并且基于所检索到最接近的现有技术重新确定待检索的技术方案实际要解决的技术问题。根据该重新确定的实际要解决的技术问题，有针对性地在相同或者相近技术领域找出公开了该区别技术特征并解决了相应技术问题的另一篇文献。只有这样，才能根据确立的可能结合的启示，满足创造性判断标准。

此外，在实际检索中，如本书第五章所述，在关键词意义扩展方面等同特征扩展即是利用在创造性判断中"惯用手段"或"等同替代或等效替代"的情形，同时也体现了在创造性评价中对技术启示的考虑。

【案例 8-2-2】

某待检索的权利要求涉及一种治疗脑梗塞的组合物，其特征在于由丹参、川芎、赤芍、桃仁组成。

案例分析：

按照上述方案进行检索未获得影响新颖性的文献时，根据中医中药基础理论技术启示——药性相同药物的等同替换采用药味扩展法，可将检索要素变更为：丹参、川芎、赤芍、当归。此时将检索要素"桃仁"等效扩展到了"当归"。

需要注意的是,这种等效替代需要熟知本领域相关知识,如本例中,需要熟悉常见中药单味组分的药理药性、药物置换、加减组合(药味增减)等常识,否则无法确定如何替代要素。

第九章 特殊领域的检索

一些特殊领域，例如，化合物、基因序列以及有关保密内容的检索，往往无法适用前文所述的一些检索资源和检索策略，因此有必要对这些特殊领域的检索进行单独的介绍。本章从这些特殊领域检索的特殊性、其适用的检索资源、检索入口等方面介绍这些特定检索的检索方式。

第一节 化合物的检索

化合物的检索，按照检索主题的不同，可以大致分为两类：一类是涉及确定、具体的单一化合物的检索；另一类是涉及取代基可变的通式化合物的检索。

化合物的检索，历来是化学领域检索中的一个难点。究其原因，一个很重要的方面在于化合物往往具有多种形式的表达方式。例如，一个化合物在文献中可能以化合物名称的方式表达，也可能仅仅出现了结构式的表达（通常的数据库都无法对结构式进行标引和检索）；即使只用化合物名称进行表达，还存在俗名、半系统命名以及 IUPAC 系统命名等多种命名方式，导致一个化合物的名称往往不是唯一的。因此很难仅通过诸如关键词的常规检索入口对具体化合物实现有效而完整的检索。

而对于后者，由于取代基可变，从而使得通式化合物实际包括了数个、数十个、数百个甚或上千个具体化合物，试图通过关键词这样的检索入口进行检索往往是不可能的。比较有效的检索途径是利用结构式进行检索。

对于具体化合物，比较有效的检索方式是利用化学物质登记号（CAS RN）在化学文摘数据库（CHEMICAL ABSTRACTS）中进行检索。由于每个化合物有确定且唯一的 CAS 登记号，标引和检索准确唯一，所以只要是 CA 收录的化合物，都可以利用 CAS 登记号进行检索。

一、名称简单的化合物

对于这类化合物，可以利用多种方式获得其相应的 CAS 登记号，通过该登记号进行检索。

【案例 9-1-1】待检索的化合物为水杨酸苯酯。

1. 利用搜索引擎（Google，百度）或一些网站获得 CAS 登记号。例如直接在 Google 中输入化合物名称以及"CAS Rn"（大小写字母不限）。

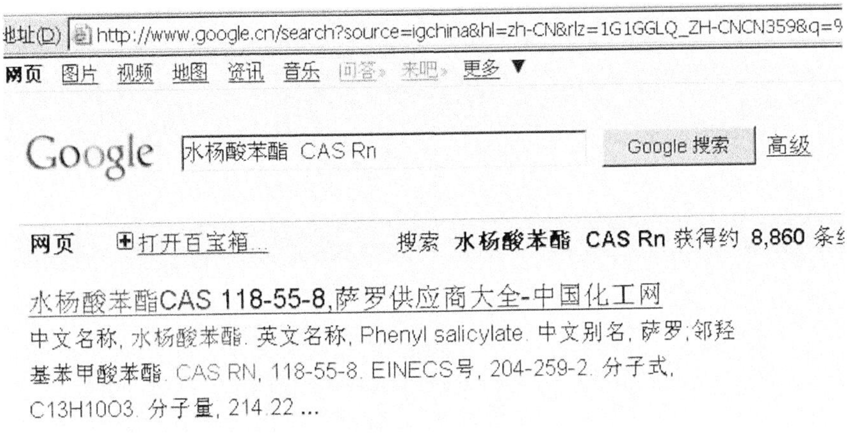

第九章 特殊领域的检索

图 9-1-1 利用 Google 获得 CAS 登记号

从检索的结果中可以获得该化合物的 CAS 登记号为 118-55-8。

类似地，还可以从百度中获得该化合物 CAS 登记号，如图 9-1-2 所示：

图 9-1-2 利用 Baidu 获得 CAS 登记号（1）

获得如下结果（图 9-1-3）：

图 9-1-3 利用 Baidu 获得 CAS 登记号（2）

此外，还可以通过其他一些网站查找获得，如图 9-1-4 至图 9-1-6 所示：

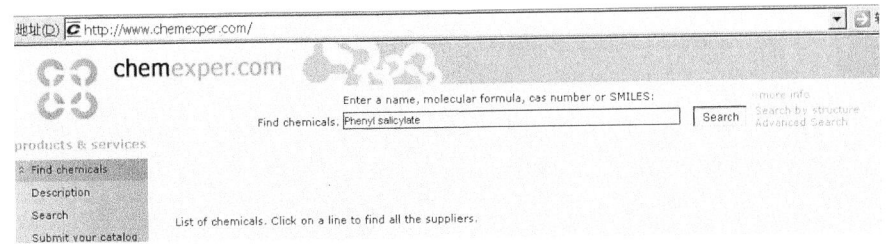

图 9-1-4 利用 Chemexper 获得 CAS 登记号（1）

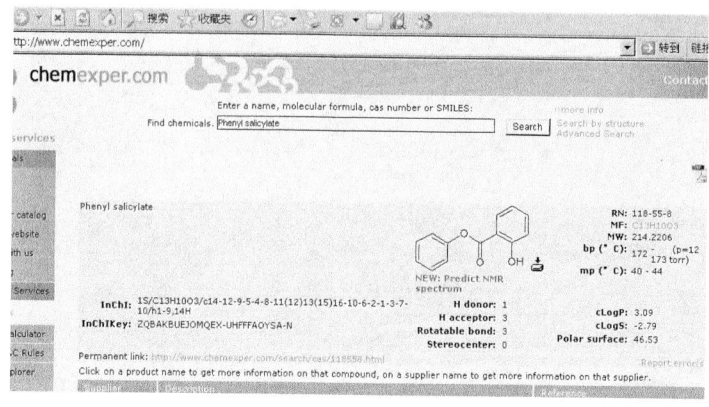

图 9-1-5　利用 Chemexper 获得 CAS 登记号（2）

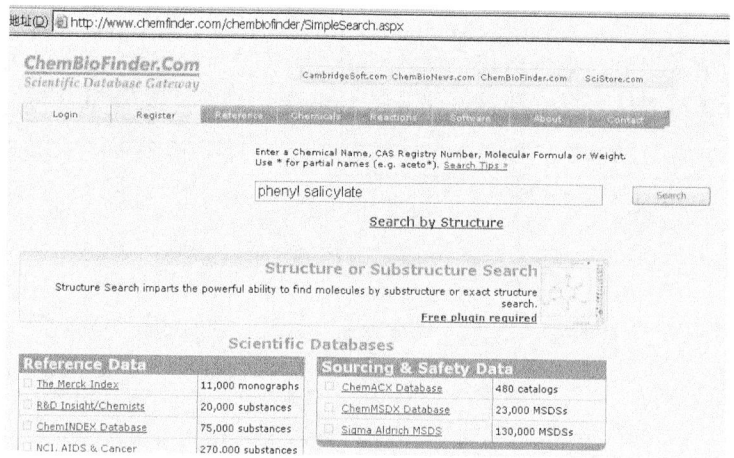

图 9-1-6　利用 Chemfinder 获得 CAS 登记号

2. 利用获得的 CAS 登记号在化学文摘数据库中进行检索。

对于获得了 CAS 登记号的化合物，可以进入标引了 CAS 登记号的数据库进行检索，例如 CA on CD、CHEMICAL ABSTRCTS WebEdition 等进行检索。下面演示从 CHEMICAL ABSTRCTS WebEdition 进行检索的过程。

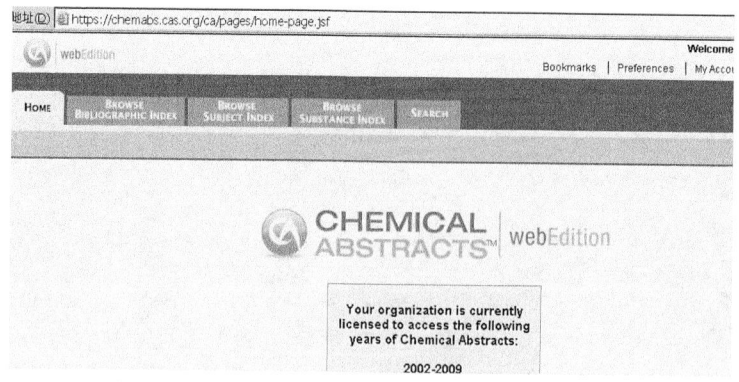

图 9-1-7　检索过程

选择"SEARCH"图标,并选择弹出的选项"Advanced",以"CAS Register Number"为检索入口,输入获得的CAS登记号"118-55-8",以及以"Document Types"为入口,输入"patent";点击"Go"按钮。

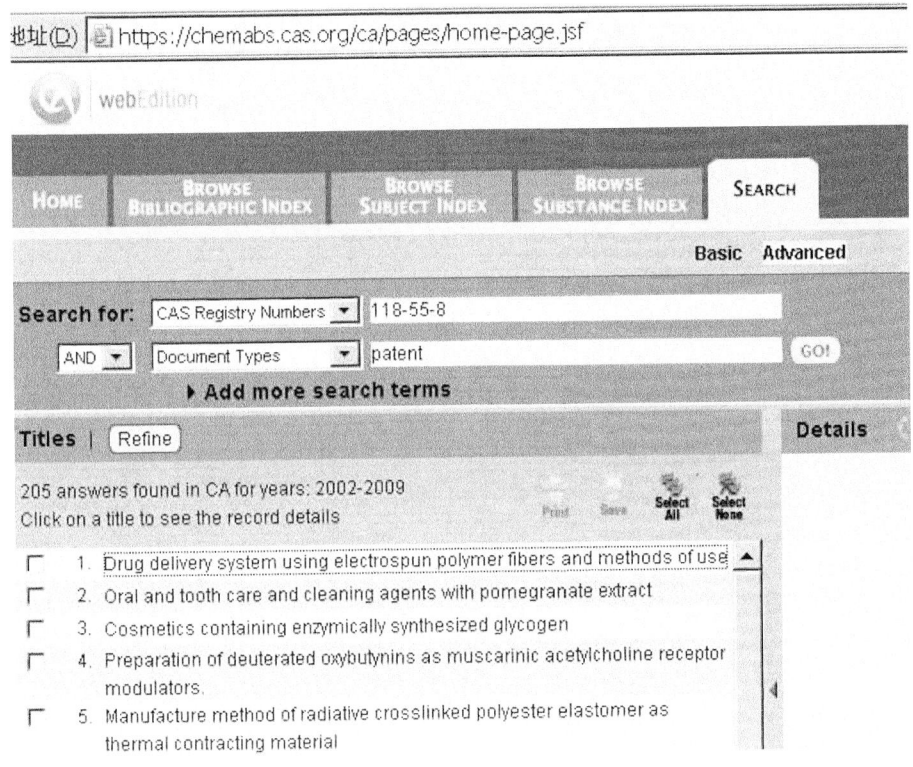

图 9-1-8 检索过程

通过上述检索可获得期望的文献信息。

二、名称复杂的化合物

对于化合物名称较复杂的具体化合物,无法直接通过化学名称搜索到其相应的CAS登记号。可以利用一些数据库的结构式检索功能进行检索。

【案例9-1-2】待检索的化合物是一种如式 的 2-(甲硫基)苯乙酮衍生物。

1. 使用 ISI Web of Knowledge 中的"Web of Science"数据库进行结构式检索。

在 Web of Science 数据库中进行结构式检索之前,需要先下载安装化学插件 Wos_ChemistryPlugin.exe(图 9-1-9)。

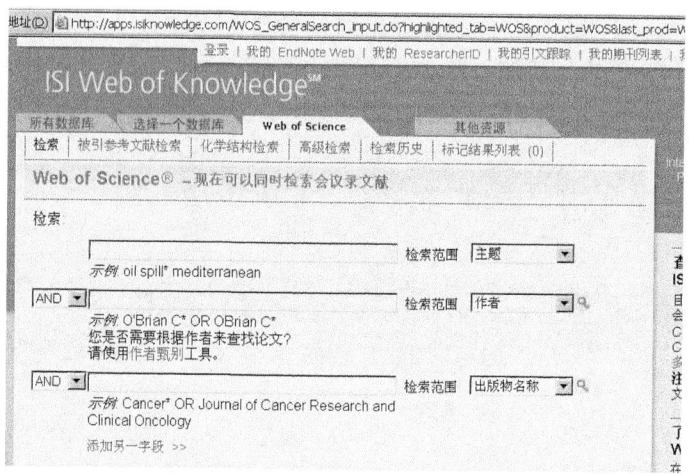

图 9-1-9

然后,点击"化学结构检索"(图 9-1-10)。

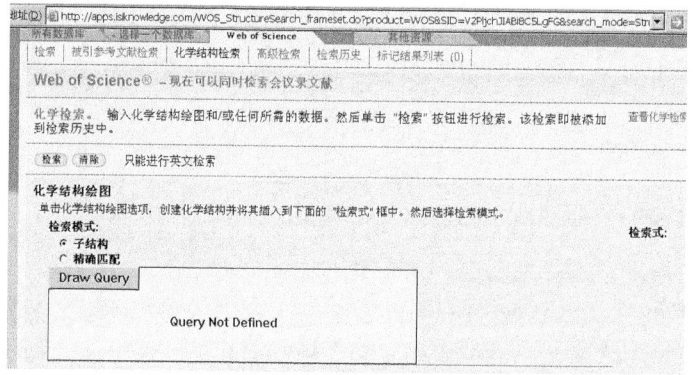

图 9-1-10

选择合适的检索时间范围,并点击"Draw Query",启动结构式绘制软件(图 9-1-11)。

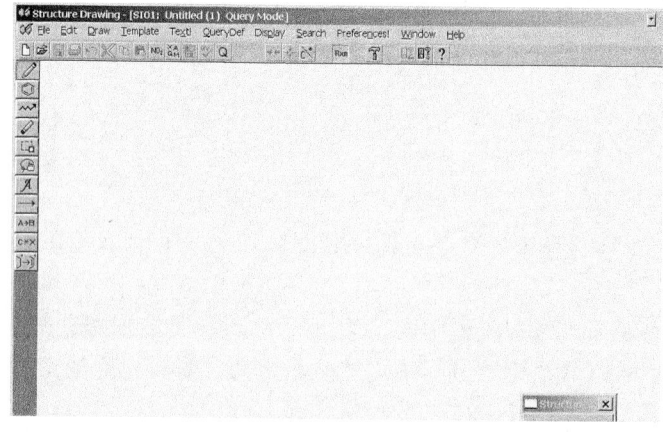

图 9-1-11

利用该软件绘制化合物的结构式,如图 9-1-12 所示。

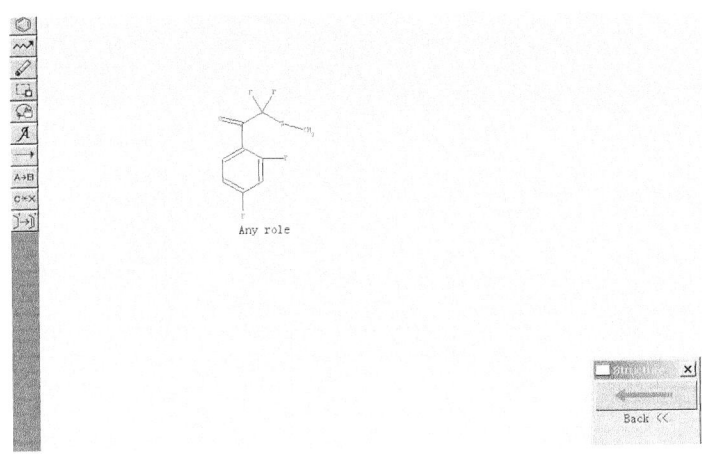

图 9-1-12

单击变绿的 Back 箭头,将绘制的结构式回传至检索界面。之后,选择"精确匹配",如图 9-1-13 所示。

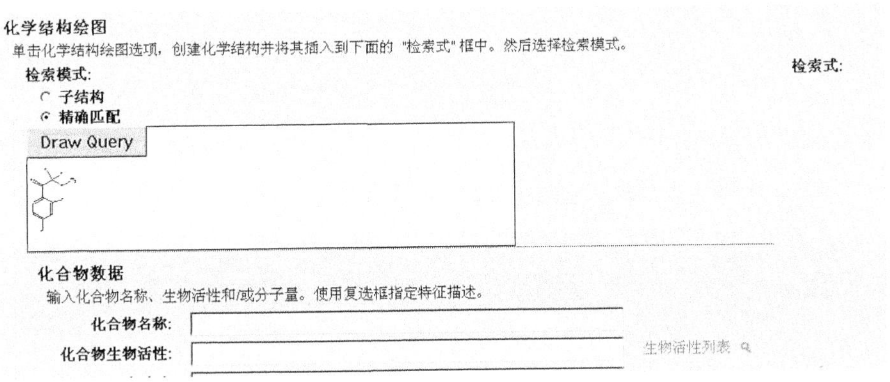

图 9-1-13

选择数据库及时间范围,如图 9-1-14 所示。

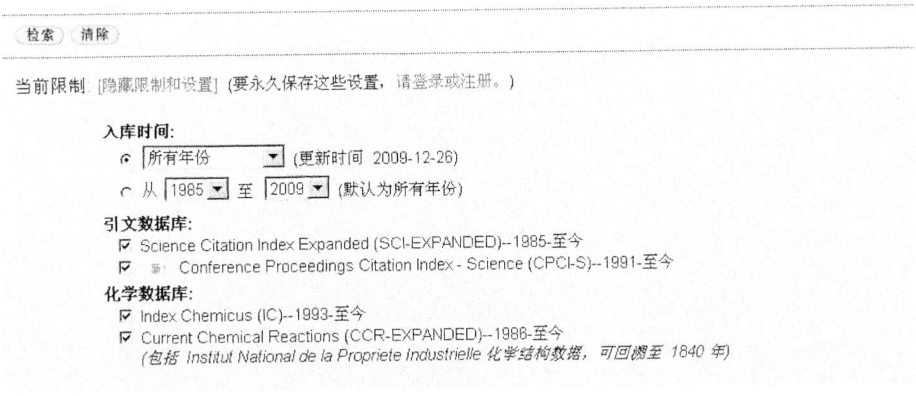

图 9-1-14

最后点击"检索"图标，获得如图 9-1-15 所示结果。

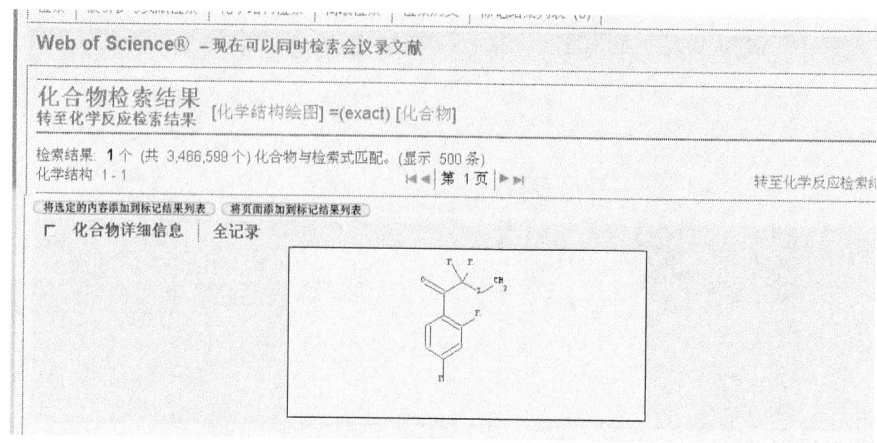

图 9-1-15

点击"全记录"图标，获得相关文献信息。

2. 利用 Derwent Innovations Index 进行结构式检索。

【案例 9-1-3】某发明的主题涉及下列结构式：其中 R1、R2 的定义都很宽泛。该化合物的用途是作为抗癌剂。

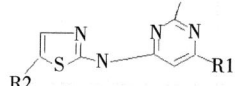

检索策略：利用该化合物的结构式进行结构式检索（图 9-1-16）。

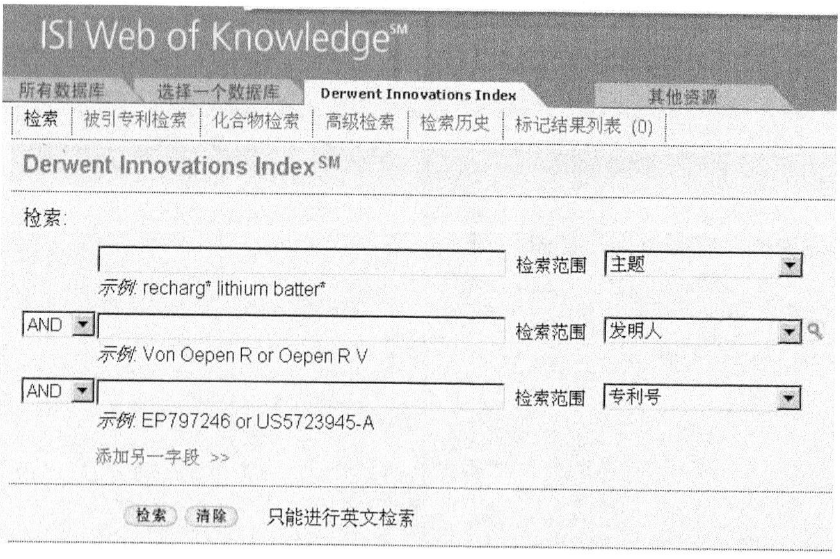

图 9-1-16

选择化合物检索，双击结构式的方框，启动结构式绘制软件，并绘制结构式（图 9-1-17）。

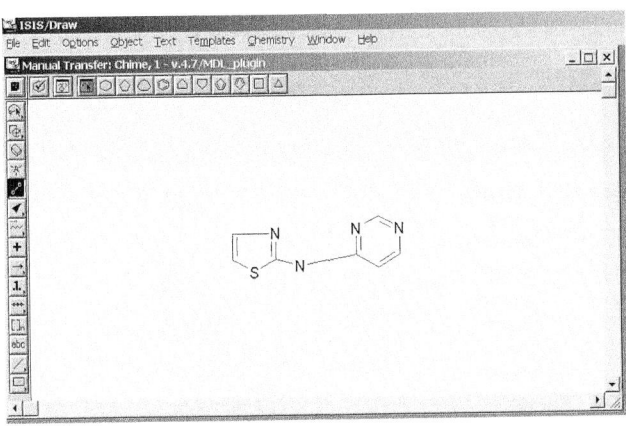

图 9-1-17

在绘制结构式完成之后，点击左上角的图形传送图标 ![icon]，将结构式回传至检索界面（图 9-1-18）。

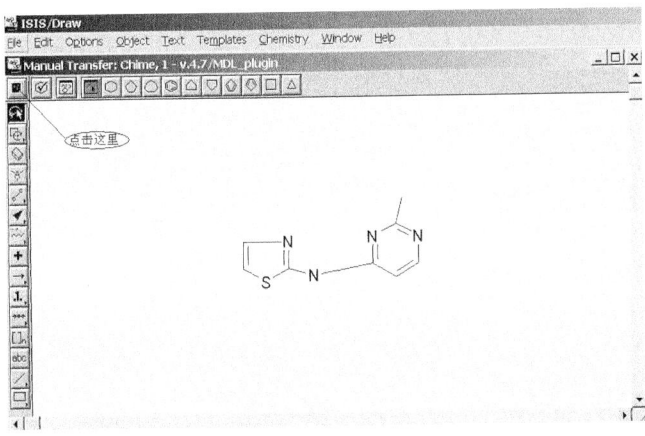

图 9-1-18

在检索界面选择对结构式进行子结构检索，获得 359 个结果（图 9-1-19）。

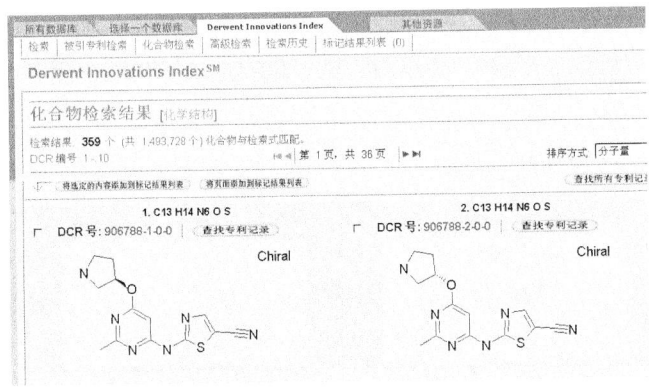

图 9-1-19

从新颖性检索的角度,这 359 个化合物的结构都应当浏览、筛选,以防止漏检。

三、通式化合物

对于通式化合物,由于无法利用常规的检索入口,如关键词等进行检索,也无法利用具体化合物检索时可以利用的 CAS 登记号以及分子式等,最有效的检索入口就是直接使用通式的结构式进行检索。

能够标引并可以以结构式作为检索入口的数据库并不多。目前检索结构式功能最强大的当属在 STN 系统中的结构式进行检索,即,先进入该系统的 Registry 数据库,在 Registry 数据库中,通过结构式检索寻找 Registry 数据库中所有落入该通式结构中的具体化合物的 CAS 登记号,并将该结果转入 CAplus 数据库中,在 CAplus 数据库中通过上述 CAS 登记号找到公开了这些化合物的对应文献。

进行化合物结构式检索的基本步骤如表 9-1-1:

表 9-1-1 化合物结构式检索的基本步骤

步骤	操作	例子
1	通过 STN 的化学结构绘制软件,绘制结构式,保存结构式	
2	登录到 STN	
3	进入 REGISTRY	= > FILE REGISTRY
4	上传结构查询条	
5	验证结构查询条	= > D L1
6	进行 sample 结构检索	= > S L1 SSS SAM
7	评估结果	= > D SCAN
8	进行 full-file 结构检索	= > S L1 SSS FULL
9	显示物质	= > D
10	进入 CAplus 找到引用物质的文献	= > FILE CAPLUS = > S L2 = > D BIB ABS HITSTR

而上述过程中最关键的步骤是在 Registry 数据库中输入合适的通式定义。

如果所定义的通式结构的范围过于宽泛,以至于实际会包括过多的化合物,会导致由于预期结果过多,出现"新颖性溢出现象"而无法有效检索。而如果通式结构的范围定义得过于狭窄,虽然检索能保证不漏检新颖性文献,但是会导致漏检创造性文献。因此,构建出合理的通式结构式是整个通式化合物检索的关键。

如果输入的结构式在样例库中的结果过多(即,经过表 9-1-1 中前 6 个步骤之后),不宜直接扩展至全库检索,例如经步骤 6 之后得到的结果为:

```
=> s sam sss l4
SAMPLE SEARCH INITIATED 21：36：04 FILE 'REGISTRY'
SAMPLE SCREEN SEARCH COMPLETED - 1625997 TO ITERATE
0.1% PROCESSED        2000 ITERATIONS         50 ANSWERS
INCOMPLETE SEARCH (SYSTEM LIMIT EXCEEDED)
SEARCH TIME：00.00.01
FULL FILE PROJECTIONS：ONLINE    **INCOMPLETE**
                      BATCH     **INCOMPLETE**
PROJECTED ITERATIONS：    32457298 TO 32582582
PROJECTED ANSWERS：       14537894 TO 14632492
L5       50 SEA SSS SAM L4
```

根据上述结构式直接扩展全库会得到数量过多的文献，甚至可能会出现新颖性溢出的情形，例如：

```
=> s sss full l4
FULL SEARCH INITIATED 21：36：13 FILE 'REGISTRY'
FULL SCREEN SEARCH COMPLETED - 32513060 TO ITERATE
0.6% PROCESSED        182410 ITERATIONS      75418 ANSWERS
1.1% PROCESSED        355872 ITERATIONS     158490 ANSWERS
1.6% PROCESSED        517552 ITERATIONS     224213 ANSWERS
2.6% PROCESSED        833219 ITERATIONS     349796 ANSWERS
2.8% PROCESSED        926467 ITERATIONS     392869 ANSWERS
3.1% PROCESSED       1000000 ITERATIONS     435973 ANSWERS
INCOMPLETE SEARCH (SYSTEM LIMIT EXCEEDED)
SEARCH TIME：00.01.38
FULL FILE PROJECTIONS：ONLINE    **INCOMPLETE**
                      BATCH     **INCOMPLETE**
PROJECTED ITERATIONS：    32513060 TO 32513060
PROJECTED ANSWERS：       14164365 TO 14185267
L6       435973 SEA SSS FUL L4
```

这种情况下无法进行有效的检索。

由此需要在步骤6、7之后调整结构式，重复步骤1~7，直至样例库预期结果适中时，再继续进行下面的步骤。

如果在构建检索的结构式时将结构式的范围限定得过于狭窄，这会导致漏检。因此，在构建结构式时，需要考虑到评价创造性的需要，对结构进行适当的扩展。例如，当经过前6个步骤之后，样例库预期全库的结果为0时，可以考虑适当扩展可能影响化合物创造性的文献，即将结构式扩展至与所关注的化合物结构极为类似的化合物。

如果扩展结构的检索结果过多，也可以通过 CAS Roles 进行检索，可在 CAplus 中的命令提示符处输入 HELP ROLES 来查找关于 CAS Roles 的信息（=> HELP ROLES），然后利用相应的 ROLES 进行限定。

第二节 生物序列的检索

生物序列主要包括核酸序列和蛋白质序列。可以在互联网上进行生物序列的检索，美国国家生物技术信息中心 NCBI 网站（http://www.ncbi.nlm.nih.gov）和欧洲生物信息学中心 EBI 网站（http://www.ebi.ac.uk）提供了常见的互联网检索资源。下面分别介绍 NCBI 网站、EBI 网站以及在这方面的其他主要检索资源。

一、NCBI 网站

登录 NCBI 网站 http://www.ncbi.nlm.nih.gov，点击右下角 Popular Resources 栏目的 BLAST 链接，进入序列 BLAST 检索页面（图9-2-1）。

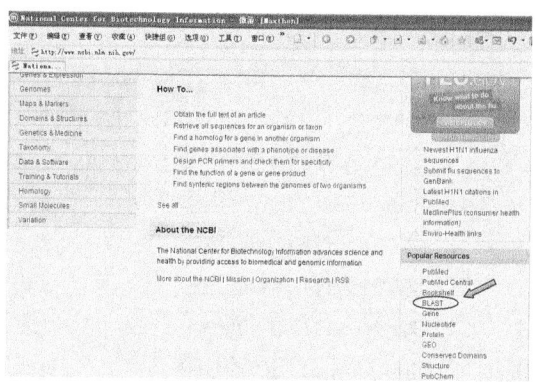

图9-2-1

然后选择检索的类型。NCBI 提供了 nucleotide blast、protein blast、blastx、tblastn、tblastx 等多种检索程序。点击"nucleotide blast"进入核酸序列的检索页面，或者点击"protein blast"进入蛋白质序列的检索页面（图9-2-2）。

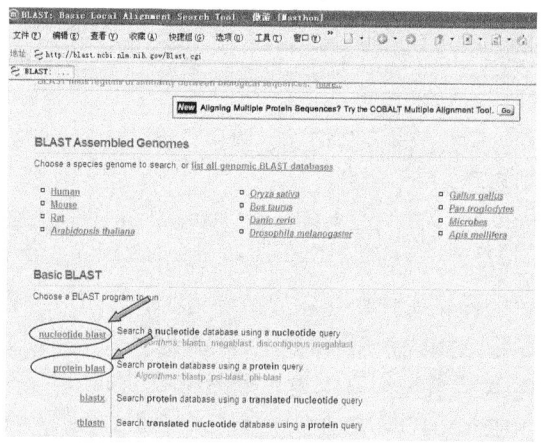

图9-2-2

在检索页面输入以单字母表示的氨基酸序列或核苷酸序列进行检索。需要注意选择合适的数据库,其中 NCBI 的非冗余数据库(nr)整合了许多数据库中的数据,在检索中非常有用,但它并不涵盖所有数据库,尤其不包括 NCBI 上的专利(pat)数据库中的数据。因此,一般检索 nr 数据库后,需要进一步检索 pat 数据库。

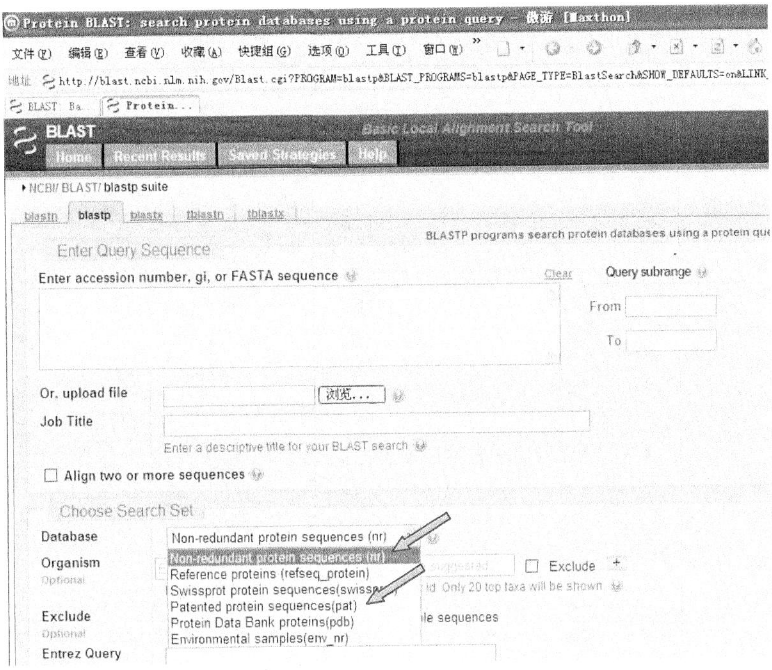

图 9 - 2 - 3

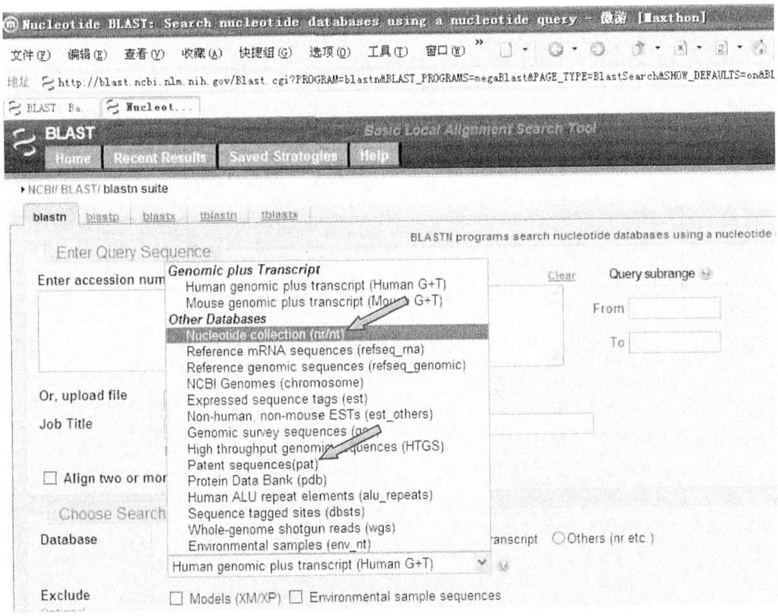

图 9 - 2 - 4

检索得到的序列按照与目标序列的相似程度排序,以 Graphic Summary、Description 和 Alignments 三种形式列出来,其中在 Alignments 栏目中可以查看检索序列与目标序列的比对情况。对于感兴趣的序列,可以通过点击其登录号来查看该序列的记录,以获取进一步的信息(图 9-2-5)。

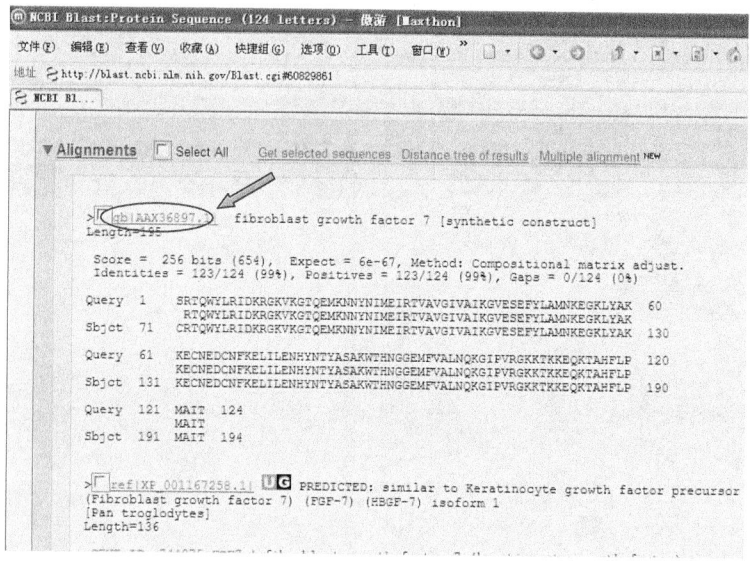

图 9-2-5

其中对于专利申请比较重要的是序列的提交日期,可以在其记录页面的右上角看到它。在该页面还能看到序列的引用文献等信息,由此可以找到对应的期刊对比文献(图 9-2-6)。

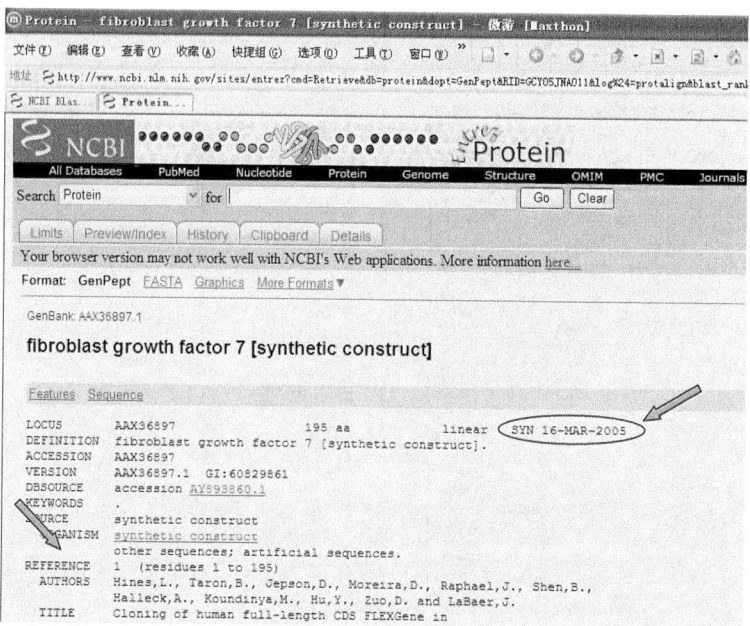

图 9-2-6

二、EBI 网站

EBI（欧洲生物信息学中心）全称是 European Bioinformatics Institute，是一个非营利性的学术机构，是欧洲分子生物学实验室（EMBL，全称是 European Molecular Biology Laboratory）的一部分。EBI 提供的检索工具可以进行生物序列检索。

登录 EBI 网站 http：//www.ebi.ac.uk，从下拉菜单 Tools - Similarity & Homology - BLAST 进入 BLAST 页面（图 9 - 2 - 7）。根据需要也可以选择 FASTA 等检索方式。

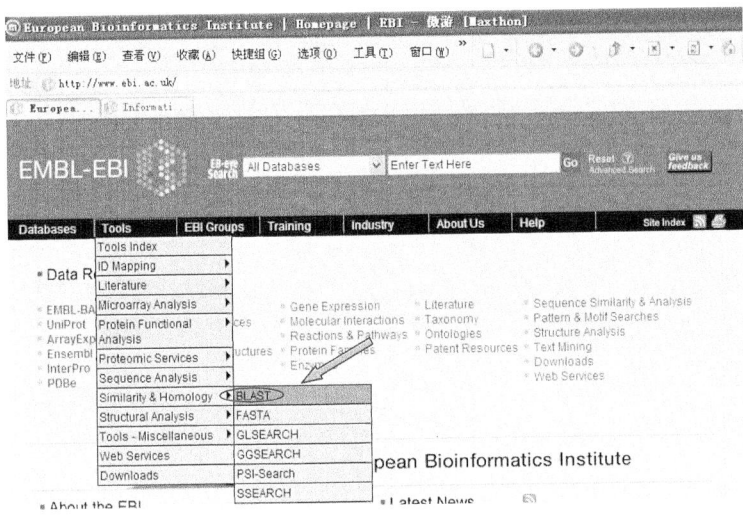

图 9 - 2 - 7

在 BLAST 页面可以选择 BLAST2 - WU Protein（蛋白质检索）或 BLAST2 - WU Nucleotide（核酸检索）（图 9 - 2 - 8）。

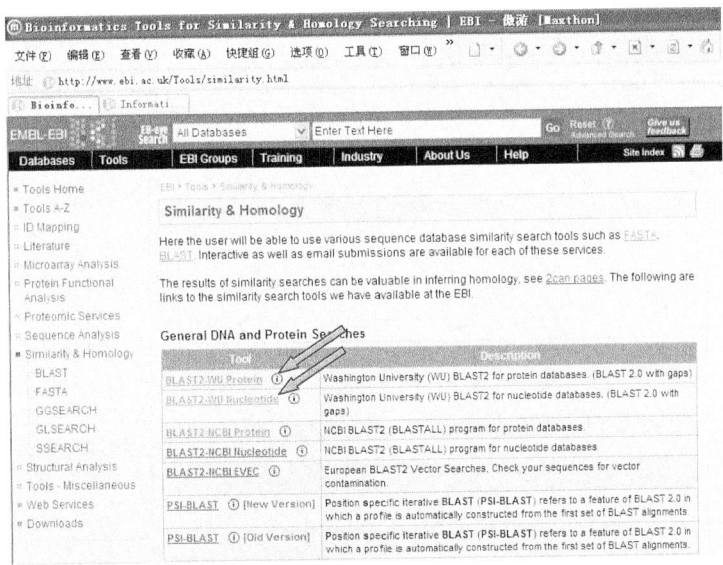

图 9 - 2 - 8

输入序列后点击 Run BLAST 按钮，进行检索（图 9-2-9）。如果没有特殊要求，各选项选择默认即可。

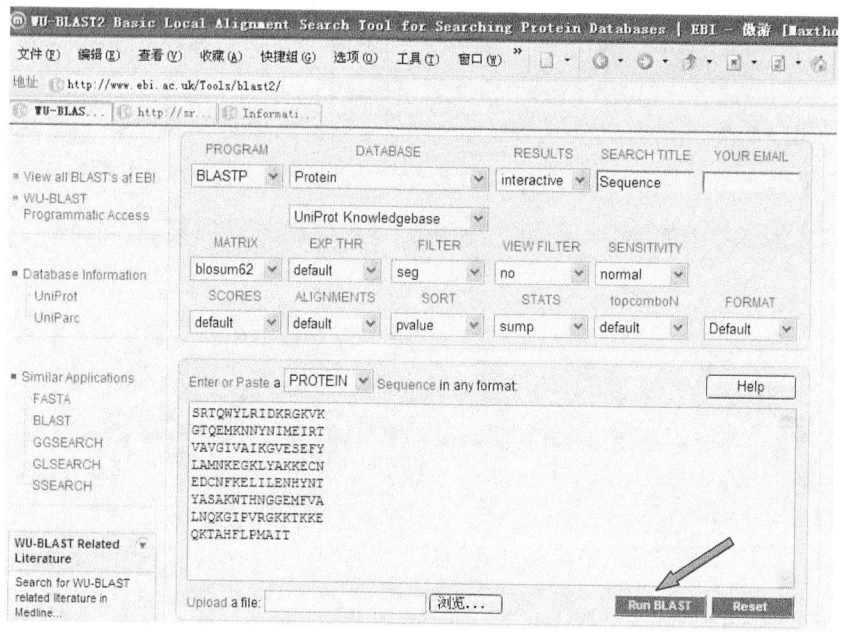

图 9-2-9

检索结果按照与目标序列的相似程度排序（图 9-2-10）。点击感兴趣的检索结果的登录号以查看该记录。

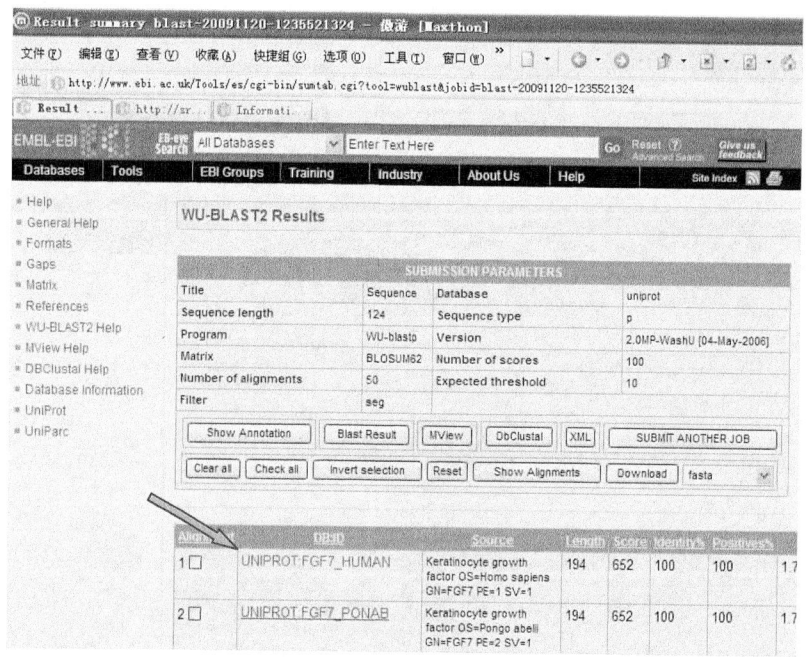

图 9-2-10

由此也可以获取序列的提交日期、引用文献等信息（图9-2-11）。

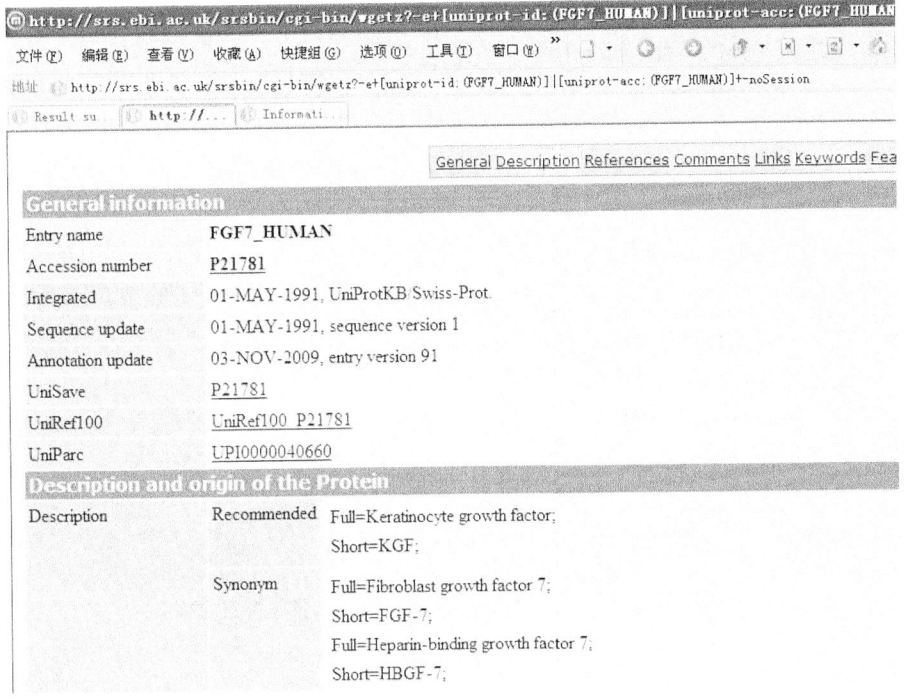

图 9-2-11

需要注意的是，有的生物序列可能被修改，这种情况下需要参看 EBI 网站的 EMBL 序列版本档案，其网址是 http://www.ebi.ac.uk/cgi-bin/sva/sva.pl，以便进一步确认各版本中的生物序列以及相应版本的公布时间（图9-2-12）。

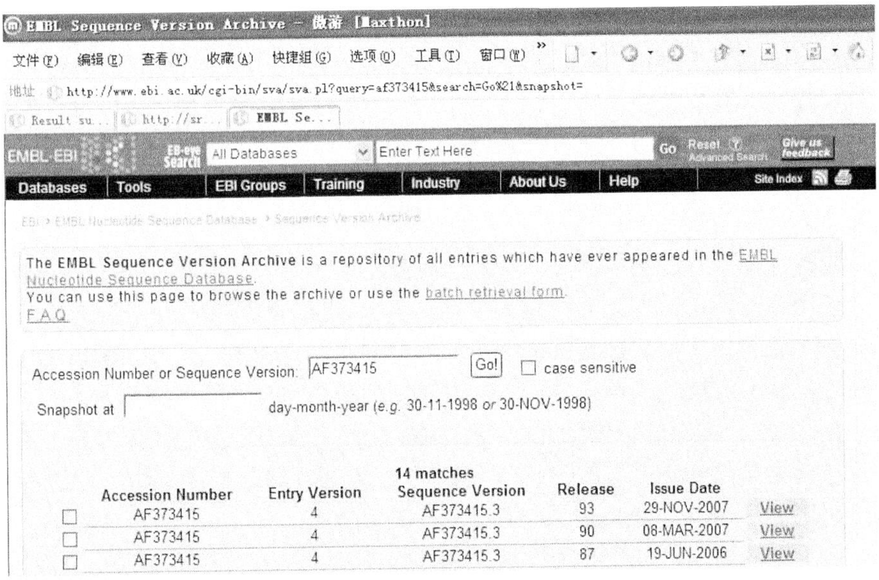

图 9-2-12

三、其他检索资源

由美国化学文摘社 CAS Chemical Abstracts Service 提供的国际联机检索系统 STN 中有包含专利和期刊文献的多个生物序列数据库，在必要的时候也可以进行 BLAST 检索。其缺点是收费很高。

此外，PubMed 数据库检索和 ISI Web of Knowledge 也均可以进行生物领域方面的文献检索。

PubMed 是美国国家生物技术信息中心（NCBI）开发的、基于 WWW 的查询系统。可以在网页 http：//www.ncbi.nlm.nih.gov/pubmed 进行简单检索，或者在网页 http：//www.ncbi.nlm.nih.gov/pubmed/advanced 进行高级检索。高级检索的界面下可以选择关键词、标题、作者、公开时间等字段进行检索。

ISI Web of Knowledge（http：//apps.isiknowledge.com）是一个综合性、多功能的研究平台，涵盖了自然科学、社会科学、艺术和人文科学等多学科的学术信息，包括了期刊、书籍、专利等多种文献。可选的检索词包括主题、标题、作者、出版年等。

第三节　需要保密内容的检索

如果检索对象是需要保密的技术内容（例如查新检索），当使用互联网进行检索时，检索者需要采取安全的检索策略。安全的检索策略包括如下步骤：

（1）将技术方案划分为前序部分和特征部分。

对于已经划分前序部分和特征部分的权利要求，检索者需要根据所掌握的现有技术确认这种划分是否正确。如果不正确，应当重新划分。

（2）在互联网上对前序部分特征进行搜索。

在互联网上直接使用属于该技术方案的现有技术部分内容的技术特征进行搜索。互联网检索既包括例如使用 Google、百度等通用的搜索引擎进行搜索，也包括例如使用 USPTO 官方网站提供的专业搜索引擎进行搜索；而对于这些现有技术部分内容的表达形式也与通常的一样，既可以是关键词，也可以是分类号。

（3）通过本机上浏览器的查找功能查找特征部分特征。

通过网络链接浏览搜索结果页面。对于保密的技术方案中体现与现有技术的区别特征，可以使用在检索者计算机上安装的 IE 浏览器所提供查找功能进行快速查找。

（4）如果在第（3）步中找到包含了前序部分和一个或多个区别特征的现有技术，则基于该现有技术重复上述步骤（1）至（3），直到找到合适的文献为止。

如果在第（3）步中的检索结果太多，则检索者应当在安全的数据库中（例如局域网）中进行检索以便确认更多的"区别特征"是否可以划归前序部分，从而在第（2）步中可以使用更多的检索要素进行检索以减少检索结果。

总之，对于例如发明申请前的检索来说，为使发明点的内容不在网络上被泄露，检索者只将已确认属于现有技术的内容进行互联网上检索，而对于涉及发明点的内容则采用结果浏览或者本机查找的方式进行搜索。

【案例 9-3-1】

一项发明涉及一种电动切割工具，其具有圆刀锯和马达，其特征是，其设有监测器、键盘和通过互联网进行信息输出输入的控制部。

案例分析：

检索者初步确认检索要素"电动切割工具"、"圆刀锯"和"马达"属于现有技术内容，检索要素"监测器"、"键盘"、"互联网"和"控制部"属于区别于现有技术的特征。

如果检索者在互联网直接使用"电动切割工具、圆刀锯、马达、监测器、键盘、互联网、控制部"或"电动切割工具、监测器、键盘、互联网、控制部"进行搜索，则存在泄露上述发明内容的风险。

因此，在互联网上检索时，检索者首先应当使用属于现有技术内容的"电动切割工具、圆刀锯、马达"或者相关的分类号（例如：IPC 分类号 B23D45/00，有圆锯片或摩擦圆盘锯的锯床或锯切装置）进行搜索，之后分别对结果链接的网站进行结果浏览以进一步查找特征部分的特征。在浏览结果的过程中，检索者可以使用本人机器上安装的 IE 浏览提供的查找工具来快速查找特征部分的特征，例如"监测器"、"键盘"、"互联网"或"控制部"。

如果通过这种方式找到了这样的一篇现有技术：其公开了具有圆刀锯和马达的电动切割工具，其还设有监视器和键盘，即可以进一步确认上述方案中的"监视器"和"键盘"也属于前序部分。因此，检索者可以在互联网上直接使用"电动切割工具 圆刀锯 马达 监测器 键盘"再次进行搜索，并重复上述的浏览过程，直到最后找到合适的检索结果为止。

为加快浏览速度，如图 9-3-1 所示，在利用 IE 浏览器提供的查找功能查找关键词时，可选择将页面内所有匹配的关键词高亮显示。

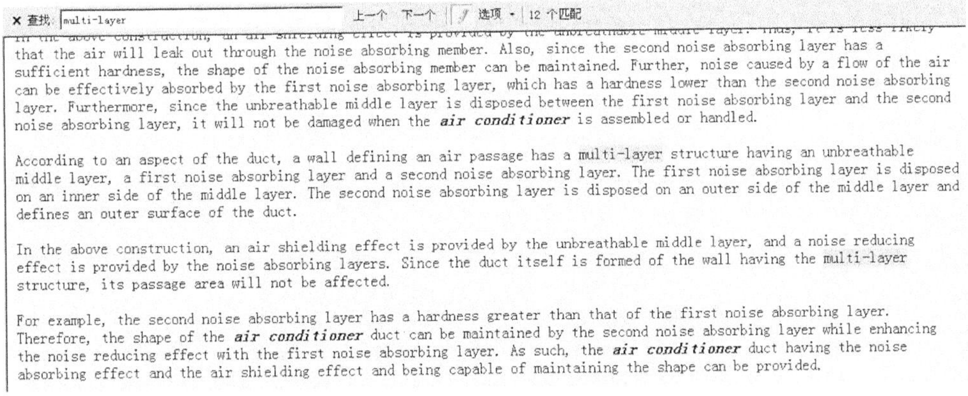

图 9-3-1　利用 IE 浏览器实现关键词的高亮显示

上述方式只能实现高亮显示一个词或者词组，而专利文献浏览过程中常需要同时高亮显示多个关键词，此时可以使用 Google 工具栏的辅助功能在页面中查找多个关键词，并将其高亮显示。这种功能可以以不同的颜色高亮显示多个词或词组，如图 9-3-2 所示。

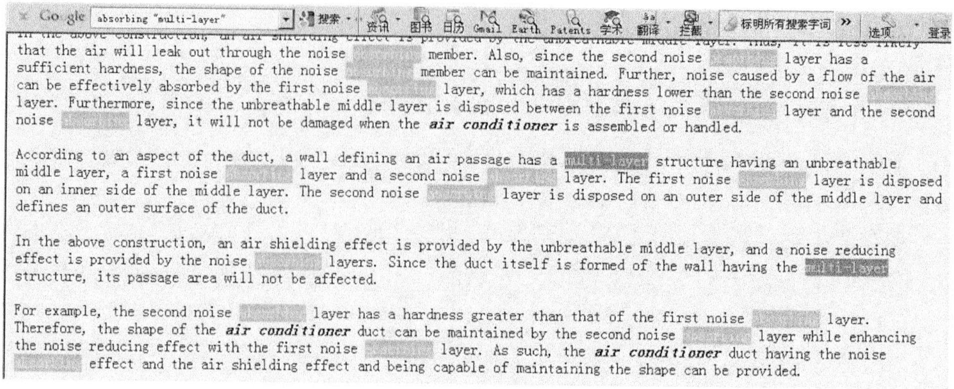

图 9-3-2　利用 Google 工具栏实现多个关键词的高亮显示

上述是保密检索中通常所使用的手段，适用于大多数的情况。不过现实中的检索多种多样，对于保密的程度的要求不尽相同，其手段在具体情况中也会有所区别。以下列举一些其他情况，希望能有助于读者拓宽思路。

情况一，在保密程度要求高的情况下，可能需要减少和调整所使用的前序部分的检索要素。上述的安全的检索策略实际上隐含了一个前提，即代表现有技术的前序部分的泄露是无关紧要，从而无需保密的。但这一点并非在任何情况下都是正确的。由于前序部分有时会体现研发的重点和方向（例如研发会与哪个部件有关），对于某些保密要求高的检索，或者说连研发的重点和方向也不能泄露的检索，即使该前序部分属于现有技术，仍然需要斟酌选取检索要素或者采用前序部分的不同检索要素在不同的网站上检索，而不能直接采用代表前序部分或者现有技术的所有检索要素进行检索，以避免出现不期望的泄露。

情况二，在保密成本较高、泄密可能性和泄密损失较小的情况下，也可以考虑补充采用某些特征部分进行检索。使用该方式需要充分考虑可能造成的损失，在承受损失的能力较低或者说对于损失没有合适应对方法的情况下，不建议采用该方式。这里的保密成本主要指的是浏览文献的增加以及可能造成的时间进度上的拖延。这里的泄密可能性可以从以下方面进行考虑：检索服务器（网站）的隐私政策，检索服务器（网站）被入侵的可能性，对方从海量检索式中根据访问 IP 地址、访问用户、访问时间长度、技术内容等信息定位该检索的可能性，在检索终端和检索服务器（网站）之间的传输被监听的可能性，等等。相应地，为减少减少泄密可能性，也可以采取以下手段：选择隐私政策较为完善、被入侵可能性较小的检索服务器（网站），变换访问 IP 地址、访问用户，切割访问时间长度，变换检索技术内容，等等。这里的泄密损失则可以考虑由于泄密造成的经济损失、竞争对手弥补技术差距所导致的技术领先地位的丧失等。应当指出的是，由于不同的检索服务器（网站）的安全性亦有所不同，在检索时也可以考虑相应地采取不同的检索方式的组合。

总之保密方式多种多样，检索者需要根据检索任务的保密性要求以及所使用检索资源的安全性选择合适的保密措施。

第十章 检索案例

本章通过一些实际检索案例,介绍如何综合运用本书前面介绍的专利文献资源和检索策略完成主要类型的检索。

本章共6个案例,其中案例一和案例二涉及查新检索,案例三至案例五涉及专利性检索,案例六涉及侵权检索。

案例一 坐便器水箱

一、案例介绍

本案涉及查新检索。

待检索的技术主题涉及一种带有储物功能的坐便器水箱,例如水箱的形状设计为带有储物空间。

二、案例检索

该查新检索涉及的是对坐便器水箱的改进,检索领域主要涉及坐便器水箱,所解决的技术问题为放置物品。

进入中外专利检索系统(http://zhuanli.eol.cn/cnipr),查询该查新检索所涉及的技术领域:E03D,进一步查阅 IPC 分类表,确定其 IPC 分类为 E03D1/01(以形状为特征的坐便器水箱);该 IPC 下没有专门的带有储物功能的坐便器水箱的进一步分类,因此可以用关键词表达该检索要素,采用的关键词除了存储之外,还可以扩展到存储的对象作为关键词,最后确定的关键词可为"存储"、"放置"、"容纳"、"物"等("物"是对"物品"、"物件"和"杂物"等用语的概括,下面的检索中没有考虑可能存储的具体物件名称的扩展,例如报纸、书、手纸等)。

1. 在中外专利检索系统检索中国专利文献

使用上述关键词和分类号,进行如下表格检索,得到100多篇文献(图10-1-1)。

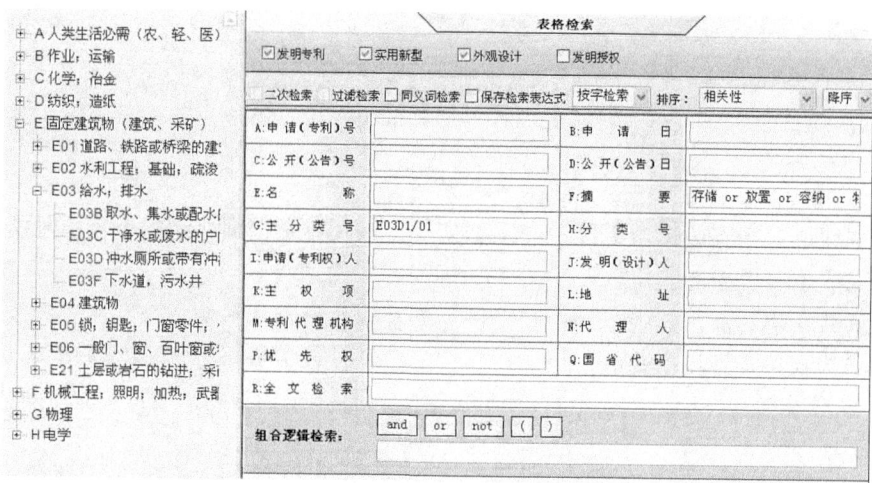

图 10-1-1

通过对检索到的文献进行浏览,发现很多文献与储物并不相关,而是涉及存储废水的功能,为过滤掉这些文献,将关键词修改为:

"存储" OR "放置" OR "容纳" OR "物" NOT "废水"

得到 10 篇文献,其中有两篇比较相关的文献。

2. 在 esp@cenet 上检索外文专利文献

选择"坐便器水箱"、"物品放置"作为检索要素在 esp@cenet 检索专利文献,其中,检索要素"坐便器水箱"使用 IPC 分类号"E03D1/01"进行表达,选择使用表述"物品"和"放置"的关键词组合表达检索要素"物品放置",具体表述为"(item? OR article?) AND (stor* OR plac*)"。利用分类号和关键词组合在 esp@cenet 的高级检索页面中检索,可得到数篇相关文献,如图 10-1-2 至图 10-1-4 所示。

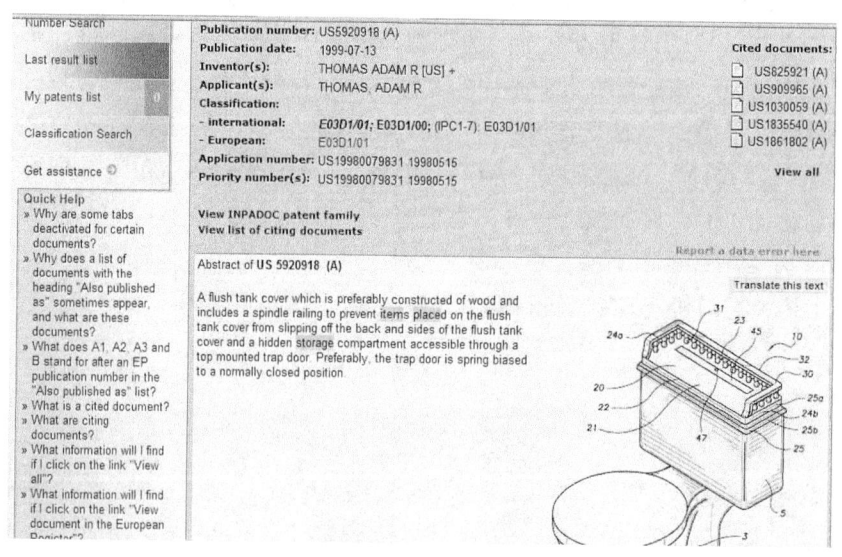

图 10-1-2

```
Publication number: JP11056689 (A)                          Also published as:
Publication date:   1999-03-02                              ☐ JP3575241 (B2)
Inventor(s):        TANI MINORU; IGARASHI TAKESHI; AKEKI NAOKO; NAGATO KENICHI +
Applicant(s):       TOTO LTD +
Classification:
 - international:   A47K17/02; E03D1/01; A47K17/00; E03D1/00; (IPC1-7): A47K17/02;
                    E03D1/01
 - European:
Application number: JP19970244725 19970825
Priority number(s): JP19970244725 19970825

View INPADOC patent family
View list of citing documents
                                                            Report a data error here
```

Abstract of JP 11056689 (A)   Translate this text

PROBLEM TO BE SOLVED: To enable a user to take an article stored in a storage apparatus for toilet easily irrespective of his/her posture without obstructing the ordinary motion of user's body even in a narrow space in a toilet by mounting and dismounting the storage apparatus for toilet at a predetermined position of a main body part of a stool system. SOLUTION: A stool system provided with a towel hanger 10 consists mainly of a stool 11, a low tank 12, a hand washer 14, etc., and knotched sections 12a, 12b are provided at an upper end of the low tank 12. On the other hand, the towel hanger 10 is L-shaped and is provided with hook-shaped engaging parts 10a, 10b at both ends thereof. When the engaging parts 10a, 10b are engaged with the knotched sections 12a, 12b and the hand washer 14 is put on the low tank 12, the towel hanger 10 is fixed to an upper part of the low tank 12. If the hand washer 14 is not used, a top plate 15 is used instead of it.

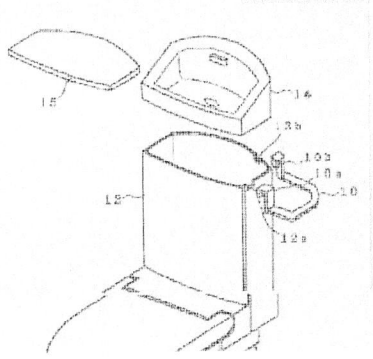

图 10 – 1 – 3

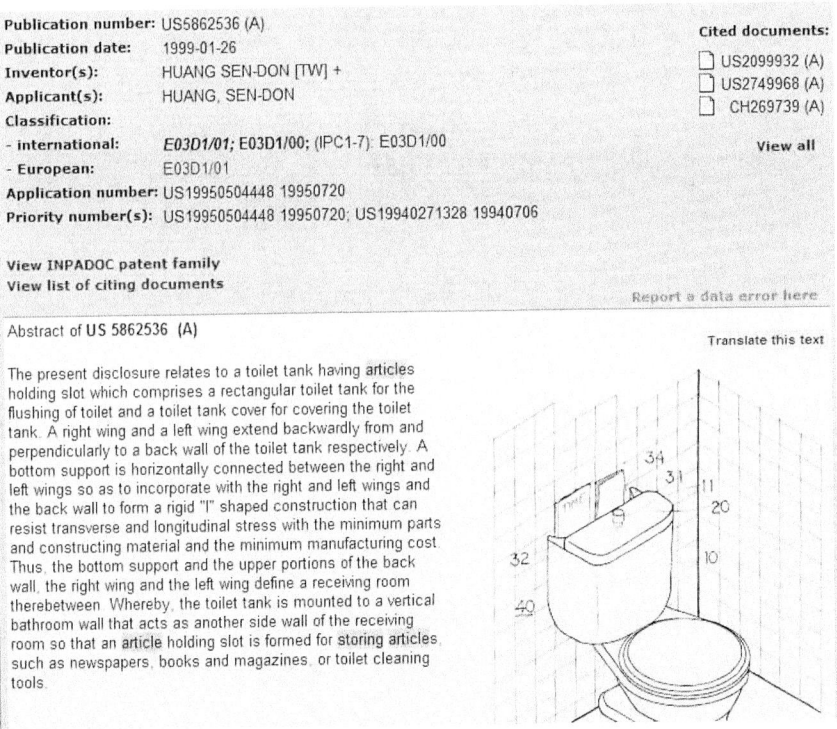

图 10 – 1 – 4

进一步还可以使用 EC 分类号 E03D1/01 结合上述关键词进行组合检索，同样可以获得多篇相关专利文献，但在检索结果中没有发现上述相关的日本专利文献 JP11056689A，其原因在于日本专利文献很少有 EC 分类号，因此通过 EC 检索容易遗漏日本专利文献。

案例二 乙偶姻氧化制丁二酮的方法

本案例涉及化学领域的查新检索。

一、案例介绍

现有技术中早已存在多种制备丁二酮的方法，例如：

甲乙酮 $\xrightarrow{\text{亚硝化}}$ 丁二酮

2,3-丁二醇 $\xrightarrow{\text{脱氢}}$ 丁二酮

异丁醇 $\xrightarrow{\text{氧化重排}}$ 丁二酮

现有技术已知的制备丁二酮的方法，都存在一些缺陷，例如，甲乙酮法废水量大，产品难以纯化，生产成本高；2,3-丁二醇法的原料难得，难以工业化生产；异丁醇法设备投入费高，技术要求高。

发明人提供了一种克服上述技术缺陷的替代的丁二酮的制备方法，希望在申请专利之前进行查新检索。该制备方法的技术方案为：一种乙偶姻氧化制丁二酮的方法，其特征是以乙偶姻为原料，在水溶液中经三氯化铁氧化合成丁二酮，氧化后生成的二氯化铁经硝酸氧化还原为三氯化铁，氧化剂可循环使用。

二、案例检索

本案例涉及已知化合物合成方法的检索。技术方案涉及的反应式为：

$CH_3C(O)CH(OH)CH_3 + 2FeCl_3 \rightarrow CH_3C(O)C(O)CH_3 + 2FeCl_2 + 2HCl$

$3FeCl_2 + HNO_3 + 3HCl \rightarrow 3FeCl_3 + 2H_2O + NO$

该技术方案中的技术特征有反应原料乙偶姻、反应的氧化剂三氯化铁、反应产物丁二酮，以及为了再生三氯化铁而使用的氧化剂硝酸。

从检索的角度分析基本检索要素：对于化合物制备方法的技术方案，作为原料的乙偶姻和产物的丁二酮必然首先作为两个基本检索要素；其次，作为参与反应的氧化剂三氯化铁也可作为一个基本检索要素。

待检索的技术方案属于涉及合成方法的典型案例，反应物、产物均为已知化合物，可以采用关键词的检索入口进行检索，但是由于化合物的命名多样，不易确定关键词的所有表达方式，建议优先进入化学文摘（CA）数据库中利用化学物质登记号进行检索。

查找已知物质的化学物质登记号有多种途径，使用搜索引擎是一个较为便利的手段，例如：

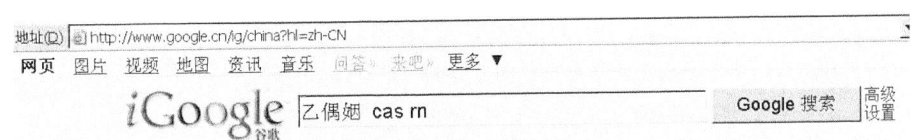

图 10-2-1

在输入框中输入"乙偶姻 cas rn",然后点击"Google 搜索"的图标。

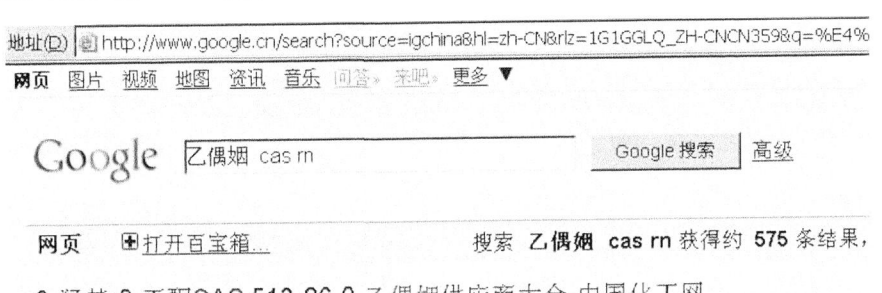

图 10-2-2

从搜索结果中获得乙偶姻的 CAS 登记号为 513-86-0。

利用同样的途径可获得丁二酮的 CAS 登记号为 431-03-8。

当试图获得三氯化铁的登记号时,会发现如果存在含不同水分子的三氯化铁水合物,则将标引为不同的登记号。因此,为了避免漏检,本次检索不选择登记号作为三氯化铁的表达方式,而采用"oxidn"这一关键词作为三氯化铁氧化剂的表达方式。通过 CA 数据库的实际检索发现,由 513-86-0/RN、431-03-8/RN 和 oxidn/word 的 3 个基本要素组合检索获得大量无关的信息,进一步发现其中 $FeCl_3$ 有时不会被标引,所以在本案的情况下并不适用上述检索方式。

由于待检索的技术方案中主要特征均是常规的物质名称,如果利用关键词、登记号等入口,会引入大量完全不相关的文献。而这些不相关的文献与待检索方案的主要区别在于领域的差别,通过使用关键词来限制领域比较困难,但将文献限制在特定领域通常是分类检索的突出优势。因此,本案例的检索考虑使用分类号来限制检索领域。

经查阅相关的 IPC 分类号,发现 C07C45/00 涉及的是"含有酮基,只连接碳或氢原子的化合物的制备;此类化合物的螯合物的制备",也即丁二酮制备方法的分类号应当位于此大组内。进一步根据所使用的反应原料乙偶姻包含羟基、以及该反应为氧化乙偶姻等因素可确定准确的分类号,由上述制备方法的特点可在该大组下确定两个检索用分类号 C07C45/27 及其下位分类号 C07C45/29,前者涉及使用氧化的方法,后者为其中涉及羟基的方法。因此,可以使用这两个分类号表述以该制备方法为特点的检索要素。

同时,上述制备方法的产物为丁二酮,因此将"丁二酮"作为另一个检索要素,并用关键词进行表达。考虑到丁二酮具有多种的不同表达方式，固将该检索要素表述为"butandione OR diacetyl"。

在确定了上述两个检索要素后，在 esp@cenet 网站进行如下检索：

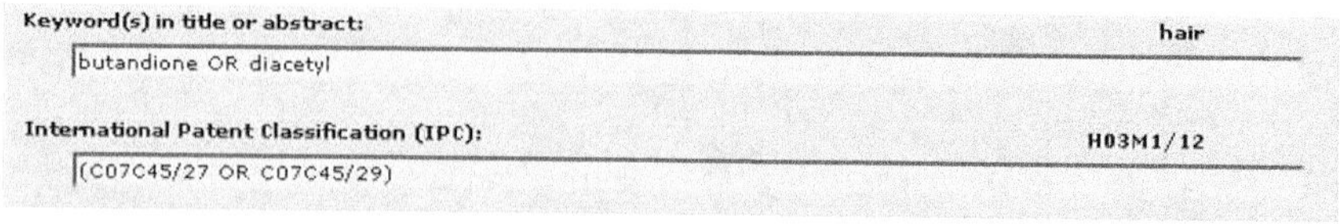

图 10-2-3

通过上述检索方式可得到如下数篇结果文献，经浏览，其中第一篇专利文献 SU825489B 为非常相关的文献。

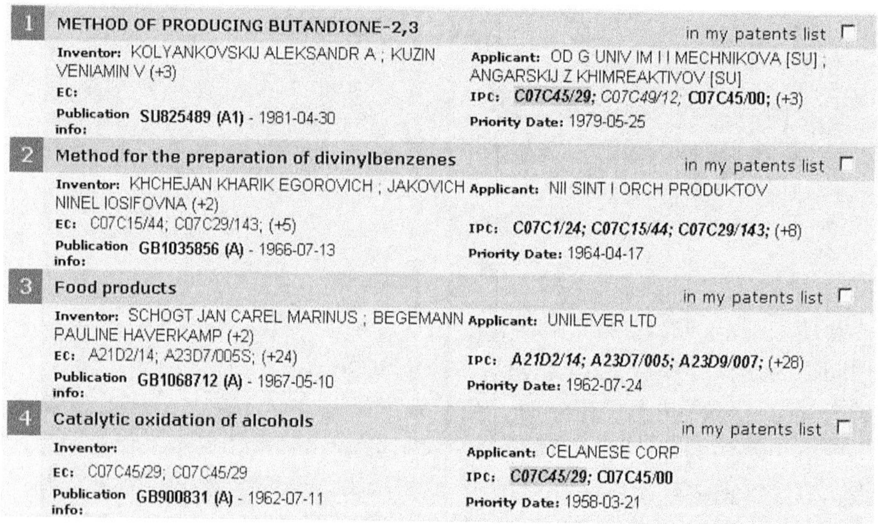

图 10-2-4

上述过程中，使用了关键词表述了检索要素"丁二醇"，但根据检索的具体情况，也可以选择使用分类号进行表述。例如对于"丁二醇"而言，相关的 IPC 分类号为 C07C49/12，该分类号的相关主题为"含多于 1 个酮基的酮"，同时还可以将检索扩展到其上位组分类号 C07C49/04。结合前文的介绍，若考虑对该检索要素的全面表达，还可以使用将上述相关分类号和关键词相或的方式来表达该检索要素，具体的检索过程在此不再赘述。

案例三　防白烟型冷却塔

本案例涉及机械领域的专利性检索。

一、案例介绍

现有技术已知,冷却塔是一种将液体(热水)和气体(空气)进行直接接触热交换的一种换热设备,在这种设备中,用自然通风或机械通风的方法,将热水进行冷却降温,降温之后循环使用以提高经济性。

常见的冷却塔为湿式双曲线冷却塔,结构见图 10-3-1。

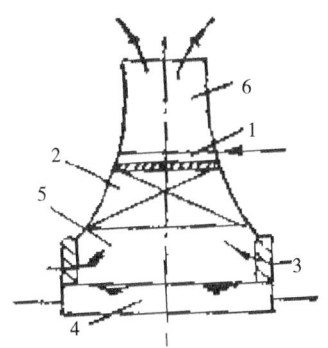
1—配水系统;2—填料;3—进风口;
4—集水池;5—空气分配区;6—风筒

图 10-3-1 双曲线冷却塔

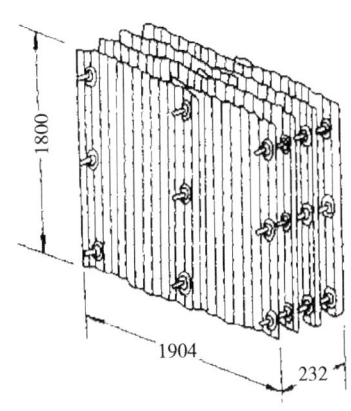

图 10-3-2 板式填料

在图 10-3-1 中,热水通过管道进入到配水系统 1,然后配水系统 1 将热水向下喷洒成水滴或水膜状,进入到填料 2;空气由下方的进风口 3 进入,通过空气分配区 5 进入到填料 2,在填料 2 中空气和热水进行直接接触热交换,然后空气通过风筒 6 排到大气中。

图 10-3-2 展示了一种常见的填料结构,在图 10-3-2 的板式填料的结构中,热水自上往下流动,而空气自下往上流动。

一般标准型冷却塔在低温环境下运行时,全部循环水均匀喷洒于所有填料表面。冷却塔入风口进入的外部冷空气与循环水接触,经过吸热、加湿而变为饱和状态,再经过排风扇排出冷却塔。排出冷却塔的空气处于饱和状态,而且携带一部分水蒸气,水蒸气在风筒出口的位置凝结而产生白烟。产生的白烟影响了美观或行车视线。

本发明的主要内容是通过在冷却塔的散热片上方间隔地固定有散热片盖来防止白烟的产生。

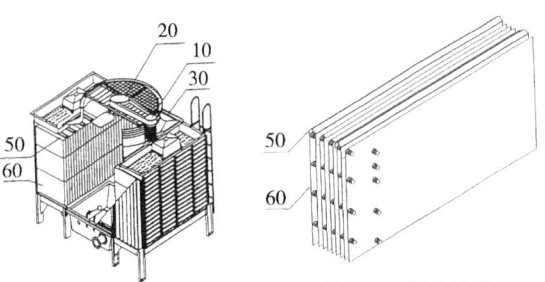
10—马达;20—减速机;30—风胴;40—塔体;50—散热片盖;60—散热片

图 10-3-3

图 10-3-3 中的左图是冷却塔的整体示意图，右图是加上盖的散热片的示意图。图 10-3-3 中的防白烟型冷却塔中，马达 10 与减速机 20 安装于风胴 30 之上，减速机 20 及风胴 30 均安装于塔体 40 之上，散热片盖 50 间隔地固定于散热片 60 之上。由于采用上述方案，全部循环水均匀喷淋于上方无散热片盖的散热材料表面，而上方有散热片盖的散热材料则没有喷淋到循环水。如此这般，当外部冷空气从冷却塔入风口进入，有一部分经有水部分散热片进入与循环水接触进行热、湿交换，另一部分经无水部分散热片进入，因此部分空气不与循环水接触，与热水接触换热的空气和没有与热水接触换热的空气进行混合，混合以后的空气变为非饱和状态，经排风扇排出冷却塔，排出的空气遇到环境冷空气而冷却，此过程因混合后的空气为非饱和状态，就能避免白烟产生，克服了产生白烟的缺陷。

本案例涉及的技术方案：一种防白烟型冷却塔，主要是由马达、风胴、塔体和散热片组成，其特征是：散热片上方间隔地固定有散热片盖。申请日为 2005 年 4 月 18 日。

二、案例检索

根据本书第四章的内容可以确定，技术方案的主题"冷却塔"可以作为基本检索要素，而根据本领域内冷却塔的现有技术可以确定的是马达、风胴、塔体、散热片（实际上该发明中的散热片就是前面背景技术中提到的填料）是冷却塔基本上都具有的部件，属于现有技术。

一般地，作为冷却塔的一个基本的公知的组成部分"散热片"不应该作为基本检索要素，然而，发明的改进点就在于通过在散热片上方设置有散热片盖，从而实现该发明的不冒白烟的技术效果，如果基本检索要素中不包含"散热片"这一要素显然是不合适的。因此，应将"散热片盖"视为"散热片"与"盖"的组合，并将其中不可再分的特征"散热片"与"盖"一起作为基本检索要素。

根据发明的技术方案可知，冷却塔的防白烟主要是通过在散热片上设置盖来实现的，因此，"散热片"和"盖"这两个基本检索要素实质上已经隐含地包括了防白烟这一功能，因此，"防白烟"实际上可以看做是一个与"散热片"和"盖"这两个技术特征的组合相平行的一个检索要素。但是为了检索的准确性，单独采用"散热片"和"盖"这两个检索要素或者单独采用"防白烟"这一检索要素都可能造成检索的不完全，例如仅仅采用"防白烟"这一基本检索要素而没有采用"散热片"和"盖"这两个检索要素，可能会检索到与检索的主题的技术方案不同，但是也能实现冷却塔防白烟的技术效果的对比文件。因此，从检索准确的角度考虑，可以同时考虑采用"防白烟"、"冷却塔"、"盖"、"散热片"这 4 个检索要素。

根据上面分析得知，首先采用冷却塔、盖、散热片、防白烟 4 个检索要素进行组合检索。从具备要素的多少看，获得的对比文件应该最为相关。

对于"冷却塔"这一检索要素来说，具有非常准确的分类号，IPC 和 EC 的分类号位于 F28C1 的组中，具体含义是：直接接触的水淋冷却器，例如冷却塔。相对于关键词的准确性，建议优先考虑分类号。而对于其他 3 个检索要素"防白烟"、"盖"、"散热片"没有合适的分类号，因此，只能采用关键词进行检索。

对于散热片这一特征，在冷却塔领域中具有一个通用的术语"填料"，因此，优先考虑本领域内的通用术语。

首先在中文库里以"冷却塔"、"盖"和"散热片"3个检索要素的组合进行检索，对于中文专利文献的检索，建议到本书资源篇介绍的 Soopat 网站进行检索。登录该网站后，在输入框中输入"FLH：（F28C1）and（盖）and（填料 or 散热片）"进行检索，一共检索到12篇文献，部分结果如图10-3-4：

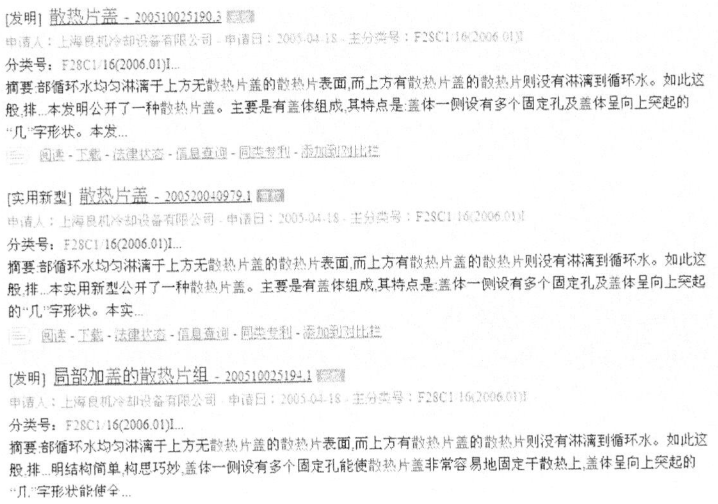

图 10-3-4　检索的部分结果

除了检索到本申请以外，还检索到其他的文献公开了本发明的技术方案，例如申请号为200510025190.3、200510025194.1的文献，但是因为上述对比文件的公开日均在所检索的申请的申请日之后，因此，不能作为该申请的现有技术，不能用来评述该申请权利要求的新颖性。

将"冷却塔"这一检索要素采用关键词进行限定，则检索结果同采用分类号类似，也没有得出相关的对比文件。下一步考虑检索外文专利文献。

考虑各国专利文献均需要检索，首选本书资源篇介绍的综合数据库 DII 进行检索。登录该数据库之后，如图10-3-5输入检索式。

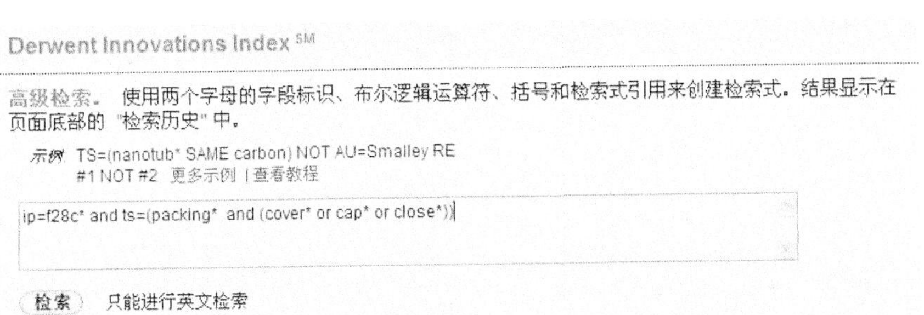

图 10-3-5

如图10-3-5所示，在输入框中输入"ip = f28c * and ts = （packing * and （cover * or cap * or close *））"的检索式，得到30篇检索结果，检索结果如图10-3-6所示，其中获得了一些相关的检索文献。

```
3. JP2004093112-A                                                              2004-254533
   标题: Cooling tower for maintenance and management of dry air during e.g. winter in market has
   cap body in which two side edges receive insertion of upper end of packing board
   专利权人: SHOBARA SHINWA KK
   发明人:
   施引专利: 0

4. RU2204100-C2                                                                2003-437860
   标题: Water-cooling tower
   专利权人: ZOYA RES PRODN STOCK CO
   发明人: KUZNETSOV N P, PONOMARENKO V A, SALTYKOV A I
   施引专利: 0

5. JP2001170475-A                                                              2001-506054
   标题: Liquid distribution mechanism for mass transfer between gas and liquid, has liquid
   distribution rope whose free end of rope section is connected to liquid distributor for making contact with distributed
   liquid
   专利权人: NAGAHAMA K, NAGAOKA T, MANTEUFEL R P C
   发明人:
   施引专利: 0

6. EP1050352-A; EP1050352-A2; AU200030142-A; ...                                2001-009605
   标题: Method for manufacturing packing made of three-dimensional net-like structure which
   forms internal structure of device which performs material transfer, heat exchange or mixing between gases, liquids or
   gas and liquid
   专利权人: NAGAOKA T
   发明人: NAGAOKA T
   施引专利: 3

7. JP11351792-A                                                                2000-120149
   标题: Water sprinkling apparatus in cooling tower - maintains predefined percentage of dry area
   for three consecutive interspaces
   专利权人: MITSUBISHI PLASTICS IND LTD
   发明人:
   施引专利: 0
```

图10-3-6

通过对检索结果的仔细阅读，可以获得以下几篇较为相关的对比文件：

（1）JP11351792-A（公开日为1999年12月24日）

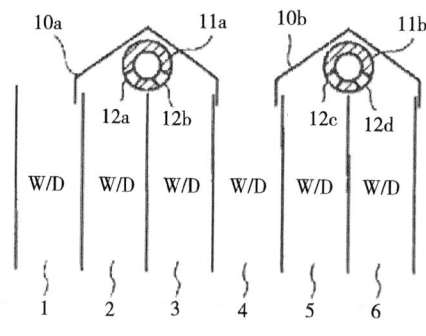

图10-3-7　JP11351792-A

其中10a、10b相当于散热片盖；11a、11b是散水管，发明的目的是为了防止白烟的产生。

（2）JP10141871-A（公开日为1998年5月29日）

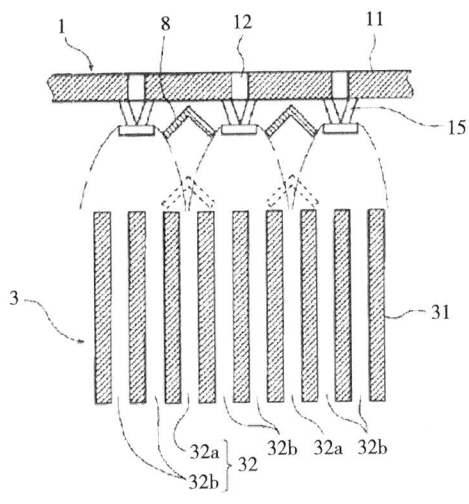

图 10-3-8　JP10141871-A

其中 8 相当于散热片盖；31 相当于填料，发明的目的是为了防止白烟的产生。

（3）JP2004093112A（公开日为 2004 年 3 月 25 日）

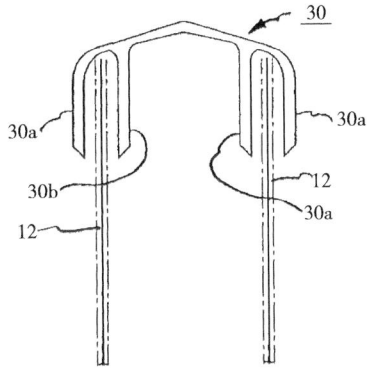

图 10-3-9　JP2004093112-A

其中 30 相当于散热片盖；12 相当于填料，发明的目的是为了防止白烟的产生。

如果冷却塔这一检索要素采用关键词来表达，在图 10-3-5 所示的输入框中输入 "ts=（cool*tower*）and ts=（（packing*）and（cover* or cap* or close*））"，可以得到 35 篇检索结果，其中也可以检索到相关文献 JP11351792-A、JP10141871-A、JP2004093112-A。

为了得到更全面的检索结果，在 esp@cenet 上使用 EC 分类号继续检索外文专利文献。

选择 "Classfication Search"，查阅 F28C1 大组下的 ECLA 分类信息，如图 10-3-10 所示：

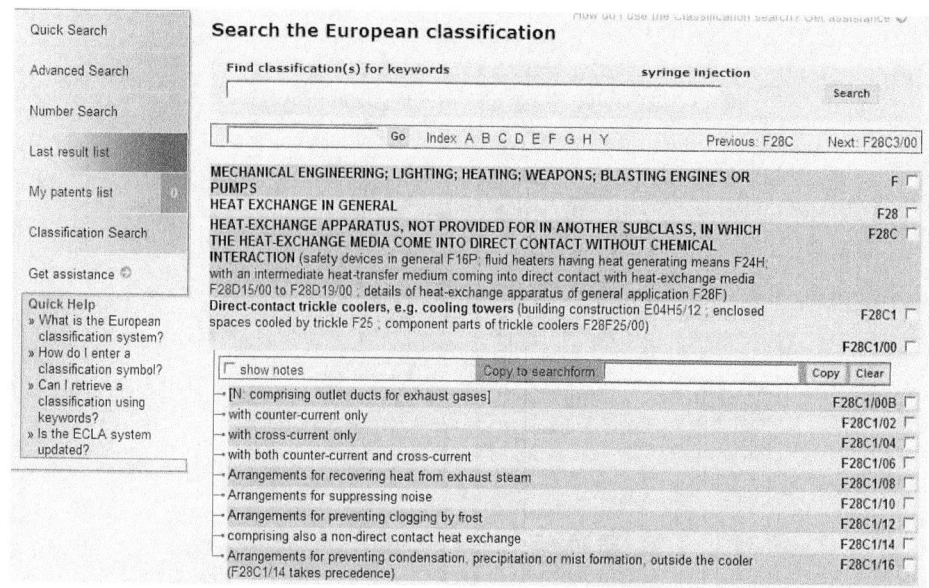

图 10 - 3 - 10 选择 "Classfication Search" 获取 ECLA 分类信息

最后确定相关的 ECLA 分类号为 F28C1/16 和 F28C1/14。

使用上述 ECLA 分类号结合关键词（cover * or cap * or close *）进行检索，获得多篇相关文献，如图 10 - 3 - 11 所示：

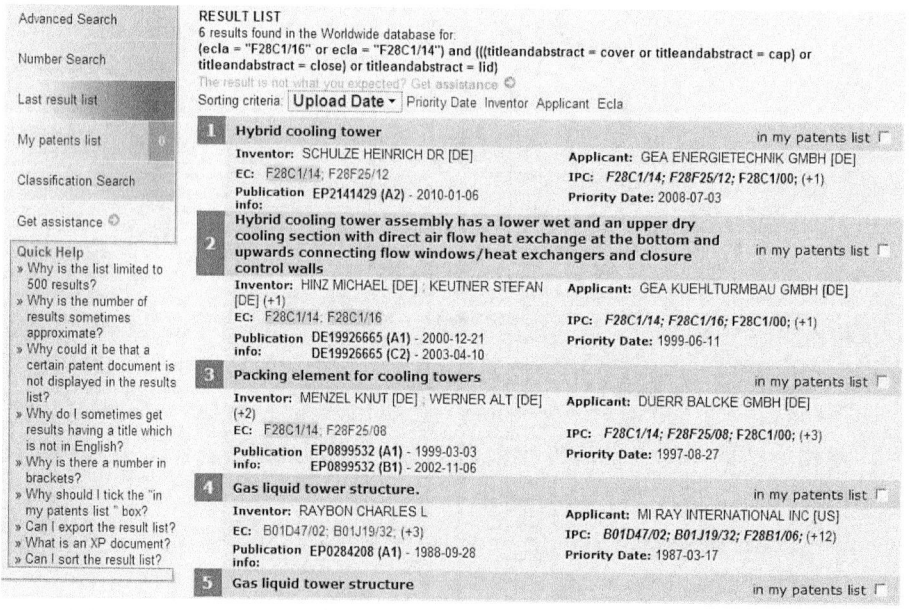

图 10 - 3 - 11 检索结果

在进行上面的检索时，也可以按照申请日对检索的文件的公开日期进行一下限定，但是对中国专利文献进行检索时，注意不要漏掉在先申请在后公开的抵触申请文件。

案例四 治疗鼻炎的药物组合物

本案例涉及化学领域的专利性检索。

一、案例介绍

现有技术已知,干燥性前鼻炎是一种慢性病,直接产生在膈膜的皮肤黏膜边缘的干黏膜炎,病人反映鼻内感觉干燥、痒、形成痂皮、流鼻血及形成溃疡。但现有的治疗鼻炎的药物主要是针对感染性或者过敏性鼻炎的,没有对干燥性前鼻炎有很好治疗效果的药物。

针对这种现状,发明人提供一种新的用于治疗鼻炎的药品,其特征在于:所述药品含有1%~10%(重量)的碳酸氢钠和1%~10%(重量)的氯化钠。

下面针对这种用于治疗鼻炎的药品进行检索。

二、案例检索

本案例涉及对组合物的检索,技术方案主要内容是包含1%~10%(重量)的碳酸氢钠和1%~10%(重量)的氯化钠的药物组合物。

本发明的技术方案涉及组合物,其中技术特征"治疗鼻炎"从治疗用途的角度对该组合物进行了限定。上述组合物的用途限定在检索时是否需要考虑,取决于专利性评述的需要。

一般地,对于产品的技术方案而言,物质自身的新颖性不会因其发现新的用途而具有新颖性,因此如果能够检索到单篇文献公开了组合物的组分及其含量时,可不考虑其用途即可直接评述其新颖性。但是,如果没有检索到能够评述新颖性的对比文件时,需要尝试能否检索到可破坏创造性的对比文件,例如检索到组分或含量不同的一篇或多篇对比文件,需考虑本领域技术人员是否有动机将不同对比文件相结合或者将一篇或多篇对比文件与公知常识相结合结合,从而能够显而易见地得到该技术方案,这时一般需要考虑该组合物的用途以便确定所属领域技术人员是否能够得到上述结合的技术启示。

通过上述分析可知,本案的检索思路是:首先通过检索"碳酸氢钠"和"氯化钠"及其含量,看能否找到可破坏新颖性的单篇对比文件;如果没有检索到破坏新颖性的对比文件,进一步考虑通过检索"碳酸氢钠"、"氯化钠"及其含量和"治疗鼻炎",看能否找到公开了上述组分并具有相同或相近含量和用途的一篇或多篇对比文件,并由此考虑其创造性。

根据以上分析的结果,首先采用"碳酸氢钠"和"氯化钠"两个基本检索要素进行组合检索。需要解释说明的是,这里的"碳酸氢钠"、"氯化钠"等术语只是作为基本检索要素的代表实例,实际检索中需要对该基本检索要素进行适当的扩展表达,例如使用分类号或关键词等方式进行扩展。此外,对于组合物的含量,由于数值不便直接检索,因此一般不在检索式直接使用,而是在浏览时重点关注。

首先检索中文专利文献。对于中文专利的检索，可供检索的资源有很多，但是这些检索资源仅能支持发明名称、分类号和摘要等著录项目信息的检索，需要对得到的结果通过阅读全文进一步分析。推荐使用本书资源篇介绍的 Soopat 网站，在输入框中输入：

（碳酸氢钠 or 小苏打 or 碳酸钠）and（氯化钠 or 食盐 or 氯化钾 or 氯化镁）

检索全部专利，获得 448 项专利申请。

通过浏览发现一篇比较相关的对比文件 1（CN1081882A），其公开了一种禽类新药——禽哈哈，其特征在于采用复合配方，将氯化钠、氯化钾、碳酸氢钠、口服葡萄糖、氟哌酸按比例制成混合制剂，各种元素的配制比例为氯化钠 12.73%，氯化钾 5.45%，碳酸氢钠 9.1%，口服葡萄糖 72.5%，氟哌酸 0.23%。氯化钠和碳酸氢钠的组分相同，但是两者含量与待检索的技术方案不一致，不能用于评价其新颖性；然而，如果试图用于评价其创造性，考虑到技术效果（治疗鼻炎）和技术领域不同，仍然难以用于评述其创造性。

完成中文检索之后，可进一步考虑在本书资源篇介绍的 DII 数据库中进一步检索外文专利文献。

先使用氯化钠和碳酸氢钠两种组分进行检索，并假设限定检索时限为 2005 年以前。

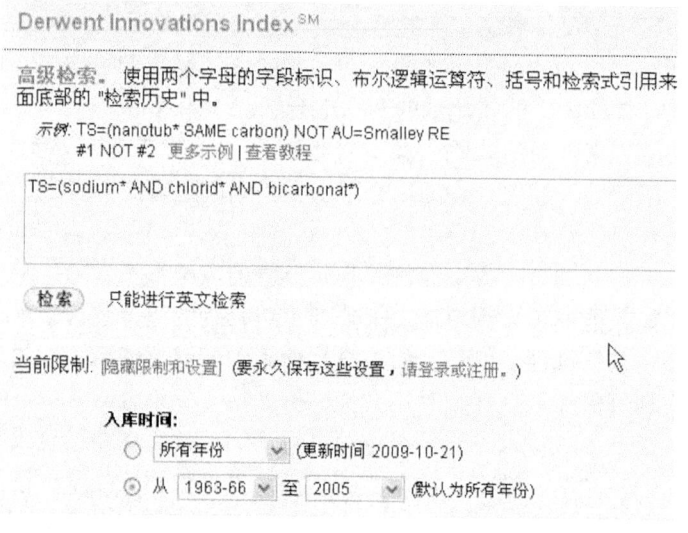

图 10-4-1

获得 1 046 篇检索结果。由于包含氯化钠和碳酸氢钠的组合物的文献非常多，无法进行全面浏览，需要考虑进一步缩小检索结果。就本案例而言，可通过增加检索要素的方式缩小检索结果。由于组分"碳酸氢钠"和"氯化钠"的含量虽然很重要，但不便表达，而组合物"治疗鼻炎"的用途虽然在评价新颖性可以不考虑，但是对于创造性的评述通常需要考虑，因此可通过进一步限定这一用途特征来减少检索结果。

首先考虑增加"鼻炎"方面的关键词进行检索，例如，检索式：

（碳酸氢钠 and 氯化钠）and 鼻炎

通过浏览没有发现相关的文献。

由于"鼻炎"的关键词表达方式较多，难以全面表达，可考虑使用分类号表征

"鼻炎"这一检索要素。在 IPC 中，A61P11/02 涉及鼻炎治疗，但是 A61P 是在 IPC 第 7 版之后出现的，之前 IPC 分类中并无 A61P 分类号，因此如果采用 IPC 分类号 A61P11/02 进行检索，可能检索不完全。

为了解决这一问题，考虑到本书第六章所介绍的，DII 数据库中的 MC（手工代码）对于剂型、治疗用途技术特征的技术方案中的检索具有显著的效果，因此可采用 MC 来对治疗用途特征进行检索。

查询 MC 表，获得以下分类号：

B12 - L04　耳，鼻，眼，口，喉制剂　　　　（1963 - 1993）
B12 - M01D　.鼻内给药剂
B14 - N04　鼻疾病治疗　　　　　　　　　（1994）

分别检索 MC = B12 - L04、MC = B12 - M01D 和 MC = B14 - N04，再求其并集获得 11 316 篇结果，如图 10 - 4 - 2：

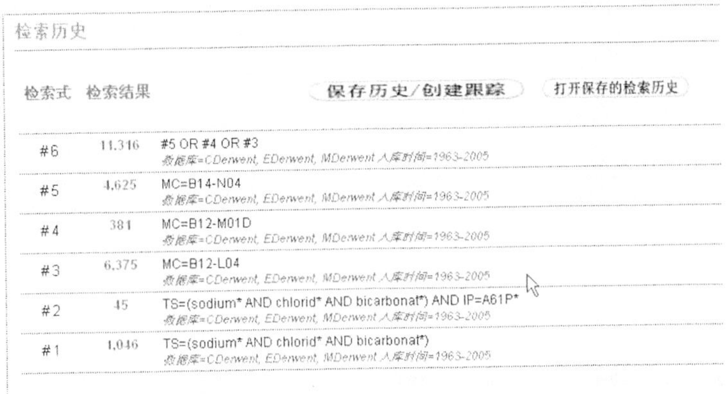

图 10 - 4 - 2

再求其与"碳酸氢钠"、"氯化钠"的交集，即#1 and #6，获得结果 13 篇，系统自动按照相关性给出结果如图 10 - 4 - 3：

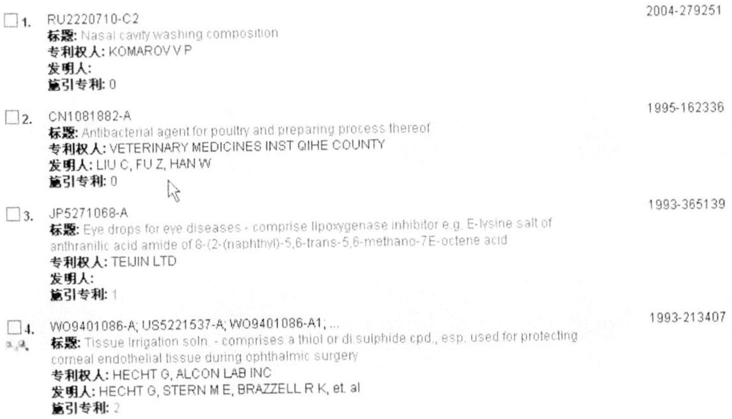

图 10 - 4 - 3

从而得到非常相关的专利文献 RU2220710-C2，其公开了一种治疗鼻腔黏膜炎疾病的组合物，含有 1.1%~2.0% 的食盐、0.6%~2.0% 的小苏打。

案例五 检 测 器

本案是针对已经授权的专利进行的专利性检索，其目的在于为无效宣告提供证据。

一、案例介绍

待检索的方案涉及一种检测器，包括检测器本体和位于该壳体内的腔室，腔室由平坦的第一平面和倾斜的第二平面以及顶面构成，在腔室内设有一个可以自由滚动的滚珠，在腔室的两侧还设置有发射元件和接收元件，发射元件用来发射某一信号，接收元件用来接收从发射元件发射出来的信号。通过这种结构设置，通过在腔室内滚动的滚珠可以遮住所述发射元件所发射出来的某一信号，在超过一定预定时间后输出另一信号，达到控制作用。

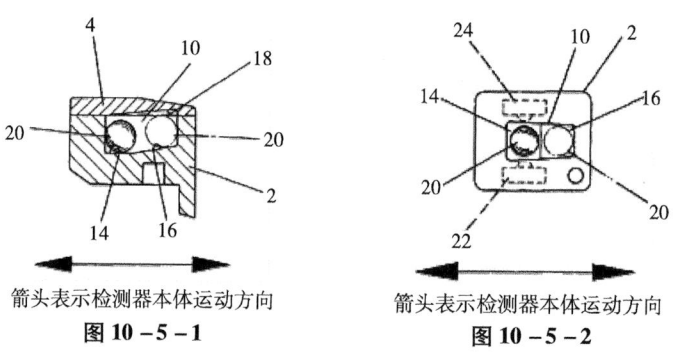

箭头表示检测器本体运动方向　　　　箭头表示检测器本体运动方向
图 10-5-1　　　　　　　　　　　图 10-5-2

参见图 10-5-1，当检测器本体 2 在水平方向左右运动时，滚珠 20 会在腔室 10 内自由运动（如左右运动），由于腔室内的第一平面 14 为水平面，而第二平面 16 为倾斜面，因此，滚珠最终会在水平面 14 上停留。

参见图 10-5-2，在第一平面的两侧安装有发射元件 22 和用来接收发射元件 22 所发射某一信号的接收元件 24，当静止的时候，滚珠 20 是停留在腔室 10 的第一平面 14 的位置上的，而正好遮住所述发射元件 22 发射出来的某一信号。当接收元件 24 未接收到发射元件 22 所发射的某一信号超过一预定时间时，接收元件 24 就会输出另一信号，从而达到检测控制的作用。

待检索专利的权利要求如下：

1. 一种检测器，其特征在于：包括有：

一检测器本体，内部具有腔室，所述腔室包括第一平面，和第二倾斜面以及一顶面；

一发射元件，用于发射某一信号，该信号穿过所述检测器本体的腔室；

一接收元件，用以接受所述发射元件发射的某一信号；

一滚珠，设置在所述腔室内，静止的时候停留在第一平面处，影响穿过所述腔室的发射元件发射的信号，从而达到检测作用。

二、案例检索

由于本案属于专利性检索中的无效检索，而宣告无效的应当是最后授予专利权的发明或是实用新型的权利要求书，因此检索对象仅限定于权利要求书中记载的技术方案。

根据上文的介绍，待检索专利的基本构思是，一种通过在腔室内滚珠的滚动影响发射元件和接收元件的信号，从而达到检测作用的装置。

在确定检索要素时，我们首先要确定检索的技术领域（一般为发明要求保护的技术主题），并且一般将其作为第一基本检索要素，针对本专利，应当选取"检测器"。

实现本发明所述的技术手段主要是采用特殊的腔室形状，该腔室是由平面、倾斜面和顶面构成的。进一步分析发现，无论是第一平面还是水平面，第二倾斜面还是顶面，它们都是构成腔室的一部分，因此可以采用"腔室"作为基本检索要素，但在浏览时关注其特定的形状。

除此之外，本专利所述的技术方案中还包括了"滚珠"，并且这种特殊的腔室形状最终要作用在滚珠上，通过滚珠在腔室内的滚动来达到影响发送器和接收器之间的信号传递的作用。

经过上面的分析，确定待检索的技术方案的基本检索要素为"检测器"、"腔室"、"滚珠"、"发射"、"接收"。

在确定检索要素的表达方式时，注意应当参考本书第四至第六章介绍的分类号和关键词的选择技巧。

接下来，我们就需要选择合适的数据库来实现我们的检索。一般而言，选择的数据库应当是包含全面数据信息并且能够提供英文摘要和全文。本案选择使用资源篇介绍的国家知识产权局官方网站检索中国专利文献和德国专利商标局（DPMA）网站检索国外专利文献。

首先，利用资源篇介绍的国家知识产权局官方网站进行检索。登录该网站后，选择摘要检索项，输入的检索式为：检测器 and（珠 or 球）and（发射 or 发送）and（接收 or 接受）and 腔。

获得两篇检索结果，其中一篇发明名称为"位置检测器"的实用新型专利与待检索的权利要求内容基本相同。

登录 DPMA 所提供的 DEPATISnet 检索网页，选择英文模式，点击 Search 后选择 Expert 选项。我们在使用 expert search 时首先选择"Aviailable fields and wildcards"以确定你需要查找的著录项目，例如要查找在摘要中含有某些关键词的专利，只需在该列表中选取摘要字段"Abstract（AB）"而后点击它，这时该字段就被自动传送到 Search query 输入框中。

在 Expert Search 页面下通过下拉框选择在摘要字段中检索，并如图 10-5-3 在 Search query 输入框中构建"AB =（detector? And ball? And receiv? And transmit? And（chamber? or cavit?））"进行检索。

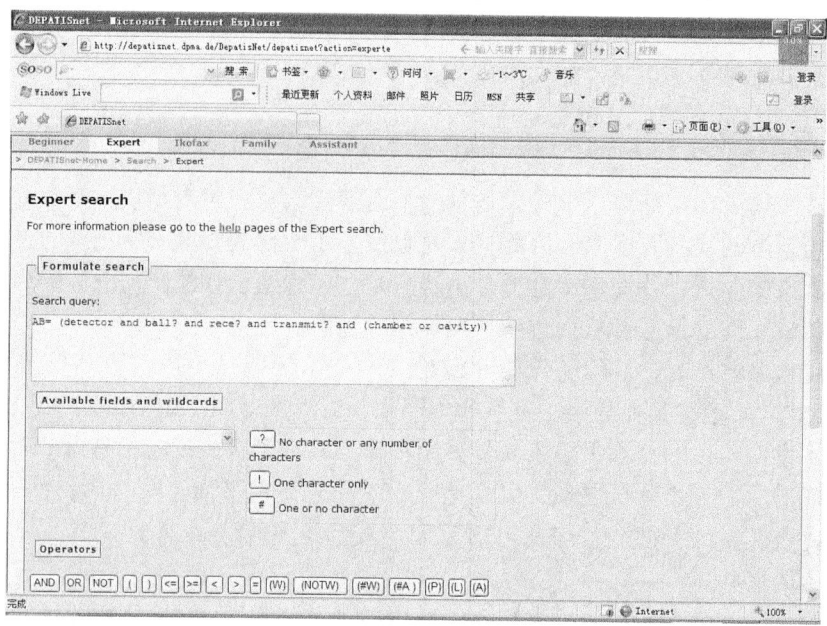

图 10-5-3

检索到一篇相关文献 US2009/0058671A1 与本专利所要求保护的权利要求 1 的技术方案基本相同。

此外，在获得上述非常相关文献之后，还可以通过对获得的专利文献进行追踪检索以获得其他相关文献。例如，考虑到上文检索到的专利文献 US2009/0058671A1 是一篇美国专利申请，通过在美国专利商标局官方网站上查询该申请的审查过程，结果如图 10-5-4：

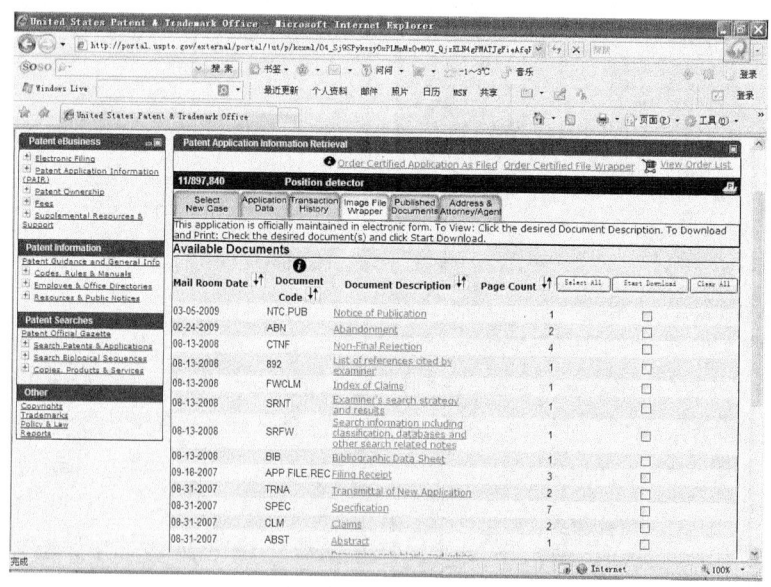

图 10-5-4

经仔细阅读，发现了其检索报告中的对比文献 US6392223 与待检索的权利要求1 的技术方案非常相关，可满足本次宣告无效的要求。

案例六　服装产品

本案例涉及对外贸易中的侵权检索。

一、案例介绍

国内某服装企业 2009 年欲向日本出口一种服装产品，该服装产品的最大特点在于使用了一种新型可调节的裤钩。该裤钩的使用使裤子能更好地适应腰围的变化，从而使穿着者更舒适，因此具有广阔的市场前景。在出口日本前，为避免发生侵权纠纷该企业主动提出了针对日本国的侵权检索查询，以判断该服装企业出口产品是否会侵犯出口所在国的专利权。

二、案例检索

侵权检索首先需要确定检索所获得专利的专利权是否有效（包括时间和地域），再在专利权有效的时间和地区确定是否侵权以及侵权的范围。

因为只有有效专利才会被侵权，所以为防止侵权所进行的专利信息检索的依据为检索在日本是否存在与该产品密切相关的有效专利，并进一步判断其保护期限是否有效。日本发明专利和实用新型当前保护期分别为自申请日起 20 年和 10 年。

由于侵权判定的主要依据为权利要求书，检索人员检索后如果查找到较相关的对比文件，应将本发明的产品技术方案与其权利要求书进行比对，从而判断是否涉及侵权。

首先，确定检索对象的技术主题。

由于该企业出口的产品为带有裤钩的裤子，而且特点主要在于裤钩的结构，所以为简单起见，这里我们假设除了裤钩结构以外的其他技术主题例如裤子及裤钩的使用材料、制造方法等均为公知公用的材料或常规制造方法。应当说明的是，实践中由于上述假设未必成立，该步骤中可能会抽象出多个而不仅仅是一个待检索技术主题。具体技术方案（a）为：

1. 一种调节裤钩，包括有弯钩（1），其特征在于：还包括有一基座（2），其两侧设有滑轨（21），而所述的弯钩（1）即通过其两侧的卷边（11）套设在所述滑轨（21）外而骑跨在基座（2）之上，弯钩（1）的向上弯折部（13）通过一倾斜段（131）连接到端部（132），并且弯钩（1）可沿滑轨（21）相对基座（2）做有限的前后相对滑动，弯钩（1）的后端还具有一向下弯折部（12），并且，所述的基座（2）在其前端位于滑轨（21）之间的部位之间冲压有一凸片（22）作为弹簧座，所述的弹簧（3）前端即套设在该凸片（22）上，弹簧（3）的另一端抵在所述弯钩（1）的向下弯折部（12）。

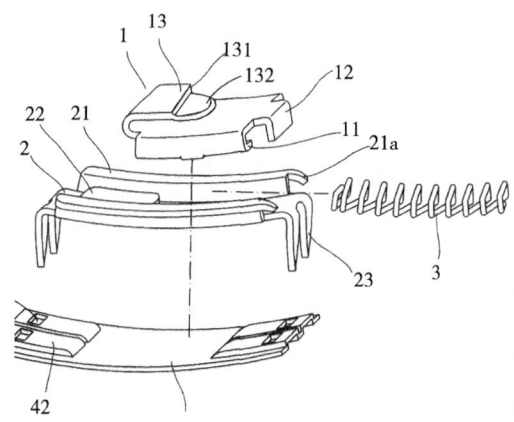

其次,在专利数据库中对技术主题进行检索。

待检索技术方案(a)的结构较为复杂,首先将技术主题"裤钩"确定为基本检索要素,再根据检索结果的多少进一步限定。然而,关键词的表达方式通常难以全面表达,故优选采用分类号进行检索。

经查询 IPC 分类号手册,获得表征裤钩的两个分类号:

A44B13/02 表示 A44B 纽扣、别针、带扣、拉链或类似物的挂钩的弹簧锁合的夹紧或固定装置;

A41D1/06 表示裤子。

由于检索的目的是为了判断是否侵犯出口地日本的有效专利权,因此在检索时主要检索日本国的相关有效专利,原则上任何可以完整地检索到日本专利文献的网站均可以进行上述专利有效性的检索。针对本案来说,采用日本特许厅官网(JPO)提供的 FI/FT 检索,显然更为合适。

在获知 IPC 分类号之后,进入 http://www5.ipdl.inpit.go.jp/pmgs1/pmgs1/pmgs_E,查询其 FI/FT 分类号,如图 10-6-1:

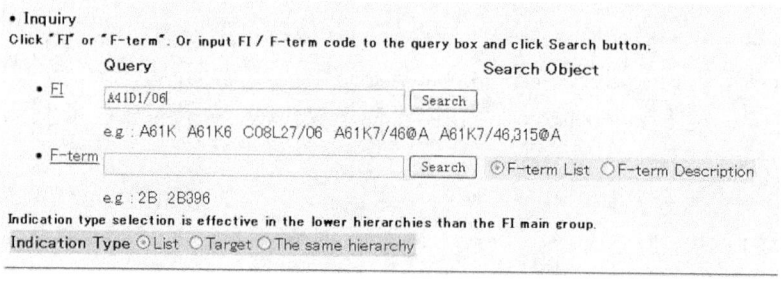

图 10-6-1

获得 A41D1/06 相对应的 FI 分类号:A41D1/06&J(用于裤子的扣件)。

采用相同的方式,获得 A44B13/02 相对应的 FI 分类号:A44B13/00 或 A44B13/02,其还给出了相应的 FT 的参照表,如图 10-6-2:

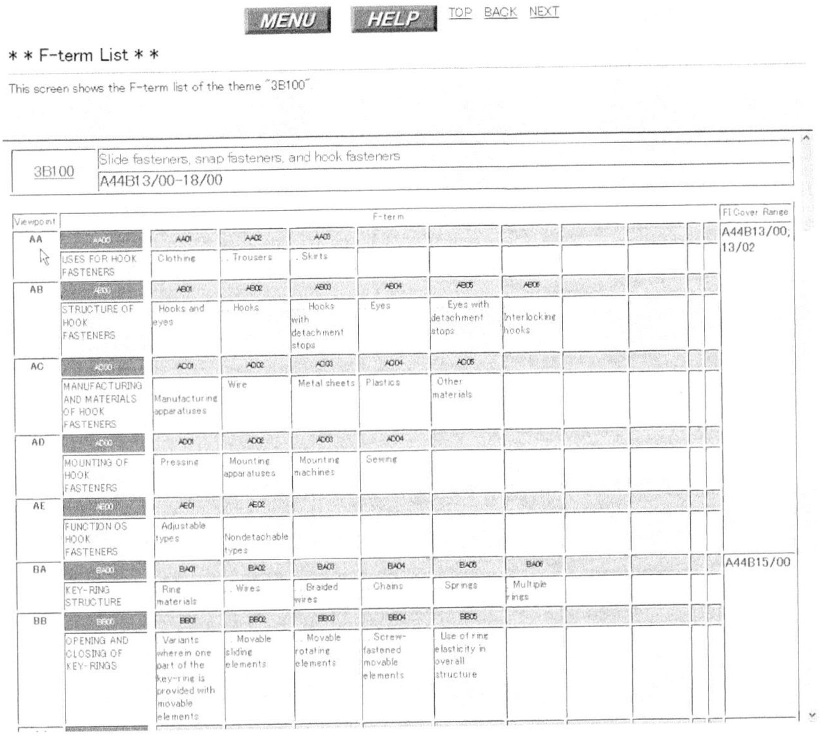

第十章 检索案例

图 10-6-2

阅读此表，选取合适的 FT 号：3B100/AA02（用于裤子的牵引钩扣件）。

最后，进入日本特许厅官网的 FI/FT 检索界面，输入 FI 和 FT 检索，如图 10-6-3：

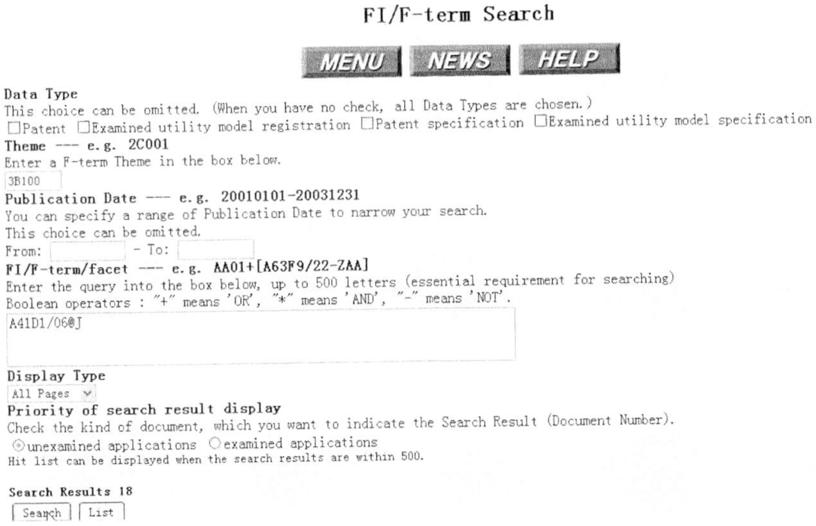

图 10-6-3

共获得18个检索结果，最后确定该技术主题是否落入该专利的权利要求的保护范围。

通过附图比较并结合申请文件摘要内容，初步判断如下3篇申请文件与上述确定的主题（a）密切相关。

JP2001-087010 A、JP2002-017409 A、JP2003-135108 A，其对应的授权文本分别为JP3360256B2、JP3561879B2、JP4103103B2。

通过http：//www1.ipdl.inpit.go.jp/RS1/cgi-bin/RS1P001.cgi查询上述专利的法律状态获知上述专利是否实际有效。以JP2001-087010 A 为例进行查询（如图10-6-4）。

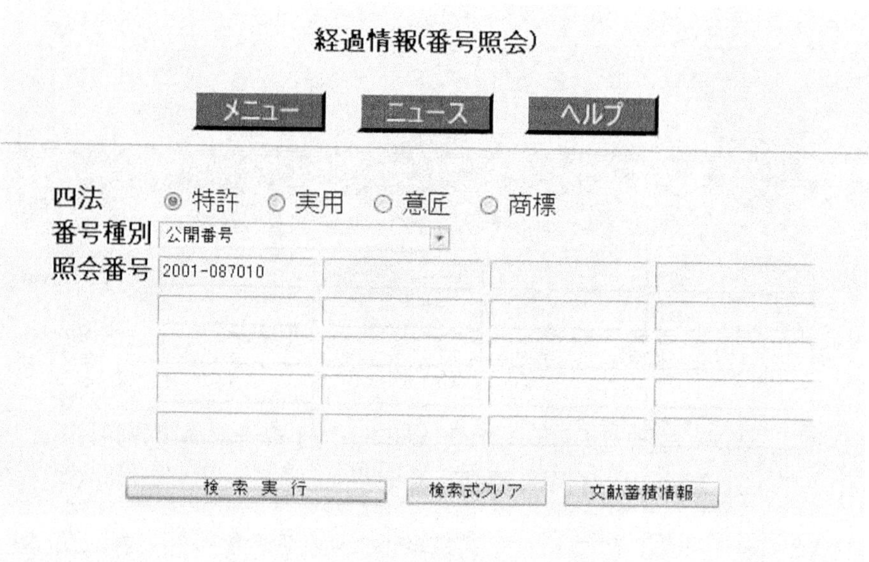

图10-6-4

点击"检索实行"按钮再点击图10-6-5中的链接H11-263794。

图10-6-5

点击下图中右下角的"登录情报"，即可看到详细信息（图10-6-6）。

出願記事	特許 平11-263794 (平11.9.17) 出願種別(通常)
公開記事	2001-087010 (平13.4.3)
発明の名称	調節用鉤ホック
出願人	モリト株式会社
発明・考案・創作者	伊奈 寿章
公開・公表IPC	国際分類 第7版 A44B 13/02 A41D 1/06 J A41D 1/14 E // A41F 1/00 Z
出願細項目記事	査定種別(登録査定) 最終処分(特許/登録) 最終処分日(平14.10.18)
登録記事	3360256 (平14.10.18) モリト株式会社

[基本項目] [出願情報] [登録情報]

图 10 -6 -6

由图 10 -6 -7 详细信息可知当前专利为实际有效专利。

出願記事	特許 平11-263794 (平11.9.17)
登録記事	3360256 (平14.10.18)
査定日・審決日記事	査定日(平14.9.6)
権利者記事	大阪府大阪市中央区南本町4丁目2番4号 (000114606) モリト株式会社
発明等の名称(漢字)記事	調節用鉤ホック
請求項の数記事	1
登録細項目記事	権利者が全て民間、または民間と官庁共有である 本権利は抹消されていない 存続期間満了日(平31.9.17)
登録記録	**登録査定書** :(平14.9.17) 作成日(平14.9.19) **設定納付書** :(平14.9.20) 作成日(平14.10.15) **登録証** :(平14.10.29) 作成日(平14.10.18) **年金納付書** :(平17.9.30) 作成日(平17.10.20) **年金領収書** :(平17.11.1) 作成日(平17.10.25) **年金納付書** :(平18.9.27) 作成日(平18.10.19) **年金領収書** :(平18.10.31) 作成日(平18.10.24) **年金納付書** :(平19.9.25) 作成日(平19.10.18) **年金領収書** :(平19.10.30) 作成日(平19.10.23) **年金納付書** :(平20.9.25) 作成日(平20.10.16) **年金領収書** :(平20.10.28) 作成日(平20.10.21) **年金納付書** :(平21.9.29) 作成日(平21.10.22) **年金領収書** :(平21.11.6) 作成日(平21.10.27)
最終納付年分記事	8年
更新日付	(平21.10.27)

图 10 -6 -7

以同样步骤获得 JP2002 -017409 A、JP2003 -135108 A 的当前法律状态，均为实际有效专利。

经初步分析，关于所确定的技术方案（a）是否落入上述三项专利授权文本权利要求的保护范围的初步判断结论如下：

（1）所确定的技术方案（a）落入 JP3360256B2 的权利要求范围。

（2）JP3561879B2 的"前記レール覆縁（33）には、摺動レール（21）に当接する左右1 对若しくは2 対の突起（31）を形成し"限定了覆盖边缘 33 上有突起 31，而技术方案（a）的卷边 11 上没有突起。另外，"レール覆縁（33）の長手中央部を切欠いたことを特徴とする調整用鉤ホック"限定覆盖边缘 33 长边中央有切口，技术方案（a）也没有。所以技术方案（a）不落入 JP3561879B2 的权利要求范围。

（3）JP4103103B2 的"丸みを帯びた係合突起（101）"限定了圆角形系合突起（参见其附图 1），不同于技术方案（a）中的弹簧。所以技术方案（a）不落入 JP4103103B2 的权利要求范围。

综上所述，所确定的技术方案（a）落入 JP3360256B2 的权利要求范围，因此该企业的上述产品如进入日本国，有被控侵权的可能，宜做好相应预案。

第十一章　专利文献计算机检索技术的发展趋势介绍

近年来，计算科学、语言学以及人工智能技术的发展促进了整个信息检索技术领域的发展。专利文献作为一种特定类型的文献载体，在文献内容、体例以及语言等多方面都有别于其他类型的文献，导致其检索技术同一般信息领域的检索技术相比有其特殊性。随着知识产权制度在经济社会各方面的进一步深化，专利文献的计算机检索技术正成为情报检索领域研究的热点。本章从多语言混合检索、分类检索、语义检索、图像检索、网络检索以及文献自动处理技术等方面介绍专利文献计算机检索技术的最新发展。

一、多语言混合检索

专利文献都是由各国、各地区专利局或世界知识产权组织出版的官方文献，因此一般都是以各局官方语言出版。虽然大部分专利文献是英文文献，但是仍然存在大量日文、中文、德文、法文等其他语种的文献。这种语言的多样性，给专利文献的检索和利用带来了极大的障碍。要实现多语言混合检索，机器翻译是必不可少的技术。目前一些专利局在其官方网站上纷纷推出了机器翻译系统，例如我国国家知识产权局提供有汉英机器翻译，日本特许厅提供有日英机器翻译，韩国知识产权局提供有韩英机器翻译等，这些网络上的机器翻译系统对于帮助其他国家的用户更方便地阅读和使用本国专利文献起到了一定的作用。

近几年来，随着计算机技术的发展，机器翻译的技术迅速发展。从传统的基于规则的机器翻译扩展到了基于实例或模板的机器翻译、统计机器翻译等，尤其是近年来语言学和人工智能技术的发展，以语义描述或以知识描述为特征的智能机器翻译系统正逐步成为研究的热点。专利文献作为一种特殊的科技文献，由于其具有特定的句法和语言结构，同时例如权利要求书等部分具有法律公示性文件的作用，这对翻译的准确性提出了更高的要求，已有研究者通过在机器翻译系统内集成多个翻译引擎、对不同特点的内容使用不同引擎翻译的方式来提高翻译质量。

目前这些机器翻译系统基本局限于单篇文献的机器翻译，无法实现真正的多语言的混合检索。多语言混合检索系统不仅可以允许混合语言的检索式，而且同一个检索式还可以对不同语言的专利文献进行检索。实现多语言混合检索的方式主要有如下三种：翻译检索式、翻译文献或者两者相结合的混合式。翻译检索式的方式翻译工作量小，比较适合于互联网检索，但由于检索式通常缺乏语境，翻译难度较大。翻译文献的方式虽然有利于提高翻译质量，进而有利于文献检索，但存在的主要问题是翻译量太大、翻译时间长。Patentics网站上提供的试验系统实现汉英双语检索功能，在该网站上使用中文或英文检索式均可以检索中文或英文专利文献。

二、分类检索

分类号一直是专利文献检索的重要手段。目前除了基本涵盖各国专利文献的国际专利分类（IPC）之外，美国专利商标局、日本特许厅和欧洲专利局各自都有自己的分类体系，分别是 UC、FI/FT 和 ECLA。IPC 虽然通用，但存在分类标准不统一、分类条目不够完备、文献分类更新不及时等缺陷，导致使用 IPC 检索的效果欠佳。UC 和 FI/FT 分别只能检索美国和日本的专利文献，ECLA 虽然能够检索到多国的文献，例如欧洲专利局以及欧洲主要国家、美国、世界知识产权组织等国家或专利组织出版的专利文献，但仍然不能有效地检索日本、韩国、中国等国的专利文献。

为改善这种局面，美国、日本和欧洲于 2000 年 11 月在第 18 届三边会议时成立了"三边分类和谐计划（Trilateral Classification Harmony Project）"，该计划旨在推进 ECLA、UC 和 FI 三个分类体系的融合以增强分类号检索的功能，同时对现有 IPC 分类体系提出改进意见和建议。2001 年 2 月第 30 届 IPC 专家委员会提出了 T001 - T019 共 19 个领域的和谐计划，并进一步明确了推进上述三种分类融合的六个阶段步骤以及最终修改 IPC 的方式。

近年来，美国专利商标局、日本特许厅、欧洲专利局、韩国知识产权局和中国国家知识产权局开展五局合作。五局合作的主要目的在于解决当前各局面临专利申请量激增、审查任务繁重等问题。目前五局已经开展了 10 个基础项目的共同研究。在这 10 个基础项目中，有一个项目是"共同的分类（common classification）"，该项目的实施将有利于提高分类的一致性，扩展或细化部分技术领域的分类，进而提高检索的效率和质量。

不管是美日欧三方开展的"三边分类和谐计划"，还是五局共同开展的"共同的分类"项目，它们都必将推进专利文献分类体系的进一步发展，实现真正意义上的"基于检索的分类"，进一步增强分类号在专利文献检索中的作用。

三、语义检索

当前专利文献检索的主要手段为关键词和分类号检索，而由于一词多义、一义多词，专利文献撰写、加工和翻译质量不一以及关键词的机械匹配等问题，本质上决定了即便是已经进行了关键词检索和排序技术的改进，其查全率和查准率仍一直受到制约。同时，随着知识产权重要性日益提高，技术创新过程中的各阶段往往都需要对专利文献进行检索，而这些检索的目的差别较大，例如产品预研阶段的查新调研和已有产品的专利性分析对专利文献检索提出的要求就差别较大，但现有的检索工具中难以体现用户需求的差异，也造成了检索系统无法全面了解用户的检索意图、检索质量受到制约的局面。随着计算技术、人工智能、自然语言处理等技术的发展，搜索引擎的智能化有望从根本上提高现有检索系统的检索质量。

搜索引擎的智能化具体表现为语义检索，也称为知识检索或概念检索。语义检索是对检索条件、信息组织以及检索结果显示赋予了一定语义成分的一种新的检索方式。语义检索的本质在于以语义为对象进行搜索，在计算机检索的各步骤中引入对信息资源的语义处理，从而实现检索表达、检索对象、检索结果在概念层面的机器理解，而不是对字符串进行简单的机械匹配。因此，语义检索可以避免关键词匹配检索中由于词和义不对应所导致的问题。

语义检索技术包括基于语义网络（Semantic Networking）、本体论（Ontology）和语义网（Semantic Web）实施的检索技术。语义网络是常见的知识表现形式，它利用网络图中的节点表示概念、节点间的连线表示概念的关系来描述知识。本体论则利用相互关联的概念表示知识，例如形成具有层次的分类体系。语义网是相对于现有的万维网而言的，它将网络信息资源表示为机器可处理的元数据，并使元数据与描述特定领域概念的本体论相结合。因而，本体论和语义网可以更有效地表达知识，特别是对于特定领域内的知识。

通常采用一定的算法对知识进行表述从而获取语义，进而构建语义模型，这类算法，例如潜在语义索引（Latent Semantic Indexing），它是利用统计学方法对大量文本集进行分析，例如利用线性代数理论将向量空间模型（VSM）和单值分解（SVD）进行组合以揭示词间关系，从而得到能够表现词及其上下文语境的词的潜在语义。语义模型通常基于一定的格式构建，也即通过特定的形式对语义或知识进行表述，其中资源描述框架（Resource Description Framework，简称 RDF）是描述语义网的标准语言，它采用主题（Subject）、属性（Property）、对象（Object）三种形式的声明（Statement）来描述语义网，其中主题表示具有唯一 URI 的资源，对象可以为资源或者文字，而属性则是描述了资源之间或者资源与文字之间的二元关系。

语义检索过程一般包括对被检索的文档以及输入的检索式进行语义分析和匹配处理。典型的语义检索过程如图 11-3-1 所示，首先对用户检索的关键词进行语义处理，辨识词义，然后对检索式进行语义表达；另一方面，对目标文档也进行语义处理，进行标注、过滤等语义操作，获得文档特征，最后通过匹配算法得到检索结果。这种语义分析处理依赖于词汇的语义描述技术，以及分别用于词义鉴别和词汇过滤的语义识别技术和词汇链算法。通过语义词典对词汇实现较完备的语义描述，保证人和机器对词汇的理解一致。语义词典 WordNet 的发展历史较长，研究相对较成熟，而中文语义词典的发展则相对较缓慢，大多研究都基于知网。

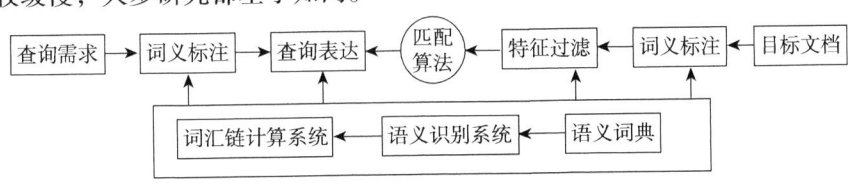

图 11-3-1 语义检索过程

目前研究较多的是基于本体的语义检索，其模型原理如下：（1）在领域专家的帮助下，建立相关领域的本体；（2）收集被检索资源的数据，参照已建立的本体，将数据以一定的格式存储在元数据库中；（3）获取用户的查询请求，并按照上述建立的本体将该查询请求转换成特定的格式，同时在本体的帮助下从元数据库中匹配数据。典型的基于本体的语义检索模型如图 11-3-2 所示，主要包括用户界面模块、本体推论模块、数据搜集存储模块和信息检索模块。本体推理模块为系统实现的核心模块,其中的语义标注器可以根据对资源的理解,从领域本体库当中获取到符合该内容的语义标志,对 Web 资源数据库中保存的数据进行语义标注,抽取出其中的元数据作为领域本体的实例,存储在语义元数据库中;查询语义分析器会对用户提出的检索式进行分析,并且根据一定的查询扩展策略将用户的查询概念关系映射成为本体中的概念和关系,并且以此作为语义扩展的基础,生成新的检索表达式,同时将其提交给 Jena 推理机进行语义推理;Jena 推理机参照领域本体,根据已有的公理、定理对语义元数据库当中的元数据进行推理,得出处理过的检索关键词。

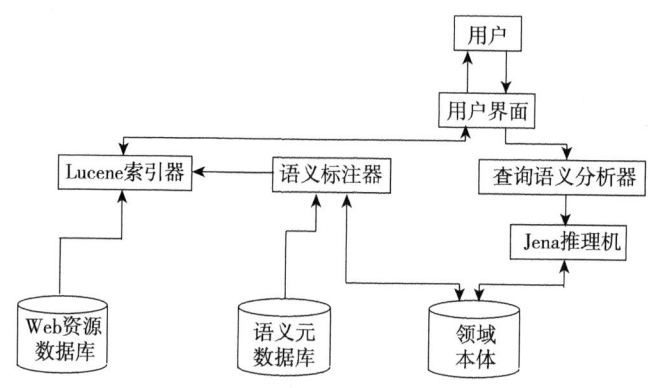

图 11 - 3 - 2　基于本体的语义检索

在专利文献的语义检索方面,有研究通过将专利文献转换成 XML 文档之后进行语义分析,以生成检索用的语义关键词索引表。检索实例的结果表明,通过语义分析对检索前的数据进行处理,可以提高索引列表的质量,改善搜索结果。但这种模型只是在生成索引表的过程中应用了语义检索的概念,主体部分仍然是传统的关键词检索基础上的。

BioPatentMiner 是国外作为语义检索在专利文献方面的应用范例。这个系统可以从生物医学领域的专利文献中进行信息检索和知识获取,它的基本架构如图 11 - 3 - 3 所示。该系统首先从以自然语言撰写的专利文献中提取专业术语以及获得专业术语之间的关系,并将这些信息和该领域的本体论相结合,从而构建特定的语义网,供用户进行可视化交互式检索。利用语义进行检索还可以将专利文献中的非技术性信息考虑在内,例如将特定的技术概念和申请人、发明人等信息进行语义联系。此外,语义检索还可以从用户角度出发,考虑用户的检索需求,从而为诸如查新、侵权等不同目的的检索提供相应的结果。

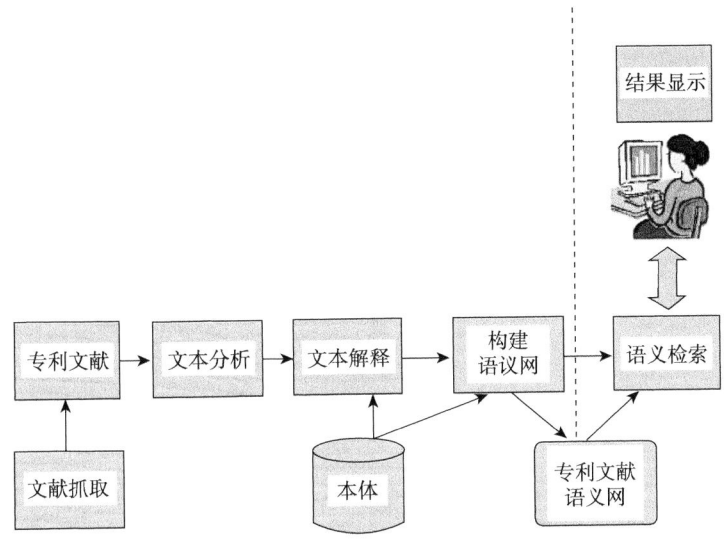

图 11-3-3 专利文献语义检索系统框架

近年来国内一些开发商也相继提供具有语义检索功能的专利文献检索系统，例如东方灵盾开发的专利检索系统和上文提到的 Patentics。在 Patentics 网站上除了可以实现传统的关键词检索功能外，还可以选择概念检索（语义检索），仅通过输入检索所针对的专利文献号，即可自动对其进行语义分析、文献检索，并依据相关度对其进行排序。当然，目前语义检索技术还不成熟，其检索结果的准确性还有待进一步提高。

语义检索是搜索引擎领域的研究热点，且还未广泛应用于专利文献检索。随着语义检索研究的进一步深入，未来的搜索引擎不仅能利用语义技术提高检索的效率，还有望能对检索结果进行分析、评价，甚至自动生成检索报告。

四、图像检索

图像检索技术属于多媒体检索的范畴，根据对图像检索所使用的特征可以分为基于文本的图像检索法（TBIR）和基于内容的图像检索法（CBIR）。TBIR 自 20 世纪 70 年代即开始研究，但由于其实际上将对图形的检索转换为对图像描述的文本进行关键词检索，因此图像检索的质量取决于文字描述的质量和匹配度，难以实现真正意义上的图像检索。

自 20 世纪 90 年代以来，随着计算机图像处理、数据库、模式识别等技术的发展，基于相似性度量的示例查询（Query By Example）方法的 CBIR 悄然兴起。目前研究较多的 CBIR 是基于特征的图像检索，其主要通过利用图像的颜色、纹理、形状、区域等基本视觉特征进行检索。

专利文献一般都带有大量的附图，包括机械结构或化学结构式附图、电路图、方框图、流程图或曲线图等。与传统的关键词检索和分类号检索相比，基于内容的图像检索更加直观、快速，而且可以克服因不同的文字表述不同而导致的漏检，因此对专利文献进行图像检索也逐步成为当前的研究热点。专利文献的附图都是黑白二元图像（本文所称专利是指发明和实用新型专利,不包括外观设计专利),不存在颜色和纹理等特征,因此专利文献的图像检索主要是基于形状和区域的图像检索。

目前虽然还没有非常成熟的专利文献图像检索系统,但一些研究机构已经开发出一些可专门用于专利文献的图像检索原型系统,例如 IIT Kanpur 的 PATseek, Informatics and Telematics Institute 的 PatMedia 以及 LTU technologies 公司的 ImageSeeker 等。PATseek 专门针对美国专利文献进行图像检索,而 PatMedia 网站上的试验系统仅针对欧洲专利局的专利文献,这两个图像检索系统都可实现直接输入待检索的图像,系统自动进行相似度匹配,直接提供专利附图,同时还可以进行基于文本的图像检索。

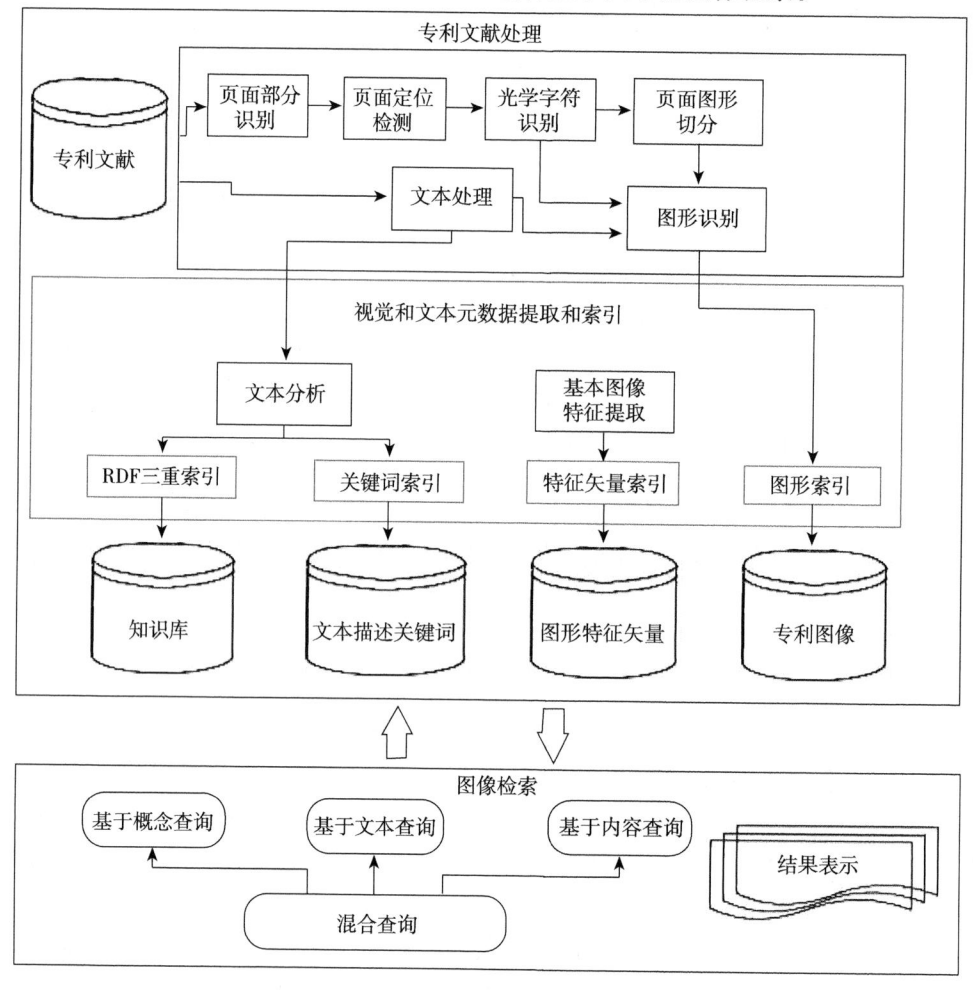

图 11-4-1 典型的专利图像检索系统框架

典型的专利图像检索系统如图 11-4-1 所示,包括专利文献处理部分和图像检索部分。文献处理部分又进一步包括文献预处理和视觉和文本元数据提取和索引两部分,前者主要是找出文献中一幅一幅的图形和对应的文字描述(文字描述一般是专利文献中附图描述部分中对附图概括性描述的内容),后者则是进一步进行图像特征分析和文本分析,分别提取基本的图像特征(例如形状、区域等图像特征)以及能够表示图形含义的高层语义特征的关键词和相关概念，由此分别形成索引后的图形特征矢量库、图像库、文本描述关键词库和知识库。在图像检索部分，基于上述提取的元数据，进行图像相似度匹配，同时还可以基于文本或概念进行图像检索。与一般领域的图形检索相比，由于专利文献中每幅图形一般都对应有文字描述，即使不再进行人工标注或自动标注，都能提取到较好的高层语义特征，这对提高专利文献的图形检索的准确性非常有帮助。

目前互联网上最新版本的 PatMedia 专利文献图像检索系统不仅提供有图像输入的检索方式，还提供有文献号、关键词输入的检索方式。此外，对于检索结果还可以进一步使用文本过滤、类别过滤等功能。典型的检索方式例如输入如图 11-4-2 所示的图像，该系统可以检索出如图 11-4-3 所示的结果（仅列出部分结果）。

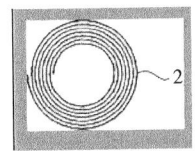

图 11-4-2 输入图形

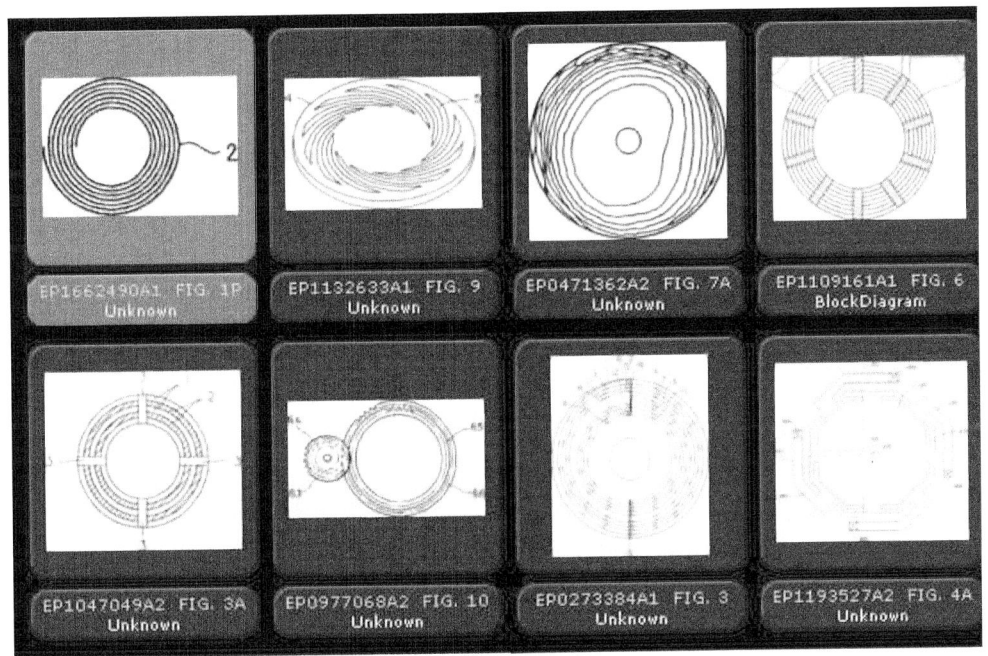

图 11-4-3 检索结果图形

目前专利文献图像检索系统还很不成熟，还仅仅是处于试验阶段，只能对数量非常少的特定专利文献进行检索，且检索结果相关度还不是很高，但由于图像检索具有其他任何检索方式都不具备的优点，相信在不远的将来，随着人们对专利文献图像检索技术的进一步研究以及语义检索技术的进一步发展，实现高精度的图像检索必将成为现实。

五、网络检索技术

互联网的出现使得信息的利用方式发生了根本性的变革,信息的承载、传播、搜索、获取等各方面都日益依赖于互联网,随之而来的是可用于专利文献检索的资源也逐渐趋于网络化。互联网资源的优点是费用低廉甚至免费、信息更新及时、数据全面、检索方式多样,但也存在诸如平台不稳定、数据分散等缺点,同时其检索质量也有待时间验证。

如本书资源篇所述,根据数据提供方不同,目前的互联网上的专利文献资源主要包括以下两类。

一是各国家、地区、组织的专利行政部门网站上所提供的免费的检索数据库和检索系统。美国专利商标局率先于1994年提供美国授权专利文献全文检索之后,欧洲专利局、日本专利局、中国国家知识产权局等均在互联网上提供了免费的本国(组织)的专利文献检索、全文浏览、法律状态查询服务。其中,美国专利商标局、欧洲专利局还开放了审查过程中的电子扫描文件,而日本专利局、韩国专利局则分别通过PAJ、K2E-PAT等机器翻译项目提供了专利文献的英文翻译服务。

二是各商业机构提供的专利文献检索网站。目前这类网站发展非常迅速,有的是收费的,也有大量的网站是免费的,且其中有许多网站是可同时检索多个国家的专利文献的综合性网站。例如本书资源篇所介绍的freepatentsonline、Google Patents、PatenLens、Patentics、DII、LexisNexis、中外专利数据库等。

目前互联网上专门的专利文献检索网站已经覆盖了主要国家和组织的专利文献,其中有些网站比相应的专利行政部门门户网站所提供的资源更为丰富,例如freepatentsonline通过OCR弥补了美国专利商标局网站一些缺失的专利文献,Google Patents则提供了所有专利文献的检索服务,Patentics引入了先进的语义检索理念。

随着互联网的迅速扩张,专利文献检索资源的网络化日益凸显。互联网的专利文献资源呈现多样性,文献的覆盖率也在不断提高,越来越多国家的专利文献可以从互联网中被检索和全文获取,例如,主要国家、组织的专利文献均可以从上文的专利文献检索网站中获得。同时这些网站的更新速度也在加快,多数网站实现每周更新,例如美国专利商标局的专利文献在线检索页面每周三更新其授权专利文献数据。

但值得注意的是,专利文献数据的分散性、重复性仍较突出,多数网站只收录了特定的几个国家的专利文献,且多集中于收录美国专利文献。虽然一些专门的专利文献检索网站正在扩展其文献收录范围,但目前与传统的引文检索工具相比,单个网站的文献范围仍然不全面。另外,除了英文专利文献外,其他语种的专利文献检索多基于翻译后的英文摘要等题录信息,这给检索带来了一定的障碍。值得注意的是,新加坡SurfIP网站利用元搜索引擎将十多个检索网站的结构整合到一起,实现了最基本的资源整合。另外,也可以通过Google等通用搜索引擎实现对上述多个网站的资源同时进行搜索,具体操作参见本书资源篇的相关介绍。

六、文献自动处理技术

高质量的专利文献是提高检索质量的基础。专利文献分类、标引和摘要改写是专利文献加工的主要内容。传统的专利文献加工方法主要依赖于人工,其成本高,且速度受限制,质量不统一。随着人工智能和计算机技术的发展,开始出现对专利文献进行自动分类、自动标引、自动摘要和自动聚类。

专利文献自动分类已经在欧洲、美国、日本得到了广泛的研究和尝试。例如欧洲专利局已经利用自然语言处理的相关技术实现了专利文献的自动初分类。对日本专利文献的自动分类研究表明,对于使用 K 邻近算法进行自动分类的情况下,先将专利文献按部分结构化为语义单元可以提高 74% 的效率。

PATExpert 代表了目前较先进的专利文献自动处理技术的发展,通过基于语义网的语义处理技术实现了面向内容的专利文献自动处理,其中的一个主要技术是利用一定的语义表示结构实现专利文献知识层面的表达。该系统可以执行的处理任务包括:专利文献内容和语义元数据的自动抽取,全文、图像、相关性搜索引擎,专利文献的自动分类和聚类,面向多语言的辅助理解工具,专利价值自动评估,等等。上文提到的 Patentics 试验系统也开始尝试对专利文献进行自动标引、自动摘要、自动聚类和基于 IPC 或 UC (美国专利分类) 的自动分类。

国内有一些研究机构开展了大量的基于 IPC 体系的专利文献自动分类的研究,这些研究大部分集中在统计分类技术。典型的方法如图 11-6-1 所示,其基本原理是将 IPC 本身信息和现有专利信息进行有机结合,基于 IPC 技术描述信息建立类别特征词集合,辅以专家意见等辅助手段,通过对现有专利的描述进行分析达到扩充训练的目的,从而构造分类模型。近年来随着人工智能技术在国内兴起,基于人工智能或语义的专利文献自动分类技术也得到了广泛的关注。

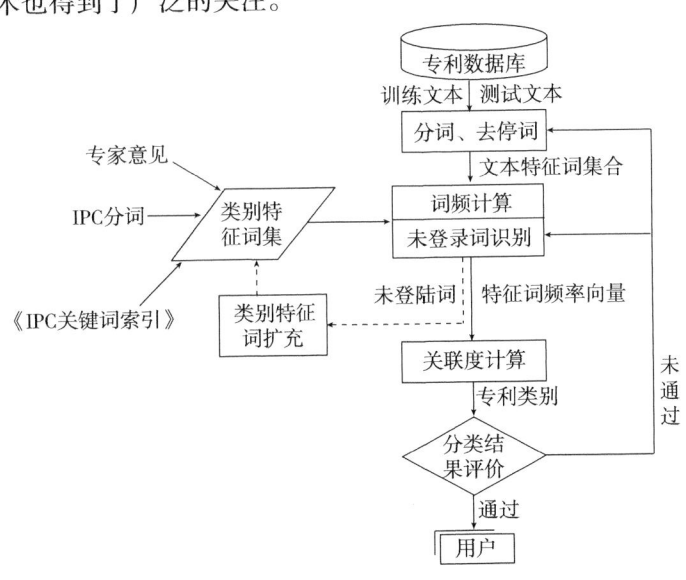

图 11-6-1 基于 IPC 类别信息构建自动分类模型

目前，专利文献处理自动化已经涉及了自动分类、自动聚类、自动标引、自动翻译、自动摘要、自动评价等文献处理的方方面面，而基于知识库的语义处理仍被认为是有望提高上述自动处理质量的重要手段。例如，WISPER 项目所开发的"Patent Analyzer"利用如下方法实现了专利文献的自动分析：首先利用自然语言处理方法对发明的各部分进行识别和提取，其次利用嵌入语义模型对提取的各部分进一步分类并揭示各部分之间的关系，从而帮助用户运用 TRIZ 方法进行产品创新。

中文专利文献的自动处理仍处于研究阶段，虽然国外专利文献自动处理已经积累了许多宝贵经验，但由于中文表述的特殊性，许多技术还留待消化和开发，例如汉语词汇之间的分词技术是制约自动标引质量的一个障碍。随着信息处理自动化相关技术的发展，专利文献的自动分类、自动标引、自动聚类和自动摘要正在逐步由半自动走向全自动化，这给搜索引擎的发展带来了极大的便利。同时，利用语义技术实现基于内容的自动处理将是未来的发展主流，也是提高专利文献自动处理质量的主要手段。

参考文献

[1] 中华人民共和国国家知识产权局. 专利审查指南［M］. 北京：知识产权出版社，2009.
[2] 田力普. 发明专利审查基础教程—检索分册［M］. 北京：知识产权出版社，2008.
[3] 田力普. 发明专利审查基础教程—审查分册［M］. 北京：知识产权出版社，2008.
[4] 杜乐天. 搜索学：找的辩证法［M］. 北京：大地出版社，2003.
[5] 朱江岭. 中外专利信息网络检索与实例［M］. 北京：海洋出版社，2009.
[6] 江镇华. 怎样检索中外专利信息［M］. 2版. 北京：知识产权出版社，2007.
[7] 谢新洲. 网络信息检索技术与案例［M］. 北京：北京图书馆出版社，2005.
[8] 钟哲辉. 基于计算机网络的信息检索［M］. 北京：电子工业出版社，2007.
[9] 焦玉英. 信息检索新论［M］. 武汉：武汉大学出版社，2008.
[10] 刘延淮. 中外专利数据库检索指南［M］. 北京：专利文献出版社，1997.
[11] 李建蓉. 专利信息与利用［M］. 北京：知识产权出版社，2006.
[12] 孙艳玲. 互联网上查专利［M］. 2版. 北京：知识产权出版社，2007.
[13] DAVID HITCHCOCK. Patent Searching Made Easy：How to Do Patent Searches on the Internet and in the Library［M］. 2ed. NOLO，2002.
[14] GERALD R. BLACK. Keyword patent searching online：a workbook［M］. Black，G. R.，2002.
[15] DAVID HUNT. Patent searching：tools & techniques［M］，John Wiley and Sons，2007.
[16] 董振东，董强. 知网和汉语研究［J］. 当代语言学，2001，3（1）：33－44.
[17] 董振东，董强. 知网［EB/OL］.［2010－01－20］. http：//www. keenage. com.
[18] 杜昂. 面向产品创新设计的语义关键词专利检索方法［D］. 大连：大连理工大学，2009.
[19] 范自柱. 基于内容的图像检索技术综述［J］. 华东交通大学学报，2005，22（5）：147－150.
[20] 韩毅，邓小昭，等. 信息检索领域相关定义的演化及其启示［J］，情报理论与实践（ITA），2006，29（3）.
[21] 胡德华，梁丽明. PubMed主题词检索与自由词检索的检索效率比较研究［J］. 情报科学，2006，24（5）：717－721.
[22] 李育嫦. 自然语言检索中的词汇控制研究［J］. 图书馆学研究，2006（4）：75－78.
[23] 李飞. 基于内容挖掘的专利信息分析的方法体系及应用研究［D］. 南京：南京理工大学，2008.
[24] 刘萍，罗斌，汤进. 图像检索技术研究进展［J］. 科技广场，2008（3）：131－133.
[25] 刘玉琴，赖院根，雷孝平. 基于IPC知识结构的专利自动分类模型［J］. 小型微型计算机系统，2007，28（12）：2295－2298.
[26] 柳群英. 网络信息检索技术现状及发展趋势［J］. 情报探索，2005，96（4）：66－68.
[27] 路炜，肖沪卫. 专利侵权检索与分析报告的规范研究［J］，图书情报工作，2008，52（2）.
[28] 蒋健安. 一种面向专利文献数据的文本自动分类方法［J］. 计算机应用，2008，28（1）：159－167.
[29] 高立华. 基于多引擎的Web机器翻译系统在专利文献中的应用［J］. 科技情报开发与经济，2007，17（28）：209－211.

[30] 吴小穗. 关键词检索系统的研究 [J]. 大学图书情报学刊, 1999, (4): 29-30.

[31] 徐险峰. 网络信息检索搜索引擎技术及发展趋势 [J]. 江西图书馆学刊, 2005, 35 (4): 64-68.

[32] 鄢百其. 计算机检索策略优化研究 [J]. 武汉冶金干部管理学院学报, 2009, 19 (1): 74-77.

[33] 余传明. 语义检索的原理及其实现 [J]. 情报理论与实践, 2007, 30 (2): 42-44.

[34] 日本国际知识财产保护协会（AIPPI·JAPAN）. 有关创造性在各国运用的调查研究报告书 [R], 2008.

[35] 张琪玉. 网络信息检索工具增强关键词检索功能的措施 [J]. 图书馆杂志, 2001, 20 (1): 7-10.

[36] 张红凌, 论信息咨询服务的检索思路与检索技巧 [J], 江西图书馆学刊, 2006, 36 (1).

[37] 张明宝, 马静. 一种面向语义的信息检索方法 [J]. 情报学报, 2009, 28 (4): 509-515.

[38] 赵环宇. 中文专利自动分类技术的研究 [D]. 沈阳: 沈阳航空工业学院, 2009.

[39] 郑杰, 纪希禹. 基于本体的语义检索模型 [J]. 科技情报开发与经济, 2007, 17 (25): 119-121.

[40] 周胜生. 关键词在专利文献检索中的应用 [J], 情报理论与实践, 2010 (5): 67-70.

[41] 朱小平. 关键词检索技术与应用技巧 [J]. 咸宁学院学报, 2006, 26 (4): 206-207.

[42] 张帆, 朱红涛. 基于关键词的网络信息检索优化探索 [J]. 情报科学, 2005, 23 (6): 912-916.

[43] 孙惠荣, 谈专利文献的特点及有效检索方法 [J]. 山东教育学院学报, 2003, (4): 97-98.

[44] 王朝晖. 专利文献的特点及其利用 [J]. 现代情报, 2008, (9): 151-152.

[45] 魏思玲. 文献检索中主题词的选择和使用 [J]. 情报科学, 2001, 19 (7): 735-736.

[46] 许德山. 基于本体的中文语义检索系统 [J]. 情报理论与实践, 2008, 31 (3): 447-452.

[47] 赵环宇. 中文专利自动分类技术的研究 [D]. 沈阳: 沈阳航空工业学院, 2009.

[48] 周胜生, 王扬平. 专利文献计算机检索技术的最新发展 [J]. 图书情报工作, 2010, 54 (18): 48-52.

[49] CHINA PATENT INFORMATION CENTER. China Patent Database [EB/OL]. [2010-01-20]. http://search.cnpat.com.cn/Search/EN/index.jsp?cleartate=clear.

[50] THE NATIONAL CENTER FOR INDUSTRIAL PROPERTY INFORMATION AND TRAINING. Patent & Utility Model Concordance [EB/OL]. [2010-01-20]. http://www4.ipdl.inpit.go.jp/Tokujitu/tjbansakuen.ipdl?N0000=116.

[51] KOREAN INTELLECTUAL PROPERTY OFFICE. KPA Search [EB/OL]. [2010-01-20]. http://kpa.kipris.or.kr/kpa/loin1000a.do?searchType=S.

[52] REN F, BRACEWELL D B. Advanced Information Retrieval [J]. Electronic Notes in Theoretical Computer Science, 2009, 225: 303-317; F. REN, D. B. BRACEWELL. Advanced Information Retrieval, Electronic Notes in Theoretical Computer Science 225 (2009) 303-317.

[53] Patentics.com. Patentics Search [EB/OL]. [2010-01-20]. http://www.patentics.com.

[54] The Five IP Offices [EB/OL]. [2010-01-20]. http://www.fiveipoffices.org.

[55] DAVIES J, STUDER R, SURE Y, et al. Next Generation of Knowledge Management [J]. BT Technology Journal, 2005, 23 (3): 175-190.

[56] RYLEY J F, SAFFER J, GIBBS A. Advanced Document Retrieval Techniques for Patent Research [J]. World Patent Information, 2008, 30: 238-243.

[57] MILLER G A, BECKWITH R, FELLBAUM C, et al. Introduction to WordNet: An On-line Lexical

Database [J]. International Journal of Lexicography, 1990, 3 (4): 235 – 244.
[58] MUKHERJEA S, BAMBA B, KANKAR P. Information Retrieval and Knowledge Discovery Utilizing a Biomedical Patent Semantic Web [J]. IEEE Transactions on Knowledge and Data Engineering, 2005, 17 (8): 1 – 12.
[59] TIWARI A, BANSAL V. PATSEEK: Content Based Image Retrieval System for Patent Database [C] .// Proceeding of International Conference on Electronic Business, Beijing: Tsinghua University, 2004: 1167 – 1171.
[60] VROCHIDIS S, PAPADOPOULOS S, MOUMTZIDOU A, et al. Towards Content – Based Patent Image Retrieval: A Framework Perspective [J/OL]. World Patent Information, doi: 10.1016/ j. wpi. (2009 – 05 – 10) [2010 – 01 – 20]. http://www.sciencedirect.com/.
[61] INFORMATICS AND TELEMATICS INSTITUTE. A Hybrid Patent Image Retrieval Engine [EB/OL]. [2010 – 01 – 20]. http://mklab – services. iti. gr/patmedia/.
[62] LIST J. Free Patent Databases come of age [J]. World Patent Information, 2008: 185 – 186.
[63] KRIER M, ZACCA F. Automatic categorization applications in the European Patent Office [J]. World Patent Information, 2002, 24 (3): 187 – 196.
[64] LARKEY L S. Some Issues in the Automatic Classification of US Patents [C] .// AAAI – 98 Workshop on Learning for Text Categorization, Menlo Park, 1998: 87 – 90.
[65] LI Y, BONTCHEVA K, CUNNINGHAM H. SVM Based Learning System for F – term Patent Classification [C] .//Proceedings of the 6th NTCIR Workshop Meeting, Tokyo, 2007: 15 – 18.
[66] KIM J – H, CHOI K – S. Patent document categorization based on semantic structural information [J]. Information Processing and Management, 2007, 43 (5): 1200 – 1215.
[67] WANNER L, BAEZA – YATES R, BRUGMANN S, et. al., Towards Content – Oriented Patent Document Processing [J]. World Patent Information, 2008, 30 (1): 21 – 33.
[68] BONINO D, et. al. Review of the State – of – the – art in Patent Information and Forth Coming Evolutions in Intelligent patent informatics [J]. World Patent Information 2009, doi: 10.1016/ j. wpi. 2009. 05. 008.
[69] CASCINI G. System and method for automatically performing functional analyses of technical texts. European Patent EP1351156, 2002.
[70] 仁科亚弘. 特许文献检索实务——理论和演习, 检索专家研修教材 [M]. 2006.
[71] 独立行政法人工業所有権情報・研修館 人材育成部. 特許文献検索実務（理論と演習）[M/OL]. http://www.ncipi.go.jp/jinzai/kyozai/kenjitumu.html.
[72] 仁科亚弘. 先行技术文献调查实务, 检索专家研修教材 [M]. 2版（http://www.ncipi.go.jp/jinzai/kyozai/cjitumu.html）, 2006.
[73] 佐藤莊助. 检索实务（2）[M]. 2005.
[74] 特許庁. 特実検索システム 操作手順書.
[75] 特許庁. IPDL IPC/FI・Fターム検索編, 平成16年度特許庁知的財産権制度説明会（実務者向け）テキスト：(http://www.jpo.go.jp/torikumi/ibento/text/pdf/16_ jitsumusya_ txt/ 18. pdf）.
[76] 独立行政法人工業所有権情報・研修館. 特許電子図書館（IPDL）服务利用手册 [M/OL]（http://www.inpit.go.jp/ipdl/manual/guidebook.html）.
[77] http://www.jpo.go.jp/
[78] http://www.ncipi.go.jp/
[79] http://www.ipdl.ncipi.go.jp/homepg.ipdl

[80] http://www.sipo.gov.cn
[81] http://www.uspto.gov
[82] http://www.jpo.go.jp
[83] http://www.epo.org
[84] http://www.wipo.int
[85] http://www.kipris.or.kr
[86] http://www.surfip.gov.sg
[87] http://depatisnet.dpma.de
[88] http://www.cnipr.com
[89] http://zhuanli.eol.cn/cnipr
[90] http://www.apipa.org.tw
[91] http://isiknowledge.com
[92] http://www.lexisnexis.com
[93] http://www.google.com/patents
[94] http://www.patentcluster.com
[95] http://www.freepatentsonline.com
[96] http://www.patentlens.com
[97] http://www.patentics.com
[98] http://www.soopat.com
[99] http://www.eastlinden.com
[100] http://www19.ipdl.inpit.go.jp
[101] http://search.cnpat.com.cn
[102] http://ep.espacenet.com
[103] http://ec.espacenet.com
[104] http://science.thomsonreuters.com/support/patents/dwpiref/reftools/classification/
[105] http://www5.ipdl.inpit.go.jp/pmgs1/pmgs1/add_frame?name=HEAD&gamen1=1
[106] http://chemexper.com
[107] http://www.chemfinder.com
[108] http://chemabs.cas.org
[109] http://www.ncbi.nlm.nih.gov
[110] http://www.ebi.ac.uk
　　　http://www.surfip.gov.sg
[111] http://depatisnet.dpma.de
[112] http://www.cnipr.com
[113] http://zhuanli.eol.cn/cnipr
[114] http://www.apipa.org.tw
[115] http://isiknowledge.com
[116] http://www.lexisnexis.com
[117] http://www.google.com/patents
[118] http://www.patentcluster.com
[119] http://www.freepatentsonline.com
[120] http://www.patentlens.com

[121] http://www.patentics.com

[122] http://www.soopat.com

[123] http://www.eastlinden.com

[124] http://www19.ipdl.inpit.go.jp

[125] http://search.cnpat.com.cn

[126] http://ep.espacenet.com

[127] http://ec.espacenet.com

[128] http://science.thomsonreuters.com/support/patents/dwpiref/reftools/classification/

[129] http://www5.ipdl.inpit.go.jp/pmgs1/pmgs1/add_frame?name=HEAD&gamen1=1

[130] http://chemexper.com

[131] http://www.chemfinder.com

[132] http://chemabs.cas.org

[133] http://www.ncbi.nlm.nih.gov

[134] http://www.ebi.ac.uk